戏入课程 艺就人生

——特色普通高中的课程构建

上海市市级课题研究成果——高中艺术综合主题课程开发与实践研究（编号：C16043）

肖英／主编

专 注 戏 剧 艺 术 教 育， 深 挖 戏 剧 艺 术 的 育 人 价 值

上海教育出版社
SHANGHAI EDUCATIONAL PUBLISHING HOUSE

校园风景

教室

我校荣获上海市特色普通高中称号

澳大利亚科林伍德学校来我校交流

“文化名人进校园”系列活动

我校师生赴上海戏剧学院聆听余秋雨老师讲座

《青春禁忌游戏》剧照

“激扬青春　艺彩纷呈”艺术节

CONTENTS 目录

序

我原生活在静安区，培进中学就在我家附近。我就读的幼儿园就在学校旁边的弄堂里，读中学时，我上学都要经过培进中学所在的路口，所以对学校有一种亲切的感觉。

最近到上戏附中参加特色学校的命名大会，我看到学校面貌变化非常大，听了介绍，对于学校的进步有了初步的了解。前些天，肖英校长将这本《戏入课程　艺就人生》的书稿发给我，我看了之后了解就更深刻了。就我的经历所见，这样一所很普通的高中，经过努力，成长为具有相当声誉的特色高中，得到教育界和社会的普遍认可，这其实是非常不容易的。对此我首先要表达钦佩之意。

上戏附中能取得如此佳绩，首先归功于2004年静安区区政府与上海戏剧学院合作办学的决策。由此“培进中学”更名为“上海戏剧学院附属高级中学”，并在艺术（戏剧）特色建设之路上迈开了步伐。这15年合作是真正的、实质性的。上海戏剧学院扬其所长，起着专业引领、指导和专业保障作用。上戏附中虚心学习，力行其实，从确立新的特色办学目标入手，在课程开发、队伍建设、资源集聚等方面，进行实作和创新。这是最佳的合作，堪称典范。

第二，上戏附中在特色学校建设中，集中主要力量开发了富含戏剧艺术内涵和创意的“上戏附中艺术综合主题课程”（完整说是课程群）。在课程开发中，对课程目标，学校深入挖掘了戏剧艺术教育的育人价值和途径；对课程实现，学校努力拓展戏剧艺术教育的课程空间。

对前者，学校提出了戏剧是集语言艺术、声乐、舞美、写作、表演等多种艺术表现形式于一体的综合艺术形态。对学生思维能力、合作能力、组织能力和动手能力等综合素养的培养可发挥特有的作用。同时借鉴欧盟的国际项目DICE（戏剧对教育中核心能力促进）的研究成果，提出通过戏剧教育活动，从内容、教学、演练、剧评等多个环节实现全方位和全程育人。

对后者,"上戏附中艺术综合主题课程"全面落实了国家课程方案的要求,在国家基础型课程中渗透和开发戏剧艺术教育的多种元素;在校本课程中,专题开设戏剧艺术教育课程。这与一些只在校本课程中做特色的做法有着根本的区别,其实这才是真正的特色课程建设。

学校创造性地通过教学策略、教学方式的互通,促进了戏剧艺术教育与其他基础学科教育的融合,例如把戏剧艺术教育的一些核心要素(情境创设、角色扮演、经历体验、创造生成等)与基础学科的教学内容和教学方式进行显性融合和隐形渗透。广大教师在教学实践中应用了这些策略,大大提升了教学的有效性与趣味性。本书提供了戏剧元素融合学科教学的案例,这些案例涉及语文、数学、外语、物理、化学、生命科学、政治、历史、地理、艺术、体育、心理和计算机等多学科。这些案例都是上戏附中教师在日常的教育教学中研究提炼的,广大学科教师参加了,研究了,行动了,并且用文字表达了。教师真正运用了在行动中研究,在研究中行动的行动研究法。

对校本戏剧艺术特色课程的创建,学校在上海戏剧学院的支持下,也有很多好的做法。例如,倡导"熏陶式、渗透式、体验式、探究式"四种课程实施策略和"立足讲台""搭建舞台"和"共享平台"的三台联动实施路径,不仅使"教"更有实效性,而且使"学"更有获得感。

第三,学校在师资队伍建设上走出了一条富有成效的创新之路。建设"特色"学校,需要"特色"教师,但这不可能事前已有。上戏附中从实际出发,一是充分发挥上海戏剧学院等高校的师资优势,二是充分调动现有队伍的改革积极性,形成教师投入改革的动力机制。归纳而言就是:"成事中成人,成人中成事。"本书可以看到这四个"成"的含义、做法和有关经验。

第四,上戏附中的追求是想让每个学生都有幸福的能力。"幸福教育为幸福人生"奠基,这是学校的办学理念,是出发点,也是落脚点。对于戏剧,学生的接受程度是不一样的,有的喜欢,有的一般。学校在特色创建的顶层设计中,有意识地强调戏剧教育的美育功能,这样更适合每一个学生,同时也体现了学校的办学理念,因为幸福的精神内核就是美。

学校还积极倡导把戏剧教育的一些理念和方法，如情景、体验、合作、共情等迁移到其他学科的教学之中，这既取得了相得益彰的效果，又使每个学生对戏剧更有亲近感和获得感。在戏艺活动中，学校努力针对学生的差异，探索个性化培养，让有兴趣、有潜质的学生得到更好的发展。

上戏附中是近年来在改革中涌现出来的，具有变革领导力和设计思维力的典型学校，我看了学校的实景，认真了解了学校的资料，深受启发。因此我愿意作序向教育界推荐和分享，希望对读者能有所启迪。

国家教育咨询委员会委员　张民生

前言　“缘”来如此

上海戏剧学院附属高级中学历经近百年的沧桑浮沉，从1925年的培成女中，到1958年培进中学，再到2004年静安区人民政府与上海戏剧学院签约联合办学，正式更名为“上海戏剧学院附属高级中学”（以下简称“上戏附中”），自此踏上了戏剧艺术特色办学的探索之路。

在15年的特色之路的探索中，我们专注戏剧艺术教育，深挖戏剧艺术的育人价值，着力打造“全息剧场”，构建全方位的戏剧艺术育人空间，深化戏剧艺术文化内涵。我校的“高中艺术综合主题课程”是在学校“个性化3D课程”图谱的基础上，围绕戏剧艺术这一中心主题，将各类课程进行模块重构和学科融合打造出来的。它分为主体课程、渗透课程和影响课程三类，其中主体课程是显性的，渗透与影响课程是相对隐性的。这三大课程是一个有机的整体，突出课程的经历体验设计和拓展延伸，旨在培养学生的感知能力、审美情趣、创意表达等艺术素养。

我校“高中艺术综合主题课程”具有以下三个特点：

聚焦中心主题——戏剧艺术。戏剧是集语言艺术、声乐、舞台美术、写作、表演等多种艺术表现形式于一体的综合艺术形态。戏剧艺术具有无穷的魅力，可以培养高感性的人才，能够锻练动手能力、思维能力、执行能力、组织能力，同时能够提升想象力、创造力、合作力、鉴赏力和公众演说能力。

注重模块重构和学科融合。针对当前艺术基础型课程的内容，我校依据学生的认知情况、艺术学科课程标准及教材内容，进行戏剧艺术的模块化重组，目的是增强课程的体验性，提高学生的鉴赏力。针对非艺术基础型学科，我校则通过将戏剧艺术与其他学科在教学手段、教学方式的整合来实现，通过将戏剧艺术核心理念（角色扮演、情境创设、经历体验、创造生成）与基础课的教学内容显性融合和隐形渗透，广大教师在教学中尝试运用戏剧教学法的七大技巧（角色扮演、教师入戏、建构空间、思路追踪、时空转换、论坛剧场、戏剧游戏）来激活基础学科的教学，以提高教学的有效性与趣味性。

从艺术素养延伸至综合素养。“高中艺术综合主题课程”的开发和实践，其目的是着眼未来，关注综合素养。

欧盟曾在2009年至2010年发起了名为DICE（戏剧对教育中核心能力促进）的国际项目，其跟踪数据调查表明：在欧洲12个国家，超过5000名青少年参与研究，在111种戏剧活动中，参与过戏剧教育的孩子有22个方面的能力比没有参加过戏剧教育的孩子有显著提高。

2014年，教育部印发的《关于推进学校艺术教育发展的若干意见》中提出：“艺术教育对于立德树人具有独特而重要的作用。学校艺术教育是实施美育的最主要的途径和内容。艺术教育能够培养学生感受美、表现美、鉴赏美、创造美的能力，引领学生树立正确的审美观念，陶冶高尚的道德情操，培养深厚的民族情感，激发想象力和创新意识，促进学生的全面发展和健康成长。落实立德树人的根本任务，实现改进美育教学，提高学生审美和人文素养的目标，学校艺术教育承担着重要的使命和责任，必须充分发挥自身应有的作用和功能。”

面对新形势和新要求，学校艺术教育必须在新的历史起点上加快发展。我校作为全国特色学校和上海市特色普通高中，肩负着探索艺术教育新路径，实践以戏育人、以文化人、立德树人的使命与责任。我们将学校“幸福教育为幸福人生奠基”的办学理念和戏剧艺术特色落实到具体的课程构建上，从学校和学生的实际出发，遵循教育规律，为每一位学生提供适切的教育，真正培养“知行并举、德艺兼修、人格完善、责任担当”的上戏附中学子。

我校实施戏剧艺术特色课程，往往会有一些疑惑：如何在时空上保证国家课程与校本课程的实施？如何真正成为大学的附中，而不是仅仅换个名字？如何关注普通班和艺术班这两类学生全面而个性化的发展？希望您带着这些问题去看这本书，看看书中有没有您寻找的答案。

如果您是一位学校管理者、学校决策者，您的关注点可能是我校“高中艺术综合主题课程”图谱的构建研究。“高中艺术综合主题课程”图谱的绘制，是我校对戏剧艺术教育的结构性思考,试图解答在新高考的背景下,如何将戏剧艺术特色与普通高中的基础课程在有限的时空下有机结合,让学校课程既能凸显个性化培育,又能凸显学校的办学特色。

如果您是一位一线的教育工作者,您的目光可能更多地关注教学实践案例。新时代的教师不仅是学生学习知识的指导者,更是学生锤炼品格和创新思维的引路人。戏剧艺术教育在学科德育及培养学生想象力、创造力方面具有独特优势。如何将戏剧元素融进日常课堂教学之中,会带来什么样的效果,是广大一线教育工作者所关心的问题。本书提供了部分戏剧元素融合课堂教学的教学实例供广大教师参考,涉及语文、数学、英语等多学科。这些案例均为我校教师在一线教学中尝试使用过并取得不错效果的优秀案例,希望给大家启发,激发灵感与创造。

如果您是一名学生家长,相信您的关注点一定是戏剧教育如何帮助孩子健康成长。本书可以让您更多地认识到戏剧教育的作用以及戏剧教育对孩子全面素质培养的重要性。它的意义常常是单一学科所无法达成的,所以戏剧是集大成的综合艺术门类。您会看到一个崭新的教育模式,继而可以运用到自己孩子的教育中去。戏剧教育对培养学生的自信度、角色感、合作力、应变性、创造力等现代人的素养具有举足轻重的作用。

如果您是一名高中或大学学生,本书给您呈现的将会是一种不一样的校园生活。您会在书中看到熟悉的课程表,但也会看到不熟悉的“高中艺术综合主题课程”。您会看到课堂教学中新的方法与形式,也许您会发现原本枯燥的课堂变得有趣,甚至您会去向老师建议把这些戏剧教育法融入你们的课堂。您可以感受到戏剧的魔力,感受到在这个信息化时代,放下手机和电脑,戏剧艺术教育带来的新奇和震撼。

本书由我校一线教师研究撰写,他们在繁忙的教育教学过程中总结、提炼、反思、研究,几易其稿。尽管它还很稚嫩,但是是我们“亲生”的,显得弥足珍贵。

本书分十章。其中,第一章是高中艺术综合主题课程的透视,由魏丽娟、金鸽撰写,王婷婷制作课程图谱。第二章是高中艺术综合主题主体课程之艺术基础课的模块化整合,由陈伟杰、汪洁、朱星月撰写。第三章是高中艺术综合主题主体课程之艺术专业课，由冯抒阳、魏丽娟、朱星月撰写。我校的艺术专业课程都是由上海戏剧学院等外请老师来授课的，这里主要介绍我们的课程以及管理实施。第四章是高中艺术综合主题主体课程之戏剧体验课，由陆经纬、陈赛茅撰写。戏剧体验课程是有我校特点的拓展课程，上课老师均由我校的学科老师担任。他们在教学中边学习边实践，在实践中认识，在认识后提炼。第五章是高中艺术综合主题主体课程之高雅艺术进课堂，由骆雁琳、万文佳撰写。第六章是高中艺术综合主题渗透课程之非艺术基础课程，这部分汇集了全校老师的智慧。老师将自己的教学实践予以总结与提炼，撰写出最真实、最朴实的教学案例与教学设计，由程勋功、王尖兵、徐嘉整合、梳理。第七章是高中艺术综合主题渗透课程之文化名人进校园，由骆雁琳、万文佳撰写。第八章是高中艺术综合主题影响课程之幸福系列课程，由徐琼、陈赛茅撰写。第九章是高中艺术综合主题课程的实施保障，由徐越蕾、王文涛撰写。第十章是高中艺术综合主题课程的实施成效，主要是总结我们实施高中艺术综合主题课程后的收获与感悟，由任艺红、华夏撰写。前言的"'缘'来如此"与结语的"'艺'犹未尽"，都由肖英校长撰写或修改。

本书的出版倾注了我校全体教职工的智慧与心血，是我们交出的、国家课程与校本课程相融合的课程构建与实施的一份"答卷"。当然，要交出一份满意的答卷还有很长的路要走，这仅仅是起步，希望得到各位的指正。

第一章 “高中艺术综合主题课程”的深度透视

第一节 “高中艺术综合主题课程”的构建思路

一、高中课程解析

2017 年，教育部印发《普通高中课程方案和标准（2017 版）》，这一版的课程方案重在落实立德树人根本任务，切实解决高中课改面临的问题和挑战，也是推进高考综合改革的需要。与 2003 年颁布的普通高中课程方案相比，新的课程方案进一步明确了普通高中教育的定位，进一步优化了课程结构。考虑到高中学生多样化的学习需求及升学考试要求，在保证共同基础的前提下，2017 版课标适当增加了课程的选择性，为不同发展方向的学生提供了有选择的课程。必修课程全修全考；选择性必修课程选修选考；选修课程，学生可以自主选择修习，可以学而不考或者学而备考，为学生就业和高校自主招生录取提供参考。

根据最新出台的《上海市普通中小学课程方案》，上海市普通中小学课程的基本理念是以学生发展为本，坚持全体学生的全面发展，关注学生个性的健康发展和可持续发展。课程要为学生提供多种学习经历，丰富学习经验；要以德育为核心，注重培养学生的创新精神、实践能力和积极的情感；要拓展基础内涵，加强课程整合；要完善学习方式，拓展学习时空；要赋予学校合理的课程自主权，形成有效的课程运行机制。

上海市普通中小学课程体系由基础型课程、拓展型课程和研究型课程组成。

●基础型课程强调促进学生基本素质的形成和发展，体现国家对公民素质的最基本要求。基础型课程由各学习领域体现共同基础要求的学科课程组成，是全体学生必修的课程。

●拓展型课程以培育学生的自主意识、完善学生的认知结构、提高学生自我规划和自主选择能力为宗旨，着眼于培养、激发和发展学生的兴趣爱好，开发学生的潜能，促进学生个性的发展和学校办学特色的形成，是一种体现不同基础要求的、具有一定开放性的课程。拓展型课程由限定拓展课程和自主拓展课程两部分组成：

限定拓展课程主要由综合实践学习领域的学校文化活动与班团队活动、自我服务与公益劳动、社区服务与社会实践等各类综合实践活动，以及国家规定的各类专题教育组成，是全体学生限定选择修习的课程。

自主拓展课程主要由基础型课程延伸的学科课程内容和满足学生个性发展需要的其他学习活动组成，是学生自主选择修习的课程。

●研究型课程是学生运用研究性学习方式，发现和提出问题、探究和解决问题，培养学生的创新精神、研究与实践能力、合作与发展意识的课程，是全体学生限定选择修习的课程。其内容可以从学生的兴趣与生活经验出发，也可以从学科出发，实施时可以采用主题探究活动、课题研究、项目设计等方式。

上海市普通中小学基础型课程由国家统一开发和组织实施，拓展型课程和研究型课程主要由国家及学校负责开发和实施，也可以由通过市教育行政管理部门认定的社会教育机构、团体负责设计和实施。

二、艺术特色课程基础

2004年，经上海市教委批准，由静安区人民政府和上海戏剧学院联合办学，有着近百年人文艺术积淀的培进中学更名为上海戏剧学院附属高级中学。这一重大举措为我校朝着“戏剧艺术”特色方向发展奠定了坚实的基础。

从2004年起,我们依托上海戏剧学院优质的艺术教育资源,开设戏剧影视表演、戏剧影视文学、舞台美术设计三个专业。在艺术特色专业课程设置上,既结合了上海戏剧学院艺术专业课程的设置,又分析了高中生艺术专业学习的特点,探索面向全体艺术特长学生推广的艺术专业课程,开发了一系列艺术特色课程的教材。

在第一阶段的艺术专业课程设置基础上,从2007年起,我们对基础型课程、拓展型课程和研究型课程进行梳理,探索专普两类学生和师资的融合,以“国家课程校本化”“校本课程特色化”和“特色课程专业化”为依据,初步形成了戏剧艺术特色课程体系。

(一)国家课程校本化

我们在课堂教学中对国家基础课程进行戏剧元素的渗透,优化课堂教学的方法,使学生在参与、体验中加强对学科知识的领悟,促进其创新意识培养,以教学案一体化为载体形成具有学校特色、符合学生特点的新型教学模式。

(二)校本课程特色化

在基础课程的校本化实施过程中,我们还特别注重在拓展型课程和研究型课程中凸显戏剧艺术特色,促进校本课程特色化。特色课程根据普通班和艺术班学生分别设置。除此之外,戏剧元素也渗透到校本德育课程中,开展了“幸福之旅”系列德育活动。

(三)特色课程专业化

为了打造更加专业的戏剧艺术特色课程,我们一方面从高校引入艺术专业教师和专业课程资源,另一方面大力培养我校特色课程专业教师,设计出更加符合高中学生发展的专业化特色课程。

自2015年起,在上海市新高考形势下,我校积极参与“上海市提升中小学(幼儿园)课程领导力行动研究(第二轮)”项目,倾全校之力,以促进学生个性化发展为目的,基于学校戏剧艺术特色,整合国家三类课程,构建了“个性化3D课程”体系,作为我校促进学生核心素养发展的基本形式,如图1-1所示。

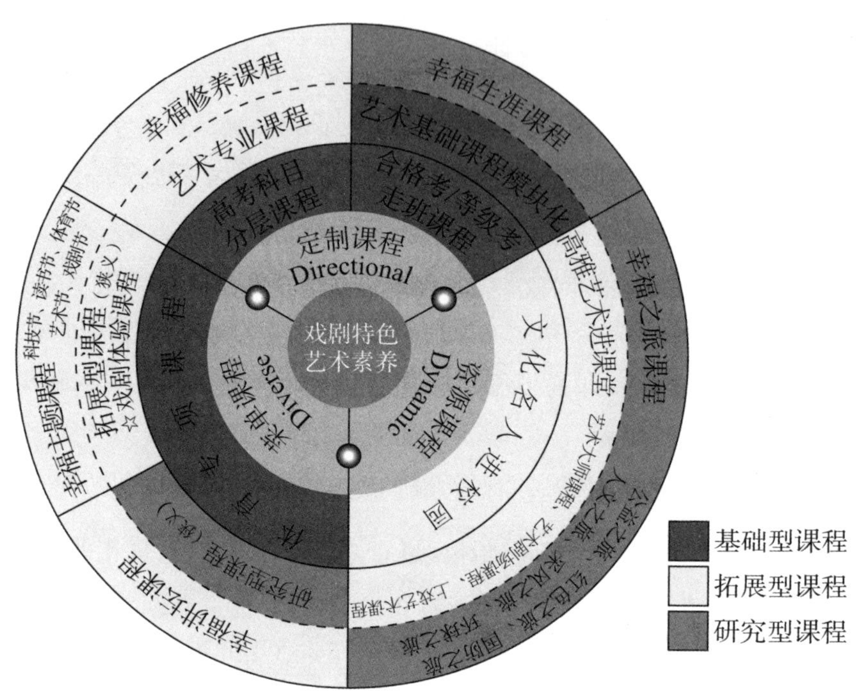

图 1－1　上海戏剧学院附属高级中学课程图谱

“定制课程”为全体学生量身定制，其特点为定向、适切。高考学科按照学生相关学科不同的学习能力和学习水平分层走班授课；六选三学科根据学生的选课分成合格考、等级考班级，按照不同的教学要求授课；艺术专业学生的艺术课由上海戏剧学院教师为主体的专业教师团队为附中学生量身打造；幸福修养课程和幸福生涯课程则是依据普通班及各专业班级学生的不同特点，为其量身定制、同中有异的德育课程。

“菜单课程”鼓励个体学生自主选择，其特点为多样、自主。拓展型课程(狭义)和研究型课程(狭义)力求种类多样，充分满足学生个性化选择。体育专项化课程根据学生问卷需求，并结合学校戏剧艺术特色和场地条件，将体育课程分成若干专项，由学生自主选择，力求学生能在高中阶段掌握一两种体育专项技能；幸福讲坛课程开放特定时空，供学生在戏剧、文学、美术等领域自由选择主题进行微型讲座，学生也可自主选择作为主讲人还是听众；幸福主题课程则通过几大校园节日在特定的时间段开发丰富多彩的活动供学生自主选择。

“资源课程”注重整合各方资源，开放办学，将课程的时空外延扩大，将优质资源引进来，并带领师生走出去，其特点是开放、动态。文化名人进校园课程、高雅艺术进课堂以及幸福之旅课程皆具有这样的特点。

三、“高中艺术综合主题课程”的思路

我校是一所戏剧艺术特色高中，在对戏剧理论的深入学习与教学应用的充分实践基础上，我校以彰显“戏剧特色”，提升学生“艺术素养”为核心，在“个性化 3D 课程”体系的基础上，进一步生发、进化，通过学科融合、经历体验与资源拓展，打造出上海戏剧学院附中“高中艺术综合主题课程”，如图 1－2 所示。这一课程以“个性化 3D 课程”体系为支撑，进一步探索定制课程、菜单课程和资源课程的戏剧艺术化实施。

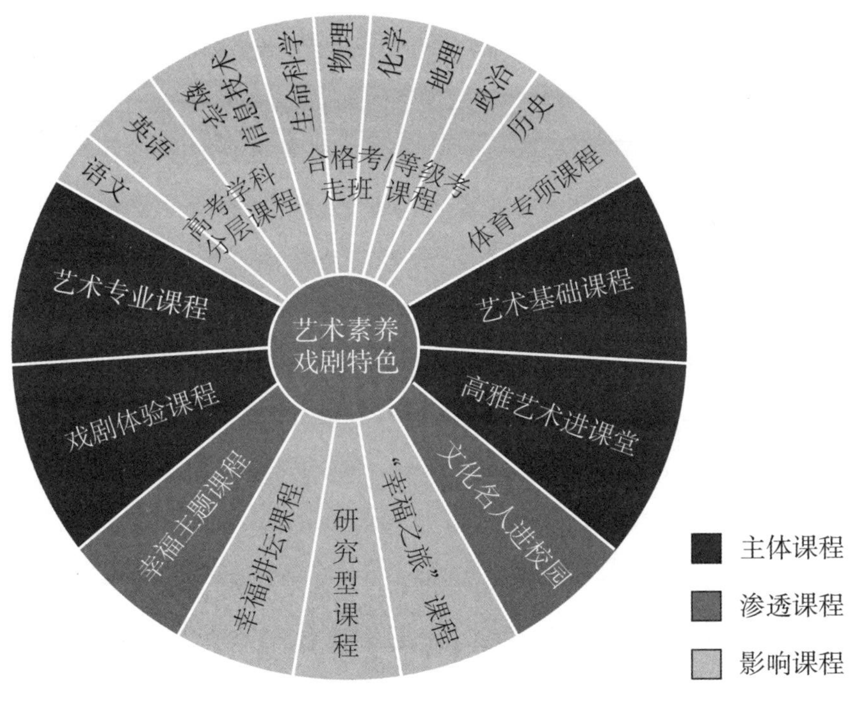

图 1－2 “高中艺术综合主题课程”结构图

（一）“高中艺术综合主题课程”之主体课程

高中艺术综合主题主体课程含艺术专业课程、艺术基础课程、戏剧体验课、高雅艺术进课堂课程四个组成部分。这类课程在培养专业技能，提升艺术素养方面具有不可替代性，是“高中艺术综合主题课程”实施的主力课程。艺术专业课程和艺术基础课程同属于定制课程，分别面向艺术班和普通班学生开设，在艺术技能习得和艺术素养培育方面分别指向“上品”和“入格”的目标；资源课程中的高雅艺术进课堂课程则通过艺术鉴赏广度和深度的延展，丰富学生的艺术认知，进而促进艺术审美能力的提升；菜单课程中的戏剧体验课则通过戏剧游戏、剧本改编或原创、戏剧表演等戏剧实践切实提升学生的戏剧专业技能，升华其艺术认知，形成艺术思维，坚定艺术态度，并进而形成高尚的艺术价值观。高雅艺术进课堂和戏剧体验课程皆面向全体学生（普通班和艺术班）开设，在课程实施中注重两类学生的互动和融通，在思维碰撞、共享和观点融合中促进学生艺术素养的全面提升。

（二）“高中艺术综合主题课程”之渗透课程

高中艺术综合主题渗透课程含定制类的高考科目分层课程、合格考/等级考科目走班课程，菜单类的体育专项课程、幸福主题课程，资源类的幸福之旅课程、文化名人进校园课程。此类课程最重要的特点是将戏剧艺术元素“渗透”到课程中，通过戏剧与学科教学及学校活动的融合使戏剧艺术融入学校的血液中，从而使学校的课程与文化具有极强的戏剧艺术辨识度。在国家规定的除艺术之外的基础型课程中，我们注重在课堂教学中运用戏剧教学法，运用戏剧教育的七大技巧（角色扮演、思路追踪、教师入戏、建构空间、时空转换、论坛剧场、戏剧游戏）重构课堂，使戏剧艺术特色融于每一个基础学科，形成独具特色的重角色、重体验、重合作、重生成的灵动课堂。这类基础型课程是学校课程的主阵地，在主阵地中加强戏剧元素的融入，对戏剧教育法进行实践与提炼，让课堂增效、增趣；由艺术节、戏剧节、体育节、科技节、读书节构成的幸福主题课程是上海戏剧学院附中节日文化的重要组成部分，艺术节、戏剧节是学校戏剧艺术实践和展示的重要载体，普通班和艺术班的两类学生浸染在戏剧艺术的氛围中，艺术技能得以进一步发展，艺术素养得以进一步提升；除此之外，我们在科技节中注重科技与艺术的融合，在培养学生创新素养方面发挥独特的功能；在体育节中将班级风采展示与戏剧艺术融合，彰显每类班级的特色；在读书节中借鉴“中华诗词大会”“朗读者”等形式，将读书活动与戏剧艺术融合。上海戏剧学院附中的幸福主题课程因此具有了浓郁的戏剧艺术色彩。文化名人进校园课程则是对学生最具冲击力的课程。通过“请进来”，学生得以和名家面对面，听名家聊专业、话人生，如濮存昕寄语上海戏剧学院附中的智者箴言——“戏剧悟道，艺术修身”，学生进一步得到戏剧艺术的滋养，丰富了人生体验。

（三）“高中艺术综合主题课程”之影响课程

在“高中艺术综合主题课程”里，还有一类课程不直接与戏剧艺术产生关联，但又持续地受到戏剧艺术的影响，因而被称为“高中艺术综合主题影响课程”。这类课程主要由菜单类的幸福讲坛课程和研究型课程、资源类的幸福之旅课程组成。由于戏剧艺术强大而持续的影响力，以学生微讲座为主要形式的幸福讲坛课程渐渐形成了戏文特色的“五班说”，美术特色的“艺客”，表演特色的“戏言”，这些微讲座与“学长归来”“对话学霸”“幸福讲坛”等一起，共同构建了幸福讲坛课程的基本形态。戏剧艺术场的存在还影响学校的研究型课程，每年的研究型课题都有一批对戏剧影视、文学艺术等领域的研究。幸福之旅课程则以“走出去”的基本形式将戏剧艺术与各类学生活动相结合，学生在进行公益国防活动、领略祖国各地文化以及进行跨文化交流中一方面开阔眼界，另一方面更使这类活动独具戏剧艺术特色。

整体而言，“高中艺术综合主题课程”通过创设学习情境、开发实践环节和拓宽学习渠道，帮助学生在学习过程中体验和感悟，建构和丰富学习经验，实现艺术知识传承、艺术能力发展、艺术价值观的统一；通过搭建多样学习空间，让接受、体验、探究、实践、展示等不同的学习方式在学校发生，从而促进了学生艺术素养的落地。

第二节　“高中艺术综合主题课程”的理论支撑

一、基于建构主义的课程实施方式

建构主义学习理论是教育心理学发展的三大学习理论之一。建构主义学习理论强调“学生在整个学习过程中要发挥主动性和自觉性，通过对知识的探究、讨论和思考等方法达到在大脑中建构知识体系的目的”[①]。在建构主义看来，学习的过程是学习者在一定的情境下借助他人的帮助，利用必要的学习资料，通过人际间的协作活动而实现的意义建构过程，建构主义学习理论认为“情境”“协作”“会话”和“意义建构”是学习环境中的四大要素或四大属性。建构主义的学习观要求教师的教学要为学生创设相应的学习场景，促进学生之间的相互合作，让学生在探究的基础上，在原有知识上生发出新的知识。我校“高中艺术综合主题课程”的开发和实施侧重通过情境创设、角色体验、合作探究等形式，促进学生在经历和体验的基础上增强对艺术的认知和理解，进而培养学生的艺术感知能力、审美情趣、创意表达的艺术素养及其他核心素养。我校非艺术类基础型课程借助教育戏剧的角色扮演、教师入戏、建构空间等七大技巧创新基础型课程的教学方法，使我校的基础型课程充满了体验性、探究性和合作性，艺术基础课的模块化教学中每个模块均含有操作体验环节，而戏剧体验表演课则更是将体验放在首位，强调学生在观、演、赏、评中感悟戏剧艺术的魅力，这些做法无不体现了建构主义的思想。

二、源于综合主题课程的课程形态

综合主题课程是一种跨学科、跨教学资源的综合性课程，不仅可以实现教学内容的“操作化”“问题化”“主题化”组织，还可以实现课程统整和资源整合。它“立足于开发以某一主题为核心、多学科融合，偏重学生实践和体验的综合主

① 高虹，从均广.论建构主义学习理论对翻转课堂的教学启示[J].中国成人教育.2016(9).

题课程,推进学生创新素养和实践能力的培养。这种跨学科的融合教育模式,强调综合知识和综合能力的培养,无疑对长期处于学科课程执行生态下的分科教学模式是一种大胆的挑战和有益的补充”①。在课程整合的大背景下,综合主题课程日益受到教育同仁的关注,基础教育不同学段对综合主题课程的实践探索也不断涌现,其中人文与社会、科学技术学习领域已有相应的综合主题课程在开发和实施,但是对艺术领域的综合主题课程开发还相对缺乏。然而,艺术教育的综合性、交叉性特点与综合主题课程具有天然的契合性,开发“高中艺术综合主题课程”将更有利于发挥艺术育人的全方位功能。艺术形式中的戏剧是一种集语言艺术、声乐、舞台美术、写作、表演等多种表现形式于一体的艺术形态。我校是一所戏剧艺术特色普通高中,将“高中艺术综合主题课程”的中心主题聚焦于戏剧艺术,开发以经历、体验为主的“高中艺术综合主题课程”,可以将艺术的多种形式融入一个主题或剧本之中,将戏剧教育的技巧运用到基础型学科的教学中,不仅有利于创新艺术课的教学方法,也有利于增强其他非艺术基础型学科的教学实效性。

三、秉承人本主义的教育理念

人本主义教育思想是一种反对行为主义的机械论倾向,突出强调个体的价值,是以人为中心的人本主义心理学应用到教育教学中的一种教育理论,是指导当前教育实践的重要思想依据之一。人本主义教育思想认为“教育应更加强调人的潜力的发展,尤其是那种成为一个真正的人的潜力;强调理解自己和他人并与他人很好地相处,强调满足人的基本需要,强调向自我实现的发展。这种教育将帮助‘人尽其所能成为最好的人’”②。人本主义教育思想的学者倡导真正的学习经验能够使学习者发现自己的独特品质,发现自己作为一个人的特征。从这个意义上说,学习即“成为”,成为一个完善的人,而教育则是成全人,成全学生的发展,教育应该把学生培养成富有灵活性、适应性和创造性的人。

---

① 林文琴.构建综合主题课程、培养学生“创新素养”[J].上海教育. 2015(8-AB).

② [美]戈布尔.第三种思潮:马斯洛心理学[M].吕明,陈红雯,译.上海:上海译文出版社,1987.

戏剧是离人最近的一种艺术形式，注重将人置于具体的情境中，激发人的潜能和创造力。我校“高中艺术综合主题课程”将学生的发展放在中心位置，教师在课程中是一个促进者的角色，为学生提供开放的学习资源、动态的评价机制、多样的课程选择，帮助学生在各种课程的经历体验中发现自己的优势和生长点，从而帮助学生发现自己、成就自己。

第三节 “高中艺术综合主题课程”的多维审视

一、课程目标：跨领域、跨学科

目前《普通高中课程方案（实验）》为高中课程设置了语言与文学、数学、人文与社会、科学、技术、艺术、体育与健康和综合实践活动八个学习领域，体现对高中学生全面发展的要求，旨在提高学生的综合素养。我校“高中艺术综合主题课程”虽然聚焦于戏剧艺术这一中心主题，但是并不局限于艺术这一学习领域。首先，我校艺术基础课通过模块化重构，实现了音乐、美术等学科的融合；其次，我们借用戏剧教育技巧实现了戏剧与语文、数学、人文与社会等学习领域的融合，依托戏剧教育重体验、重合作、重综合的特点，提升国家基础型课程的教学实效性，最终服务于学生学科核心素养的提升。最后，我校研拓课和资源课结合戏剧艺术特色，开发出了一系列具有普适性，又极富戏剧艺术特色的课程。因此，在培养目标上，“高中艺术综合主题课程”是跨领域、跨学科的，不仅致力于培养学生的艺术审美素养，还包括其他学科核心素养，最终致力于培养知行并举、德艺兼修、人格完善、乐观进取的高中毕业生。

二、课程内容：综合性、开放性

综合性是戏剧的显著特征，戏剧是文学、美术、音乐和舞蹈等多种艺术的综合体。从戏剧艺术来看，一出戏的演出，首先要有剧本作为舞台演出的基础，还要有布景、道具、化妆、灯光、服装和效果，有的要音乐伴奏，演员的形体动作要有舞蹈因素等。戏剧艺术的演绎需要学生具备较高的综合素养，而课程是学生成长的沃土，我校的课程内容设计也很好地体现了综合性。“高中艺术综合主题课程”依托戏剧艺术的综合性和多样性，实现了戏剧教育技巧与我校基础型课程的显性融合和隐性渗透，每门基础型课程都有浓浓的戏剧味儿。我校拓展课专门开设了面向所有学生的戏剧体验课，在课程的实施中，戏文班的学生不局限于“写”，表演班的学生不局限于“演”，舞台美术的同学也不局限于“画”，播音班的学生更不局限于“说”，大家在一起讨论构思、创作剧本、演绎故事。每个学生都有多重身份，既是导演又是演员，还是编剧，有时候还是服装、化妆和场务。我校“高中艺术综合主题课程”还秉承开放的原则，实现学校小课程到社会大课堂的延伸，把学校作为平台，让一切有利于师生提升和发展的资源充分流动，将优质资源引进来，也让学生走出去，开发了一系列资源课程。资源课程的种类也十分多元，既有针对艺术专业班学生的“大师课”，也有面向全体学生的“百家讲坛”，还有来自社会各界的共同打造的精粹品牌课程“文化名人进校园”和“高雅艺术进课堂”。学生在极富综合性和开放性的课程中找到适合自己的学习方式和成长道路。

三、课程实施：体验性、生成性

综合主题课程是基于学生的直接经验，密切联系学生自身生活和社会生活，体现其对知识的综合运用的课程形态。它注重学生的自主选择和主动探究，为学生个性的充分发展创造了空间。它坚持面向学生的生活和社会实践，帮助学生体验生活并学以致用。它推动学生对自我、社会和自然之间内在联系的整体认识和体验，谋求自我与社会、自然的和谐发展。我校高中“高中艺术综合主题课程”以戏剧艺术为核心，致力于学生在综合掌握基本艺术知识及人文内涵的基础上，将观、演、赏、评结合起来融入课程教学中。首先，体验是课程实施的核心特征。我们倡导在丰富学生舞台角色体验和生活主体体验中，激发情感，深化认知，从感官感觉等感性的角度到切身的体认体察，不仅“走心”更做到“力行”。例如，戏文专业的“艺术创想课”就是通过老师带领学生精读名著，引导学生进行相对应的生活实践体验，并通过自己的理解表演表现出来，以挖掘学生的内心情感、丰富而不受羁绊的想象力及各方面感知生活的能力。其次，生成是课程实施的重要目标。体验激发学生主体性意识，更激发学生个性化思考，在高体验性课程实施中，学生高度关注，全情投入，用心感受，努力思考，个性化思考经常呈井喷式表现。主体体验生成个性思考，个性思考生成个性表达。“艺术创想课”就是从激发兴趣出发，让学生主动创造意念、形象、构思直到形成一个成形的作品，最后让学习的知识在无声无息间流淌在学生的生命血液里。

四、课程评价：动态性、多元性

综合主题课程的课程目标跨领域、跨学科，课程内容开放且综合，课程实施过程注重体验和生成，必然要求课程评价动态和多元。因此，我们关注每一位学生在不同阶段的变化与成长，每学期为学生提供学科成绩曲线图和雷达图，以期帮助他们更动态地分析自己的成长轨迹；定期为学生做创新素养测试，跟踪研究学校实施戏剧特色课程之后学生创新素养的反馈；学生毕业后的去向、对戏剧艺术的喜好程度也是检验高中三年课程的重要评价依据。我们希望，这些课程的设置不仅影响学生三年实践，更能够让他们受益终身。在学习活动评价中，我校注重将过程性评价和终结性评价相结合，既注重学生学习成绩的等第，也关注他们在艺术体育特长、科技创新领域的表现，每学年学校均会评选“艺术之星”“博览之星”“科技之星”“体育之星”“幸福小达人”等。我们还坚持定量评价与定性评价相结合的原则。我校为每个学生建立“积分银行”，量化的积分不仅记录了学生的成长足迹，也反映出了学生的偏好和特长，为学生的综合素质评价提供了充分的数据支持。

第二章 “高中艺术综合主题主体课程”

——艺术基础课

第一节 艺术基础课主题模块化重构

一、艺术基础课主题模块化的内涵界定

艺术基础课主题模块化是上海戏剧学院附中艺术教研组在结合本组教师不同专业背景的基础上,依据多年的课堂教学实践所提出的一项研究。本研究秉持国家高中艺术课程“实施审美教育,培育时代新人,培养学生坚守中华立场,展现中华审美的文化自觉和自信,为中华优秀文化艺术的创新发展奠定基础”的理念,认真立足课堂教学,努力研究教学方法,落实对学生艺术感知、创意表达、审美情趣和文化的理解,从而达到艺术学科核心素养的培养。

高中艺术基础课主题模块化是从艺术门类的角度,整合高中阶段的艺术基础课学习内容,根据教学需要补充相关的材料,形成音乐戏剧、舞蹈艺术、建筑雕塑、话剧戏曲、影视艺术、电子音乐多媒体艺术和综合类,共 8 个模块,从而进行教学实践(如表 2-1 所示),目的是让学生系统地、完整地从艺术门类的角度去学习、培养能力。本研究也从艺术门类的角度整合教学,重视知识的系统性,重视学生艺术实践能力、创造性思维的培养,重视学生全面艺术核心素养的落实。

表 2－1　艺术基础课的模块分类

模块	教材单元	艺术形式	年级划分
模块一：音乐戏剧	1. 歌情乐韵悦耳、爽心	歌剧和音乐剧	高一
	2. 声情并茂音乐剧,《悲惨世界》传四海	音乐剧	
	3. 跨越美丑唱真爱,《巴黎圣母院》撼心灵	音乐剧	
	4. 爱恨情仇撼人心,千古绝唱《阿依达》	歌剧	
	5. 桂林山水育“歌仙”,千秋传唱《刘三姐》	歌舞剧	
模块二：舞蹈	1. 肢体语言心灵律动(一)	舞蹈	高二
	2. 肢体语言心灵律动(二)	舞蹈	
	3. 芭蕾经典传千秋,美轮美奂《天鹅湖》	芭蕾舞	
	4. 民族舞韵吐芳艳,申江高歌《小刀会》	民族舞剧	
	5. 爵士芭蕾水乳融,《群舞演员》显峥嵘	音乐剧	
模块三：建筑雕塑	1. 匠心构筑巧夺天工(一)	建筑	高三
	2. 匠心构筑巧夺天工(二)	建筑	
	3. 石刻铜铸造型立意	雕塑	
	4. 大漠瑰宝敦煌艺术	敦煌艺术	
模块四：话剧戏曲	1. 梨园传情演绎人生	话剧、戏曲	高二
	2. 戏剧传情演绎人生	戏剧	
	3. 慷慨激越歌浩瀚,京剧新编《野猪林》	京剧	
	4. 沪剧新谱《芦荡》曲,高歌抗日鱼水情	沪剧	
模块五：电影赏析(一)	1. 如幻似梦影视风采(一)	电影	高二
	2. 如幻似梦影视风采(二)	电影	
	3. 银幕幻变飞异彩,《夜半歌声》扬真善	电影	
	4. 银幕音画铸史诗,再现《战争与和平》	电影	
模块五：电影赏析(二)	1. 光影灵动颂道义,青史常忆《辛德勒》	电影	高二
	2. 人与自然共一体,《熊的故事》寓深意	电影	
	3. 挑战自然抗灾害,《龙卷风》中造奇观	灾难片电影	
模块六：电子音乐多媒体艺术	1. 天上人间演《神话》,寰宇共寻太空梦	电子音乐	高一
	2. 数码时代多媒体艺术	多媒体艺术	

（续表）

模块	教材单元	艺术形式	年级划分
模块七：动画艺术	1. 绚丽工笔绘传奇，《天书奇谈》赞少年	动画	高一
	2. 动画美景溢诗情，《木兰传奇》谱巾帼	动画	
	3.《千与千寻》动漫形，寻找自我化纯真	动画	
	4. 鱼儿历险起波澜，紧急《海底总动员》	动画电影	
模块八：综合	1. 歌情乐韵悦耳爽心（一）	音响	高三
	2. 歌情乐韵悦耳爽心（二）	音乐	
	3. 鬼斧神工物化百态	工艺、设计、服饰	
	4. 知白守黑笔墨生辉	书法、篆刻	
	5. 勾画想象彩绘世界	绘画	

二、艺术基础课主题模块化的目的与意义

（一）让高中学生通过学习更加系统地了解一个艺术门类

一个模块包含原本教材的多个单元，并通过增加材料使得教学内容更加丰富，增加的知识内容主要从能提高学生学习兴趣和完善艺术门类知识的角度出发，比如《音乐戏剧》模块中加入歌剧故事、歌剧序曲、世界经典歌剧、法语音乐剧、中国民族歌剧等内容。歌剧故事和法语音乐剧是学生比较喜欢的内容，故事的趣味性和工业电子化的法语歌曲常能引人入胜，中国民族歌剧在产生发展的短短几十年发展历程中，取得了长足的进步，在中国近现代音乐史上具有光辉的发展历程，同时也形成了自己独特的艺术特点，无论是从题材还是艺术角度来看，都能培养学生"坚守中华立场，展现中华审美"的文化自觉和自信，对高中艺术课程实施审美教育，培育时代新人具有重要的教育意义。

（二）更加重视学生的艺术实践体验，注重学生的艺术学习经历

2017 版全国《普通高中艺术课程标准》课程目标强调："学生在艺术与生活、艺术与文化、艺术与科学相关联的情境中，参与各艺术门类实践活动，获得艺术感知、创意表达、审美情趣、文化理解的艺术核心素养。"目标中指出获得艺术学科核心素养的过程方法是在各类情境中参与各艺术门类的实践活动。我校艺术学科教学向来重视艺术实践和艺术体验过程，作为上海市艺术特色学

校,上海戏剧学院附中面向全体学生开设了大量艺术实践类课程,拥有较强师资的艺术基础课当然也不例外。艺术基础课主题模块化教学把学生参与艺术实践和艺术体验放在首位,通过设计各种实践体验环节丰富学生的艺术学习经历。为了能让学生有更多的艺术实践经历和体验,我们为每个模块都进行了相关的、合理的设计,如在话剧戏曲、电影艺术中运用角色扮演、教师入戏、戏剧游戏、论坛剧场、微电影制作等手段,在动画艺术、建筑雕塑中运用动画制作、雕塑实践、电脑模拟等实践方法,学生们在参与实践体验的过程中,潜能被激发,艺术素养和思维品质得到提升,艺术技能和创造性思维得到提高。

（三）可以更好地发挥我校艺术教师的专业特长

上海戏剧学院附中艺术教研组拥有四位艺术教师,这在上海高中学校里不多见。四位艺术教师专业背景不同,有音乐学院声乐、音乐学专业的,也有美术专业油画、国画专业的,其中三位有研究生学习经历,一位为高级教师;专业能力方面,有上海市音乐教师基本功大赛一等奖获得者,上海市艺术课评比一等奖获得者,有教案设计全国、市级一等奖获得者,还有教师指导学生团体多次荣获过上海市教委组织的音乐比赛一等奖。学校结合每位艺术教师个人的擅长和爱好来进行模块分配,由于对本专业相关领域拥有较强的专业背景和业务能力,每位艺术教师在教学上如鱼得水,无论在本模块的教学设计上还是在课堂教学的把控中,都能取得更好的教学效果。

每位艺术教师专门进行与本专业相关的模块教学以及研究,并不是我们的最终目的。在头两年教学研究中,教师们都积累了大量的模块化教学经验和材料,如模块化教案设计、实践体验案例设计集、歌剧音乐剧名曲集、学生成果反馈等;他们经常互相探讨、互相听课、积极反思,在教案、案例、材料等方面也毫无保留、形成共享。学校还经常请专家对教学和研究进行指导。我们的目的是要让每位艺术教师都能上好高中教材的 8 个模块,再结合自己的特点,上出自己的特色,更好地让我校学生具备艺术感知、创意表达、审美情趣、文化理解方面的艺术核心素养,同时与其他学校相比,我们的教学研究能让学生在艺术素养、艺术表现力、艺术创造力等方面更胜一筹。

在艺术基础课主题模块化的研究过程中,为了能更好地掌握学情,了解学生在艺术方面的兴趣爱好和基本素养,以便更好地进行课程与教学方面的研究,在每学期的开学,我们都会向每位学生发放艺术素养调查表进行分类统计,以便为以后的课堂教学、排练与演出、教学研究、社团活动等提供信息。

在整个高中三年中,我们也会为每位学生建立艺术档案袋,收集包括艺术素养表,艺术课课堂表现,艺术拓展、社团课、艺术节参与等方面的信息,全方位记录学生在高中三年的艺术成长经历。模块化课堂教学的研究不仅在课堂上为学生提供了舞台式的学习,也激发了学生对艺术的广泛兴趣和追求,使他们全面参与到附中的艺术生活中,接受更多的艺术熏陶和学习。

三、艺术基础课主题模块化的实施思路

实施思路按模块展开(如表 2-2 所示)。

表 2-2 艺术基础课主题模块化的实施思路

模块	主要目标设定	活动设计	环境创设	开展年级
模块一:音乐戏剧	1. 通过对经典音乐戏剧作品的了解,让学生把握从传统歌剧到现代音乐剧的发展脉络,和透析艺术形式演化背后的社会发展和科技进步之间的关系 2. 通过对发展中的音乐现象与观念的对比性学习,让学生感受音乐戏剧的变迁和音乐戏剧体验及再创造所带来的不同审美情趣,学会从感性体验到理性评价,逐渐提高学生音乐鉴赏能力,引导学生树立正确的艺术审美观 3. 让学生认识传统音乐戏剧艺术与近现代音乐戏剧艺术的特征差异,学会整体地面对音乐戏剧,自觉纠正盲目追求时尚的审美偏爱,客观地认识各种音乐戏剧文化的个性魅力。在学习和活动中培养学生的健康审美情趣和创造性思维	1. 音乐剧、歌剧片段的排练 2. 著名唱段的学习,包括咏叹调、重唱和合唱 3. 角色模仿(演唱、舞蹈、表演片段的模仿学习) 4. 舞美设计创作	多媒体教室、排练厅	高一

（续表）

模块	主要目标设定	活动设计	环境创设	开展年级
模块二：舞蹈	1. 在动作学习中，增强对舞蹈艺术的理解，学会用肢体表现情感。在舞蹈创作的过程中，学会用舞蹈的形式呈现艺术 2. 在舞蹈艺术的学习过程中，提升对舞蹈艺术的理解与鉴赏力，激发对舞蹈艺术的兴趣，形成持续的学习动力 3. 在舞蹈艺术的历史学习中，理清几种典型性舞种的发展脉络，能够以较全面专业的角度分析、品鉴舞蹈艺术作品	1. 舞蹈动作学习，学会用肢体表现情感。在舞蹈创作的过程中，学会用舞蹈的形式呈现艺术 2. 经典片段的排演，在对经典作品的编排过程中，深化对舞蹈艺术的整体认知 3. 情境舞蹈设计创编，结合经典作品与前期舞蹈动作学习过程，能够根据情境自主编排舞蹈动作，形成完整作品	舞蹈教室、多媒体排练厅、音乐教室等	高二
模块三：建筑雕塑	1. 欣赏和感受不同时期、不同造型形态的雕塑作品独特的审美功能与内涵，提高对雕塑艺术的兴趣，增强对多元文化的包容度 2. 在个性化的自主创作、亲身实践和交流评价的过程中，了解雕塑艺术的基本手法和技巧，感受雕塑艺术的审美价值 3. 知道雕塑艺术表现语言的一般概念，认识雕塑立体造型的语言特征。了解写实再现、夸张寓意、抽象结构等常用的雕塑表现手法	1. 学习雕塑技法、工具的使用 2. 学生亲自从事雕塑创作实践的活动，简便、易行，既有互助合作的小组创作，也有个性化的自主创作，在亲身实践中，大致体会雕塑创作的过程，拓展立体造型的想象力	雕塑工具、美术教室	高三

（续表）

模块	主要目标设定	活动设计	环境创设	开展年级
模块四：话剧戏曲	1. 了解戏剧的基本表演形式以及话剧的表演形式。通过欣赏话剧、戏曲，了解剧中人物表现和语言在塑造人物形象中起到的作用 2. 了解不同地区、地域、风格的戏曲与特点 3. 欣赏中外话剧名著，提高学生欣赏及审美能力。促进学生原典阅读，强化学生的情感教育 4. 通过话剧与戏曲表演，提高学生的表演能力。培养学生的合作意识。树立积极向上、不断进取的精神 5. 了解国粹京剧，培养对传统戏曲艺术的热爱之情，增加对中国传统文化的自豪感，弘扬中国传统的艺术	1. 模仿经典中西方话剧片段各一部 2. 原创话剧小品一部 3. 各地戏曲选段身段、唱腔模仿 4. 戏曲京剧脸谱与服饰研究	排练教室、音乐教室	高二
模块五：电影赏析	1. 通过对经典电影作品的了解，让学生把握从无声电影到现代电影的发展脉络，以及透析电影艺术形式变化背后的社会发展和科技进步之间的关系 2. 通过对各类经典影片的对比性学习，让学生感受电影艺术的发展变化和科技进步对电影艺术表现手法的影响。感受各类电影带来的艺术体验和不同审美情趣，学会从感性体验到理性评价，逐渐提高学生电影艺术鉴赏能力，引导学生树立正确的艺术审美观 3. 让学生了解电影艺术的基本元素和表现手法，学习经典影片中各种电影表现手法的运用，体验经典电影片段的艺术魅力 4. 尝试运用所学知识，创作、构思、拍摄视频片段（微电影）进行交流，提高学生动手能力和创造能力	1. 经典电影片段的排练展示 2. 学生视频短片的拍摄展示 3. 经典电影音乐的课堂乐队演示 4. 电影影评写作交流	多媒体教室、排练厅、数码摄像机	高二、高三

（续表）

模块	主要目标设定	活动设计	环境创设	开展年级
模块六：电子音乐、多媒体艺术	1. 在对电子音乐的学习过程中，理解电子音乐的发展历程，对电子音乐在当下的多种表现手法形成较清晰的认知 2. 掌握多媒体技术在当代艺术作品中的多种使用手法 3. 在对音乐作品的聆听分析中，能够把握音乐的结构、情感特点，并进行准确阐释 4. 掌握电子音乐、多媒体软件的编创方法，具备一定的创造能力 5. 能够尝试运用所学的多媒体技术，进行微电影的创编，并在小组讨论中进行有一定深度的多维评价	1. 剧本创编，掌握剧本编写的基本方式和要素 2. 分镜头写作练习，能够对剧本进行拆解，写作较为完整的分镜头脚本 3. 学会运用(Garageband)软件进行编曲 4. 微电影拍摄，能够将音乐、剧本、镜头有机整合，小组合作完成微电影片段的拍摄	多功能排练厅、社会实验室	高一
模块七：动画艺术	1. 通过感知、分享、交流、探究、合作、评议等方法，了解动画的发展，引起对动画中的民族文化关注，激发学生学习动画的兴趣和可持续性 2. 欣赏动画电影，识别动画电影中的构图、色彩、音响等元素，理解色彩、线条、空间结构、节奏、画面、蒙太奇等基本要素在动画电影中的运用，理解动画电影的综合性。尝试对经典故事进行演绎 3. 从“了解动画分类，感受动画原理，探究动画制作，思考动画意义”这根主线开展教学，由浅入深、由简到繁，在层层递进的课堂与活动中理解动画，了解制作方法，感受文化。培养学生分析问题、解决问题的能力，增强学生自主学习、协作的意识，启发学生创造性思维	1. 通过学生制作自己喜爱的动画单，加深师生对动画的相互了解，尝试运用艺术的语言对动画感受进行描绘 2. 运用动漫绘画的方式，为经典故事中的人物换一个新的造型 3. 运用起承转合的手法创编中国古典故事剧本。学习分镜头设计，运用多种艺术手段综合制作经典故事动画电影分镜头脚本，手绘符合的场景分镜 4. 为特定的场景编配音乐与独特的配音，深入演绎传统动画故事 5. 在制作、交流、评价的过程中，能运用多种艺术手段进行动画电影的创作，能与他人合作分享	视频制作软件、计算机教室	高一

（续表）

模块	主要目标设定	活动设计	环境创设	开展年级
模块八：综合	1. 在对美术、音乐表现形式及经典作品的分析中，增强对两个门类艺术的理解与认知，为后续模块的推进打好基础 2. 掌握音乐的多维度聆听方式，并能够进行表述 3. 掌握书法、篆刻、彩绘艺术的流派和特点 4. 掌握工艺、设计、服饰的基本特征，并能根据所在的场景对其进行选择与运用	1. 学习音乐分析软件TIMELINER，能够运用软件对作品进行分析 2. 尝试根据不同场景进行服饰设计 3. 尝试以小组合作的形式，完成一部限定主题、自拟形式的艺术作品	多媒体教室、美术教室、计算机房	高三

第二节　艺术基础课主题模块化教学设计

一、《音乐戏剧》模块教学设计

授课教师：陈伟杰

授课年级：高一

（一）模块内容概述

音乐戏剧艺术表现的是时代的缩影、人生的思索。在历史文明的长河中，一个个闪亮的剧目，真诚地展示着人类对真、善、美的执着追求。作为世界艺术珍宝的西洋歌剧，是西方音乐文化的重要组成部分，经受过长时间的历史考验。现代音乐剧脱胎于传统歌剧，可以说是传统歌剧的现代表达形式，艺术表现形式丰富多样，综合、通俗、流行化，深受广大年轻人的青睐。音乐戏剧始终在艺术领域中占据重要地位。

本模块是以学生了解音乐戏剧这一艺术门类的艺术表现基本特征为主要学习内容，分为15课，主要介绍传统歌剧和现代音乐剧表演的基本特征。歌剧和音乐剧是中国观众比较熟悉的两种音乐戏剧艺术表演形式，随着时代的发展和观念的演变，音乐戏剧形式发生了很大的变化，无论是传统歌剧还是现代音乐剧，在表现人类生活和情感上，都有很大的突破和拓展。

为了更加完整系统地介绍歌剧和音乐剧，让学生更加了解歌剧和音乐剧的关系和发展历史，本模块也增加了一些相关内容，比如歌剧的诞生，歌剧故事，歌剧改革，歌剧名人、名剧介绍，音乐剧名人、名剧介绍，中国歌剧和音乐剧等。歌剧与音乐剧都是综合艺术，后者是前者的发展与变异。在当今现代音乐剧占据主流的音乐文化市场情况下，如何以理性思维的方式冷静对待“严肃”和“通俗”这两种不同的音乐文化形态值得探讨。本模块的设置是希望学生在作品对比中认识传统歌剧和近现代音乐剧的不同艺术特点和欣赏价值，从而更好地理解音乐戏剧，提升艺术素养。

（二）学情分析

高中阶段是学生人生成长最重要的时期，是他们人生观、价值观和世界观形成的关键时期，音乐戏剧艺术的教育价值对其有着非常积极的意义。高一阶段大部分的学生基本知道百老汇现代音乐剧，也都知道《猫》《剧院魅影》《悲惨世界》等音乐名剧，还有少数同学走进剧场亲自体验过音乐剧，喜欢上了音乐剧自然可亲的演唱、随情而至的舞蹈、现代意识的舞美等。近年来，作为大都市的上海，音乐剧市场有了一定的发展，所以学生中不乏音乐剧的“发烧友”，对音乐剧有一定了解。

但是对于传统歌剧来说，多数学生对歌剧表演艺术缺少必要的感性认识，走进剧场观看经典歌剧演出的经历相当缺乏，甚至有相当一部分学生分不清歌剧和音乐剧。在经济快速发展的当今社会，传统文化艺术的发展受到一定的冲击和挑战，契合现代人审美的艺术形式受到了年轻人的青睐。离开初中校园进入高中阶段的“00后”学生，有很强的求知欲，对提升自身文化修养的愿望也特别强烈，音乐戏剧模块的学习必将吸引他们主动参与和互动。

（三）教材教法分析

相对于高中生对于音乐戏剧知识的要求来说，艺术基础课原来的内容已经不能满足现代学生的需求，为了能够更加完整系统地介绍歌剧和音乐剧，让学生更多地了解歌剧和音乐剧的有关知识，本模块也增加了一些相关内容，比如歌剧的诞生，歌剧故事，歌剧改革，歌剧名人、名剧介绍，音乐剧名人、名剧介绍，中国歌剧和音乐剧等。

在教学方法方面，本模块教学将更加注重艺术实践和体验，关注每位学生的学习经历。除了剧目的片段欣赏、分组讨论和教师讲解以外，学生还参与音乐戏剧表演模仿、歌曲演唱、舞美设计、音乐剧创作构思、片段对比鉴赏、艺术评论写作等丰富多样的学科学习实践活动，让学生体验名剧的表演和演唱，体验服装、化妆、道具在演出中的作用，运用学校的舞美灯光设施平台体验演出中灯光的运用；还用论坛的方式来讨论如歌剧改革和传统艺术的未来等话题，以此提高学生的思辨能力和批判性思维能力。这些活动的设计与实施涉及多种艺术门类的内容与不同审美水平的要求，充分体现了中学艺术学科课堂教学的特质。同时，也力图在教学中结合实践性和审美性，体现综合性和人文性，将“审美立德”“文化立身”“实践立行”的中学艺术学科育人价值核心观念在课堂教学实践中体现出来。

（四）模块教学目标

学习什么是歌剧音乐剧艺术、歌剧和音乐剧的发展历史和关系、它们的艺术特征和表现形式，以及一些经典的歌剧、音乐剧作品以及相关知识，这些都有助于学生更深入、全面地了解音乐戏剧艺术，提高学生的艺术素养。

通过视频观看、专题探讨、剧本创作、片段排练等形式，增加学生对歌剧音乐剧的体验过程和学习经历，学生认识传统音乐戏剧艺术与近现代音乐戏剧艺术的特征差异，学会整体地面对音乐戏剧，自觉纠正盲目追求时尚的审美偏爱，客观地认识各种音乐戏剧文化的个性魅力。通过对经典音乐戏剧作品的了解，让学生把握从传统歌剧到现代音乐剧的发展脉络，以及透析艺术形式演化背后的社会发展和科技进步之间的关系，培养学生的艺术审美能力。

通过对发展中的音乐现象与观念的对比性学习，让学生感受音乐戏剧的变迁和音乐戏剧体验，以及再创造所带来的不同审美情趣，并由此举一反三，从不同的切入点，透视传统与当代、东方与西方音乐文化的若干差异，从感性体验到理性评价，逐渐提高学生音乐鉴赏能力，引导学生树立正确的艺术审美观。让学生了解与对比性学习相关的知识概念，在学习和活动中培养学生的健康审美情趣和创造性思维。

（五）模块内容规划和活动设计（见表 2－3）

表 2－3　模块内容规划和活动设计

课名	教学目标	主要课堂活动设计
法语音乐剧的特点（3 课时）	1. 通过观看音乐剧《罗密欧与朱丽叶》《巴黎圣母院》，了解法语音乐剧的舞台风格特点和艺术表现手法 2. 通过观看、讨论，用对比的方法进一步了解法语音乐剧和美英音乐剧的区别 3. 通过剧情分析探讨，发现剧中人性的真善美丑，形成学生正确的价值观取向	1. 观看《罗密欧与朱丽叶》片段剪辑，探讨法语音乐剧的象征、意象表现手法的运用 2. 主题曲《爱》的学习和演唱 3. 三重唱《美人》的学习，歌词诵读表演 4.《巴黎圣母院》舞美特点讨论 5. 歌曲《大教堂时代》演唱学习
音乐名剧赏析（4 课时）	1. 通过音乐剧《猫》《剧院魅影》《悲惨世界》的观看，了解百老汇音乐剧的特点 2. 学习《悲惨世界》歌曲《我是谁》《我有一个梦想》《你是否听到人民的歌声》《只待天明》，了解音乐发展和人物形象的塑造 3. 了解《剧院魅影》的文学原型以及音乐剧如何塑造人物艺术形象、音乐的写作特点 4. 音乐剧名人韦伯介绍	1. 学习排练合唱《你是否听到人民的歌声》 2.《悲惨世界》演员造型和舞美设计特点探讨 3. 演员冉阿让、沙威人物形象探讨 4. 音乐剧《猫》片段排练。歌曲《回忆》演唱学习 5.《剧院魅影》歌曲演唱学习
歌剧、音乐剧的产生和发展（1 课时）	1. 了解歌剧音乐剧的产生，发展以及和当时社会特征的关系 2. 了解百老汇音乐剧的发展和特点 3. 了解歌剧发展中的格鲁克歌剧改革和瓦格纳歌剧改革	1. 探讨：格鲁克、瓦格纳歌剧改革的原因 2. 中国传统艺术京剧的现状和未来的发展探讨 3. 周杰伦音乐剧《不能说的秘密》的艺术价值探讨

（续表）

课名	教学目标	主要课堂活动设计
中国音乐戏剧的发展（2课时）	1. 了解中国歌剧、歌舞剧、音乐剧的发展 2. 学习歌舞剧《刘三姐》中《盘歌》《山歌好比春江水》的演唱风格 3. 了解《白毛女》《江姐》《夜半歌声》《原野》经典唱段	1. 结合广西桂林《印象刘三姐》的演出，探讨中国民间音乐的特点与发展 2.《盘歌》演唱，学习领唱、齐唱的形式 3.《原野》音乐特点探讨
走近歌剧——歌剧艺术的表现手段（3课时）	1. 让学生了解《卡门》《茶花女》《乡村骑士》《图兰朵》《阿依达》经典歌剧著名唱段 2. 了解歌剧艺术的表现手段和人物形象塑造的关系 3. 学习歌剧咏叹调、宣叙调、重唱、合唱、序曲、间奏曲以及在歌剧中的作用 4. 学习歌剧的舞蹈和舞台美术	1. 学唱二重唱《饮酒歌》 2.《爱情是一只自由的小鸟》如何塑造卡门艺术形象探讨 3. 上海版《阿依达》情景歌剧和大都会版《阿依达》歌剧风格探讨 4.《卡门序曲》乡村骑士《间奏曲》小乐队合奏
电影中的歌剧艺术（1课时）	1. 通过电影《莫扎特》了解欧洲古典时期的德国歌剧发展以及意大利歌剧 2. 以《唐璜》和《魔笛》为例，学习莫扎特歌剧 3. 通过电影《绝代妖姬》的观看来了解巴洛克时代的歌剧	歌唱方法的大探讨——中国京剧演唱方法和美声唱法以及民族唱法和原生态唱法、海豚音、维塔斯（Vitas）、阉伶演唱

（六）模块作业设计

从演唱方式、舞蹈形式、舞台美术、表演方式、剧本题材、乐队风格等角度阐述歌剧和音乐剧有什么不同点和相同点（设计意图：通过比较的方式全面了解两种艺术形式的叙事、抒情特点、艺术风格、艺术语汇、渊源、时代传承关系等）。

雨果原著中人物形象塑造得栩栩如生，请比较文学原著、电影和音乐剧3种不同的艺术形式在表现冉·阿让人物形象、艺术感染力和内心时的不同特征（设计意图：通过3种不同艺术形式的比较，能更全面、更深刻地了解冉·阿让的艺术形象，同时能更加了解3种艺术形式各自的艺术表现风格特点）。

将《悲惨世界》与《巴黎圣母院》两部音乐剧作分析比较，从歌唱风格、音乐伴奏、舞台调度、舞蹈动作、舞美设计等艺术表现手法进行比较分析。

2000年，在上海演出过大型景观歌剧《阿依达》，请将它与美国大都会歌剧院演出的歌剧版本在人物形象、舞台灯光、主题表现、现场效果等方面进行比较（设计意图：通过比较让学生更加深刻地了解传统歌剧艺术，并思考传统歌剧在现代社会如何进行符合现代人审美情趣的改革）。

影评撰写：在电影版的《剧院魅影》和《悲惨世界》中选择一部撰写影评，可以从电影表现艺术、音乐塑造人物、人性分析角度、演员表演等方面来评价。

（七）模块作业评价设计

1. 评价原则

教学评价以全面衡量学生的艺术素养和发展为原则，以过程性评价为主，将评价与课堂教学有机结合，及时关注学生在学习过程中的参与和变化。结合课内实践体验环节与小组活动中的表现，有效激励与促进学生的学习与发展。为提高评价的可操作性，采用互评、自评、教师评价相结合的原则，单项评价与综合评价相结合，对同一学习要求提供多种学习评价的途径和方式，提高学生的学习积极性、学习自主性和教师的指导作用。

2. 评价目的

检验教学目标的达成度与学生学习的有效性，激励与促进学生对音乐戏剧艺术的兴趣与学习积极性，培养学生对自我价值肯定的态度。

3. 评价内容及要求（见表2-4）

表2-4 评价内容及要求

内容	形式	评价要求		
		优秀	良好	合格
歌剧《卡门》运用了哪些艺术手段来塑造卡门的人物形象？	视频观看、模仿表演、小组活动、歌曲演唱、小组互评	能准确地从多个角度来分析人物形象，并能用模唱和肢体语言展现出来，语言流畅	能较准确地从多个角度来分析人物形象，语言流畅，判断准确	能基本准确地从多个角度来分析人物形象，语言表达尚可

（续表）

内容	形式	评价要求		
		优秀	良好	合格
对《悲惨世界》与《巴黎圣母院》两部音乐剧作艺术表现手法比较分析	视频观看、歌曲演唱、分组讨论、问卷填写、小组互评	能清晰流畅地进行说明，能很好地抓住要点，判断准确，并能运用演唱或表演等形式加以说明	能抓住要点加以说明，判断准确，语言表达流畅	基本能抓住要点加以说明，语言表达尚可
作品排练：音乐剧片段分组排练，每组选择一个不同的片段（5 分钟内）	课堂分组排练展示、学生互评、教师点评	片段选择合理、演唱、舞蹈、表演等艺术形式有一定的水准，有学生伴奏，有服装、化妆道具或者有背景，很好地抓住了作品的要求	片段选择较合理，有演唱、舞蹈、表演等艺术形式，有伴奏，能抓住作品的要求	片段内容尚可，至少有两种以上艺术表演形式
比较歌剧与音乐剧有什么相同点和不同点	视频观摩、课堂讲解、分组讨论、问卷填写、小组互评	各项判断准确、语言流畅、能很好地抓住要点进行说明，有依据，能很好地运用实例来进行佐证，表达清晰	判断较准确，语言较流畅，能抓住要点进行说明，能运用实例来进行佐证	基本能说出要点，大致能区分两者的不同，表达尚可

二、《电影赏析》模块教学设计

授课教师：陈伟杰

授课年级：高二

（一）模块内容概述

电影艺术是时代的缩影，它的产生使人们枯燥的生活变得丰富多彩，使得人们懂得思考和反省。电影艺术是一门综合艺术，是容纳了戏剧、摄影、绘画、音乐、舞蹈、文字、雕塑、建筑等多种艺术的现代科技与艺术的综合体。

电影在艺术表现力上不但具有其他艺术门类的特征，又因可以运用蒙太奇这种艺术性突跃的电影组接技巧，使得它具有超越其他艺术的表现手段。本模块内容紧紧围绕电影的发展历史、电影的艺术表现和审美、电影艺术与科技发展的关系、电影艺术的综合性等方面，通过启发式的学习，让学生“发现”观赏影视作品不只是看故事、看明星，更应该学会在影视艺术声、色、光、影所创造的美感中获得更多的审美享受和对真善美丑的认识；通过经典影片在镜头、画面、构图、场面调度、音画关系、主题音乐等电影艺术手法运用方面体验感受电影艺术的表现魅力，提升学生的艺术素养和思维分析能力；同时通过学生自己创作剧本、自组剧组、自己动手拍摄微电影来体验电影制作的整个过程，进一步提高学生的艺术实践能力和对电影艺术认识的深度。

电影是建立在现代科学技术发展的基础上的，科技是电影诞生、成长、发展、壮大的先决条件。从默片到声片，从黑白到彩色，从标准银幕到宽银幕立体声，还有光学镜头、感光胶片、机械性能等或大或小的改进和变革，都给电影的创造开拓了新的天地。尤其是 20 世纪 70 年代后期以来，视频、电脑、激光等新的高科技在电影上的应用，更扩大了银幕的创造力，使其形象、语言焕然一新。如果没有这些高科技的发明，也就不可能会有那些好莱坞“巨片”的出现。回顾 100 年左右的历史，电影的每次变化都与科技的发展有着内在的联系。

（二）学情分析

高中阶段是学生人生观、价值观和世界观形成的关键时期，电影艺术的教育价值对学生有着非常积极的意义。可以说，在所有的综合艺术门类中，电影艺术对人的影响是最容易、最直接、最全方位的，电影艺术与我们的生活息息相关，有时候，我们甚至都没把电影当作是艺术，却深受它不知不觉的影响，大家都知道美国好莱坞电影就是西方文化价值观的输出载体，深受大众的喜欢，一部大片的上映能对人产生深远的影响。电影艺术在中学生的艺术教育中具有很高的研究价值。

现代生活中，高中学生都喜欢观看电影，高度发达的影院和网络系统都可以满足其对世界各地电影的观看需求，但由于缺乏生活经验和电影课程的学习，多数人对电影艺术的欣赏只停留在感性认识的阶段，缺少必要的理性认识，大量的西方文化电影又很容易引起高中生价值观的混淆，比如追崇西方生活方式、过分娱乐化等，电影中高水准的艺术表现手法和高度深刻的人性思考却又无法体验。电影艺术是一门和当代科学技术密不可分的艺术形式，每一次的科技进步都会对电影艺术的各个方面产生深远影响，电影的表现手段也层出不穷，令人眼花缭乱，以上都说明了高中生全面深入学习电影艺术课程的重要性和迫切性。

（三）教材教法分析

电影是蒙太奇的艺术，不同时间、空间的组合能产生各种奇妙的效果。本模块将重点从电影配乐、人物塑造、镜头运用、场面调度、画面构图、电影剪辑等方面完整、细致地阐述电影的艺术表现手法。电影的发展离不开现代科技的进步，探讨现代科技和电影艺术的关系也是本模块的重要内容。为了更加完整地介绍电影艺术，让学生更多地了解优秀经典影片，本模块也增加了一些其他电影内容介绍，如《泰坦尼克号》《卧虎藏龙》《我的父亲母亲》等。

在教学方法方面，本模块教学将设计更多的实践体验环节和课堂探讨，如经典片段再现、经典配乐演奏、模仿镜头拍摄、台词模拟训练等，鼓励学生自己组团创作剧本进行微电影拍摄，并在课堂展示、讨论、互评等形式中提高自己的实践能力。学习电影评论写作，有利于提高学生的审美能力、思辨能力、写作能力。

为了进一步提高学生对电影艺术表现手段的理解以及体验科学技术对电影的影响，本模块将重点学习微电影的拍摄，通过短剧本创作和改编、拍摄团队组合、分镜头拍摄、后期制作等环节来了解和体验电影拍摄的过程，并通过各剧组互评的形式来提高学生的艺术素养和审美能力。

（四）模块教学目标

通过对经典电影作品的了解，让学生把握从无声电影到现代电影的发展脉络以及透析电影艺术形式变化背后的社会发展和科技进步之间的关系。

通过对各类经典影片的对比性学习，让学生感受电影艺术的发展变化和科技进步对电影艺术表现手法的影响。感受各类电影带来的艺术体验和不同审美情趣，学会从感性体验到理性评价，逐渐提高学生电影艺术鉴赏能力，引导学生树立正确的艺术审美观。

让学生了解电影艺术的基本元素和表现手法，学习经典影片中各种电影表现手法的运用，体验经典电影强大的艺术感染力和深刻的思想震撼力，让学生开始思考人性与兽性、个人与集体、民族与国家、战争与和平等重大命题，提高甄别善、恶、美、丑的能力。

尝试运用所学知识，创作、构思、拍摄视频片段（微电影）进行交流，提高学生动手能力和创造能力，实践环节有经典电影片段的排练展示、学生视频短片、微电影的拍摄展示、经典电影音乐的课堂乐队演示、电影影评写作交流。

（五）模块内容规划和活动设计（见表2－5）

表2－5　模块内容规划和活动设计

课名	教学目标	主要课堂活动设计
如幻似梦的影视风采	1. 通过“无声与有声”“黑白与彩色”“纪实与想象”等对比性学习，让学生领略影视艺术中蕴含的丰富的审美信息，感受影视作品的综合艺术魅力，提高对影视艺术语言的把握和鉴赏能力 2. 让学生初步认识影视艺术的多样性、综合性、科学性和立体感，引导学生关注影视艺术中的声、色、光、影等多元素表现要素 3. 让学生初步了解“蒙太奇”的一般概念	模仿卓别林无声电影的表现手法，分小组尝试用手机或照相机进行无声表演拍摄，并进行探讨
银幕音画铸史诗，再现《战争与和平》	1. 通过电影《战争与和平》片段的欣赏与体验，充分感受俄罗斯人民的反抗精神以及各阶层人士在面对民族命运重大问题时的生活态度，产生对历史与人生、个人与集体等问题的深刻思考 2. 在欣赏过程中，了解该作品中运用的精致的电影拍摄技巧，进一步体会听觉和视觉艺术的艺术感染力 3. 在实践体验环节和研究的过程中，拓展自己的知识面，了解这部电影的表现手法中蕴含的对人生的思考和对历史的回望，并在欣赏的过程中，积累更多的相关知识	1. 柴可夫斯基《1812庄严序曲》片段欣赏体验，引出电影《战争与和平》 2. 探讨活动：影片拍摄技巧分析

（续表）

课名	教学目标	主要课堂活动设计
银幕幻变飞异彩，《夜半歌声》扬真善（3课时）	1. 在电影《夜半歌声》的片段欣赏中，体验主人公为了抗争不为世俗容忍的真挚爱情，忍受巨大的身体和心理上的痛苦，不断地追求光明、理想、幸福，勇敢地与封建恶势力斗争的伟大精神。进而重塑自身对美丽的重新认识和定位 2. 感受该片对艺术的重新创作，通过欣赏、思考、讨论，比较20世纪中不同年代对美丑、善恶的定义和艺术表现手法，对艺术的时代特征有新的认识，并不断激发自己的创作热情和情感 3. 通过片段，进一步加深对电影艺术中色彩、场面调度以及各类摄影技术等知识的了解，并仔细聆听影片中的主题音乐，尝试与国外同类作品作相关的主题比较，提高自己的艺术鉴赏及分析能力	1. 分组探讨一：《夜半歌声》先后有3个版本，通过观看学习，探讨这3个版本在电影表现手法上有哪些不同？ 2. 分组讨论二：电影《夜半歌声》故事创作借鉴了西方歌剧故事《剧院魅影》，探讨两者在艺术手法上有什么相同点和不同点
电影《泰坦尼克号》赏析	1. 从电影《泰坦尼克号》角度来解说好莱坞电影的特点。探讨本片中如何运用电脑制作的特效以及表现效果 2. 本片中电影音乐的写作极具特色，分析主题音乐在本片中的运用以及其他配乐的特点 3. 探讨：电影《泰坦尼克号》的隐喻和象征、赞美与批评、爱情与责任 4. 探讨：《冰海沉船》和《泰坦尼克号》艺术表现手法比较	1. 电影主题曲《我心依旧》的学习演唱 2. 分组讨论：请说明影片中罗丝在救生艇中缓慢降下大海，看着杰克然后又跳上大船，这一片段音乐采用了什么表现手法
光影灵动颂道义青史，常忆《辛德勒》（4课时）	1. 在影片赏析过程中领略本片深刻的思想性和极高的艺术价值，反思法西斯给人类带来的深重灾难，感悟生命的可贵 2. 了解掌握声画对位手法和主题音乐在影片中的运用及其作用 3. 让学生尝试运用所学知识和经验来分析影片中关于音乐、色彩、构图等电影艺术表现手法对主题的烘托作用 4. 进一步了解本片场面调度、蒙太奇手法的运用	1. 场面调度：将代表善恶较量窗框外辛德勒和哥特对话互动的片段由学生分组表演，并互评 2. 组织班上会乐器的同学排练演奏主题音乐 3. 学生声画关系、画面构图视频片段拍摄学习、互评 4. 探讨：平行蒙太奇在本片中的运用

（续表）

课名	教学目标	主要课堂活动设计
人与自然共一体，《熊的故事》寓深意（3课时）	1. 通过对影片《熊的故事》的赏析，感受大自然的伟大，领悟人与自然、人与动物之间和平相处的重要性，进而学会珍惜生命、感悟生命的伟大 2. 了解电影《熊的故事》的创作手法以及它所体现的寓意 3. 了解影片的主题音乐与影片主题之间的关系，学习关注音乐的配器，以及不同配器对音乐情绪的影响 4. 了解本电影的构图以及其他艺术表现手法 5. 以小组为单位，研究影片拍摄过程中运用的拍摄技巧	1. 运用摄像机或者手机来学习体验感受电影中全景、中景、远景、特写、仰拍、俯拍、移动拍摄等电影拍摄手法，并交流讨论 2. 分组讨论一：电影《熊的故事》运用了什么创作手法以及体现了什么寓意？ 3. 分组讨论二：本片主题音乐不断变化的配器手法运用和电影画面之间的关系 4. 音乐演奏排练：主题音乐《六月船歌》

（六）模块作业设计

观看视频，完成表2－6（设计意图：让学生了解主题音乐在影片中的运用，如何通过不同乐器音色的特点来表现犹太人的命运，结合画面，主要从旋律特点和音色变化角度来思考）。

表2－6　音乐在电影中的运用

	电影情节	音乐的表现形式	音乐的表现意义
	1941年，克拉克夫及附近的犹太人被迫聚集在一个很小的城区，便于德国人的管控		

（续表）

	电影情节	音乐的表现形式	音乐的表现意义
	两位老人被转移到辛德勒的工厂，获得了暂时的安全		
	经过艰苦谈判，所有女工被辛德勒从奥斯维辛集中营转移到捷克工厂，获得安全		
	获救的犹太人和他们的后人在辛德勒墓前缅怀纪念		

举例说明电影中3种声画关系的作用（见表2－7）。

表2－7 电影中的声画关系

	定义	作用	举例
声画平行			
声画对立			
声画对位			

什么是平行蒙太奇？电影《辛德勒的名单》中，大尉哥特地下室殴打女佣、集中营犹太人婚礼、辛德勒生日晚宴这3组镜头是如何组合时间和空间的，有什么表现效果？

电影《辛德勒的名单》中，辛德勒为了将自己的工人转移到较安全的捷克，于是他到老家去开厂，并和党卫军头日哥特展开了斗智斗勇的谈判，请你谈谈这段影片运用了什么艺术手法，并和其他同学尝试模拟表演。

电影《熊的故事》，主题音乐的多次出现有哪些变化？请解说画面和音乐的关系（见表2－8）。（设计意图：了解主题音乐如何通过音乐的变化来配合画面的含义）

表2－8　画面和音乐的关系

	画面	音乐形式变化
1	母熊被砸死，小熊无助地靠在母熊身上	管弦乐以饱满的力度倾诉着悲伤
2	大熊被猎人射伤，小熊舔着大熊的伤口	以主题变奏的形式出现，温暖又凄凉、悱恻，令人百感交集
3	小熊靠在大熊身旁入睡，梦中出现与妈妈的快乐情景	音乐由短笛奏出，虚幻缥缈、梦魂萦绕
4	溪流边大熊赶走美洲豹，小熊绝处逢生	音乐如泣如诉
5	小熊和大熊终于获得安宁的生活，依偎在山洞中冬眠，气氛宁静、祥和	双簧管主奏，温馨、抒情
6	落基山脉远景——结束	乐队全奏，温暖、和谐、赞颂般的

通过电影这一模块的学习，请你写一篇电影评论，可以对某一部电影的导演、演员、镜头语言（见表2－9）、拍摄技术、剧情、色彩、光线等进行分析和评论，并准备在课上进行交流。

表2－9　电影的镜头语言分析

	解释	效果
拉镜头		
空镜头（景物镜头）		
跟镜头		
长镜头		

（七）模块作业评价设计（部分，见表2－10）

表2－10 评价内容及要求

内容	形式	评价要求		
		优秀	良好	合格
实践环节：镜头前的无声表演	架设好摄像机，请几位同学就某一个命题做一段表演	能准确地运用表情变化和肢体语言来展示人物形象特点，效果很好	能较准确地运用表情变化和肢体语言来展示人物形象特点，效果明显	能运用表情变化和肢体语言来展示人物形象特点，效果尚可
电影《辛德勒的名单》主题音乐运用分析	分组探讨，学生互评、教师点评	能清晰、流畅地结合画面进行说明，能很好地抓住要点，判断准确，尤其是从乐器音色、配器角度来说明	能较准确抓住要点加以说明，判断方向准确，语言表达流畅	基本能抓住要点加以说明，判断方向基本准确，语言表达尚可
电影《辛德勒的名单》中辛德勒为转移工人到安全地方和纳粹头目谈判运用拍摄的艺术手段	分组探讨，学生互评、教师点评	能清晰、流畅地结合画面进行说明，能很好地抓住要点，判断准确，尤其是从镜头角度，人物形象以及台词角度来分析	能较流畅地结合画面进行说明，抓住要点，判断准确，能从镜头角度、人物形象以及台词角度来分析	基本能结合画面进行说明，能抓住基本的要点和方向，判断基本准确，并能加以简单地说明
根据一个简单故事情节，利用手机或相机视频功能拍摄一段3分钟以内的视频	分组展示讨论视频软件运用、镜头的运用，以及蒙太奇等手法的运用	视频能够准确地表达出剧本的意图。软件运用很好，镜头、蒙太奇等手法运用正确	视频能较准确地表达出剧本的意图。拍摄手法运用较好	视频基本能够准表达出剧本的意图。能够运用镜头、蒙太奇等手法

三、《动画艺术》模块教学设计

授课教师：汪洁

授课年级：高二

（一）模块主题概述

动画是一种综合艺术，是集绘画、电影、数字媒体、摄影、音乐、文学等众多艺术门类于一身的艺术表现形式，是一门幻想艺术，更容易直观地表现和抒发人们在画的高度上的假定性艺术特征，恰好可以充分表达人的幻想。它可以表达人的任何思维。本模块通过学生对动画艺术的学习，了解各国动画文化，加深中华民族精神认同感。

本模块选自上海音乐出版社高中《艺术》教材，主要由：高二年级第一学期第四单元《绚丽工笔绘传奇，〈天书奇谭〉赞少年》、第六单元《动画美景溢诗情，〈木兰传奇〉谱巾帼》、高二年级第二学期第二单元《〈千与千寻〉动漫形，寻找自我化纯真》、高三年级第一学期《鱼儿历险起波澜，紧急〈海底总动员〉》四个教材单元组成。

除了赏析课本中的4部动画电影的部分片段，另外还补充了《犬之岛》《阿凡提》《怪物史莱克》《冰河世纪》《飞屋环游记》《起风了》《艾特熊和赛娜鼠》等影视片段的赏析，并加以分析、梳理，开展以主线为理解动画电影中的艺术形式，尝试经典故事动画电影赏析与制作的学习。

（二）学情分析

高中生对动画电影有一定的兴趣，他们对画面、人物直观视觉感受有一定的兴趣，但是对于动画系统的了解，特别是对电影的组成部分、镜头景别、思想内涵等分析不深入。因此，在模块的教学中，教师要注重提炼角色、画面、声音等艺术形式的规律，引导学生知道电影艺术的多样性和综合性特征，开拓思路和想象，使学生真正领悟动画电影的魅力和价值。

另外，就综合能力而言，高二学生在创意表达、小组协作、审美经验方面比高一学生更成熟，所以建议本模块在高二的第一学期教学较合适。

（三）教材教法分析

在动画模块学习中，将 4 个单元的学习时间整合，约 12 周次。其间学生不仅要学习动画综合艺术的表现，还要学习后期的制作、镜头组合方式；同时要理解色彩、线条、空间结构、节奏、画面、蒙太奇等基本要素在创作中的运用；能辨别影视作品中的构图、色彩等元素，能体会动画电影艺术的综合性；能尝试运用电影起承转合的手法创编经典故事剧本，学习分镜剧本的撰写；运用多种艺术手段综合表现经典故事。模块作业中尝试根据主题选择一两种创作手法创编分镜头脚本。同时以拍摄动画小视频为模块化结课作业。

本模块可采用模仿示范、合作学习、探究发现等教学策略，可采用教授法、讨论法、训练与实践等教学方法。可从文化立身、实践立行的育人角度，探索动画影视作品中的思想内涵，在构思、拍摄、交流、评价影视作品的过程中，引导学生感受动画影片是如何运用各种电影语言来叙述精彩的故事、表现角色的个性、表达思想主题、体现时代与地域文化特色的，从引起对中国优秀传统文化的关注，引发思考，增强传承意识。

（四）模块教学目标

从感知、分享、交流、探究、合作、评议等方法，了解动画的发展，引起对动画中的民族文化关注，激发学生学习动画的兴趣和可持续性。

欣赏动画电影，识别动画电影中的构图、色彩、音响等元素，理解色彩、线条、空间结构、节奏、画面、蒙太奇等基本要素在动画电影中的运用，理解动画电影的综合性。尝试对经典故事进行演绎。

从“了解动画分类，感受动画原理，探究动画制作，思考动画意义”这根主线开展教学，由浅入深、由简到繁，在层层递进的课堂与活动中理解动画，了解制作方法，感受文化。培养学生分析问题、解决问题的能力，增强学生自主学习、协作的意识，启发学生创造性思维。

（五）模块教学目标分解（见表2－11）

表2－11　模块教学目标

《动画》 模块化设计	教学内容	学习要求与水平 主要教学环节设计
动画艺术 （1课时）	1. 走近动画、简单了解动画的形成原理，以及所需要素 2. 观看各种风格特点动画片段，了解不同时期不同风格的动画 3. 了解中国动画简史 4. 制作自己喜爱的动画单，并阐明原因	1. 通过整体性介绍让学生对动画艺术有整体性的认识，其中包括动画形成的原理，二维动画、三维动画、动画制作流程，动画的时间掌握，动画的发展过程 2. 根据学生制作自己喜爱的动画单，加深师生对动画的相互了解，尝试运用艺术的语言对动画感受进行描绘
故事设计 （2课时）	1. 分析动画剧情《鱼儿历险起波澜，紧急〈海底总动员〉》《〈千与千寻〉动漫形，寻找自我化纯真》《飞屋环游记》 2. 了解剧本要素、动画编剧核心、情节创造方法、动画剧作的特性	1. 分析经典动画影片剧情特点，思考编剧思路与表达的主题 2. 了解动画剧情改编与借鉴 3. 知道剧本要素：主题、人物、情节、结构、风格 结构——对情节的组织安排，编剧的核心是创造冲突。情节的创造方法：①伏笔，②悬念，③震惊，④误会，⑤巧合。动画剧作特性：①幻想性；②夸张性。创作流程：素材—题材—主题—创意—梗概—大纲—剧本 4. 为自己的模块动画设计剧情
角色造型 （2课时）	1. 赏析《动画美景溢诗情，〈木兰传奇〉谱巾帼》《绚丽工笔绘传奇，〈天书奇谭〉赞少年》《怪物史莱克》《冰河世纪》《起风了》 2. 分别从结构、造型、表情和动作等所涉及的知识进行系统详细的讲解，分析动画影片图例论证	1. 分析作品的人物突出特征，以及线条简练的造型手法，夸张与概括的表现形式，尝试从影片人物造型与动作的夸张与概括中进行人物形象与设计分析 2. 学会人物象征和隐喻手法，观察生活动画人物新形象设计现实意义，找寻生活中的动画等原型，并讨论角色造型与设计用意 3. 运用动漫绘画的方式，为经典故事中的人物换一个的造型。根据“真假美猴王”“年兽”“红孩儿”进行角色设计。突出人物个性，造型风格特征明显

（续表）

《动画》模块化设计	教学内容	学习要求与水平 主要教学环节设计
镜头与画面 （2课时）	1. 观看《鱼儿历险起波澜，紧急〈海底总动员〉》《绚丽工笔绘传奇，〈天书奇谭〉赞少年》《起风了》《你的名字》片段 2. 了解动画电影镜头和画面、景别、分镜头剧本 3. 尝试动画画面分镜头设计	1. 分析不同风格、不同特点的动画绘画特点和特色，对中国动画的画面进行分析，找寻民族特色文化元素，感受中国动画的魅力 2. 了解动画电影镜头和画面、景别镜头的推拉摇移的画面特征 3. 知道画面分镜头台本和其内容与格式，根据文学剧本与文字设计分镜头台本 4. 尝试动画画面分镜头设计，了解动画画面分镜头工作的前期准备 5. 运用起承转合的手法创编中国典故事剧本，学习分镜头设计，运用多种艺术手段综合制作经典故事动画电影分镜头脚本，手绘符合的场景分镜
动画影视声音 （1课时）	1. 了解动画影视声音的概念与特点 2. 欣赏影片角色与配音是如何表现影片动画剧情的配音要素：选择有特色的声音，针对形象选择配音，配音时要投入感情 3. 了解影视声音的分类：语言、音乐、音响 4. 为特定的场景编配音乐并进行独特的配音，深入演绎自己的动画故事	1. 了解动画影视声音的概念与特点：与原始声音同质同构、与画面内容紧密配合 2. 欣赏影片角色与配音是如何表现影片动画剧情的 3. 了解影视声音的分类：语言、音乐、音响（语言：主观语言、客观语言）（音乐的作用：烘托气氛，深化主题，比拟情绪，以及有声源音乐、无声源音乐）（音响：动作、自然、机械、军事、动物） 4. 为特定的场景编配音乐，并进行独特的配音，深入演绎自己的传统动画故事

（续表）

《动画》模块化设计	教学内容	学习要求与水平 主要教学环节设计
拍摄制作 （3课时）	1. 分析《绚丽工笔绘传奇，〈天书奇谭〉赞少年》《阿凡提》 2. 了解拍摄动画影片时所用的摄影方法，其主要特点是逐格拍摄 3. 动画剪辑与制作软件的了解与运用 4. 几段电影的比较中，影片音画同步、对位、平行的镜头关系分析 5. 在制作、交流、评价的过程中，能运用多种艺术手段进行动画电影的创作，能与他人合作分享	1. 了解拍摄动画影片时所用的摄影方法，其主要特点是逐格拍摄。画片中的景物、人物的动作是相互连贯的。将这些画片一张张连续（逐格）拍下来 2. 动画剪辑与制作软件的运用 3. 几段电影的比较中，进行音画同步、对位、平行和镜头之间的关系分析 4. 运用艺术的综合表现，学会艺术表现中的视听创作技法，小组合作尝试运用不同镜头 5. 在制作、交流、评价的过程中，能运用多种艺术手段进行动画电影的创作，能与他人合作分享
传统文化 （1课时）	1. 动画中的民族文化探讨 2. 体验动画电影作品中蕴含的丰富情感 3. 中国动画对中国文化的传承与蕴含，从传承审美的角度看就是中国动画对民族文化记忆的继承与演绎	1. 理解动画的内涵，了解动画对以文字和图像为主要媒介的文化记忆，对民族主体性的形成有着直接的影响。优秀的影像动画作品的美学风格都蕴含着明显的民族文化记忆 2. 体验动画电影作品中蕴含的丰富情感，积极投入动画电影的审美与实践活动，能分享经典故事动画电影制作的经验和艺术感受。体会动画电影形式的独特魅力 3. 感受中国动画的魅力

（六）模块学习活动设计

1. 模块学习活动目标

（1）识别并理解色彩、线条、空间结构、节奏、画面、蒙太奇等基本要素在动画电影中的运用。

（2）了解动画电影作品中镜头的组合方式，知道均衡、对比、统一、重复等形式规律。

（3）了解动画电影中的构图、色彩、音响等元素的运用，了解动画电影分镜头剧本的创作手法并运用。

2. 模块学习活动内容与要求

活动一：我是改造家

活动要求：

（1）为经典故事中的人物换一个造型。

（2）根据“真假美猴王”“年兽”“红孩儿”进行角色设计。

（3）突出人物个性，造型风格特征明显。

活动二：动画画面设计会

活动要求：

（1）对比、思考、讨论、交流动画电影中的画面形式美与内容的作用，探究动画电影在画面表现上的优势。

（2）现场交流讨论。

（3）交流积极主动、观点独特新颖。

活动三：“我的分镜”导演大会

活动要求：

（1）根据小组合作的分镜作业，针对画面音乐渲染、构图、镜头推进等形式元素进行优化，设计较完整的镜头剧本。

（2）分镜内容具备想象力，情节逻辑通畅具有夸张的戏剧效果，表达清晰、准确，以快速手绘思维导图等形式展示分镜剧本的内容。

（3）在班级以演说演绎的形式交流，能自信地表达小组的设计意图。

（七）模块作业设计与实施

1. 模块作业目标

（1）以经典故事为题材，选择精彩并富有意义的片段，运用“起承转合”的手法创编经典故事剧本。

（2）理解色彩、线条、空间结构、节奏、画面、蒙太奇等基本要素在动画电影中的运用，绘制分镜头。

（3）运用多种艺术手段综合制作经典故事动画电影分镜头脚本。

2. 模块作业内容与要求

作业：以“经典故事”为主题的动画电影分镜脚本创作

作业要求：

（1）以小组为单位，设计一个1分钟的经典故事分镜剧本。

（2）角色设计造型符合并突出人物性格及内涵。

（3）画面构图及切换要具备一定的形式美感和戏剧效果。

（4）选择适合故事节奏及氛围的背景音乐。

（5）画面内容衔接合理、流畅、有节奏感。

3. 模块作业评价标准（见表2－12、表2－13）

表2－12　“经典故事分镜头脚本”作业评价标准

		优良	合格	不合格
过程表现	小组分工	完全自主选择	基本自主选择	不能自主选择
	小组合作	合作默契，相互包容	能相互理解	不能相互理解
	完成情况	完成	基本完成	未完成
作品表现	情节	编排合理，风格突出	编排基本合理	编排不合理
	画面	景别多样、形式感强烈，具有戏剧效果，构图富有艺术表现力	景别有区别，有一定的形式感，构图完整	景别单一，画面表达内容不明确，构图有问题
	造型	符合角色身份，能利用反差、对比等形式突出角色个性特点	较符合角色身份	不符合角色身份
	音乐	能帮助剧情发展，有一定的感染力，具备同步、对位、平行等形式感并在此基础上有创新	符合剧情发展，运用到了同步、对位、平行形式感	不符合剧情
	分镜头设计	分镜头剧本剧情绘制精细、完整，镜头语言丰富，有戏剧张力	分镜头剧本剧情绘制较完整，能运用一两种艺术表现手法设计分镜头	分镜头剧本剧情不完整

表 2-13 “经典故事”作业评价表

小组成员	同学 A	同学 B	同学 C	同学 D	……
承担任务					
完成情况					
自评结果					
互评结果					
师评结果					
总体结论					
说明：完成情况用√或○标注，评价结果分为优良、合格、不合格					

（八）模块评价设计

1. 模块评价目的

检测模块化中感受与鉴赏、合作与分享核心能力的达成度。

2. 模块评价目标

能尝试运用电影“起承转合”的手法创编经典故事剧，能尝试运用不同镜头组合方式编辑视频，能运用多种艺术手段综合表现艺术形象。理解色彩、线条、空间结构、节奏、画面、蒙太奇等基本要素在创作中的运用，体会不同创作手法带来的不同创作效果，尝试使用综合性手法进行主题艺术创作。

3. 模块评价标准（见表 2-14 至表 2-16）

表 2-14 活动评价标准

表现 活动	优良	合格	不合格
我是改造家	符合角色身份，能利用反差、对比等形式突出角色个性特点，在原作的基础上有明显区别	较符合角色个性特点，在原作的基础上有一定区别	不能符合角色个性，离开原作太颠覆或者太接近

（续表）

表现 活动	优良	合格	不合格
动画画面设计会	理解并能准确表达动画电影在艺术表现上的优势，并能够恰当举例	理解并基本表达动画电影的表现形式	不能理解与表达动画电影的艺术形式
“我的分镜”导演大会	擅于综合丰富的艺术表现手法进行画面的创意呈现，具有戏剧效果。设计思路表达清晰、流畅	可以进行一定的联想，有部分创意。音乐有符合主题。设计思路表达基本通顺	画面形式过于保守，音乐没有符合主题。不能表达设计思路

表 2－15　作业评价标准

表现 作业	优良	合格	不合格
以《经典故事》为主题的动画短片分镜头剧本	分镜头剧本剧情绘制精细、完整，角色设计具有形式特征，镜头语言丰富有戏剧张力。能运用丰富的艺术表现手法进行分镜头的创意呈现	分镜头剧本剧情绘制较为完整，角色设计较为符合故事剧情，能运用一两种艺术表现手法设计分镜头，并表现一定的形式感	分镜头剧本剧情不完整，角色设计平庸、无特色，不能将各类表现手法融会到分镜头的设计中

表 2－16　学习过程评价表

表现 过程	优良	合格	不合格
学习过程参与度（个人）	积极参与	能参与	不能参与
小组分工	完全自主选择	基本自主选择	不能自主选择
合作交流	配合默契，相互包容	能相互理解	不能相互理解

(九)模块资源设计与实施(见表2-17)

表2-17 模块资源设计与实施

资源类型	资源目标	资源名称	资源用途
教材资源	知道作品的结构和艺术语言,知道画面、角色、镜头中的形式规律,了解艺术作品形式的综合性	《千与千寻》《花木兰》《天书奇谭》《海底总动员》	学习模块核心内容
补充资源	知道动画电影的基本特点,理解动画电影作品的综合性,了解艺术创作基本手法,体会表达主题的综合性创作手法	《犬之岛》《西游记》《阿凡提》《飞屋环游记》《起风了》《你的名字》《怪物史莱克》《冰河世纪》《起风了》	补充欣赏,拓展视野
环境资源	联系生活,开展特定主题的艺术创作,并与他人合作交流	艺术教室、网络平台、图书馆、计算机房	用于查找材料,排练、拍摄、剪辑

四、《雕塑艺术》模块教学设计

授课教师:汪洁

授课年级:高二、高三

(一)模块主题概述

雕塑与建筑作为造型艺术,其关系已经众所周知,雕塑与建筑或建筑对雕塑的作用都很重要。从建筑的起源和雕塑的起源到它们各自的发展,从各自都是独立的一部分到最后两者的结合,关系错综复杂,对彼此的意义更是不同。从建筑对雕塑的作用来看,建筑的空间化在雕塑的运用使得雕塑有了另一番滋味。从雕塑对建筑的作用来看,雕塑在建筑中的运用使得建筑形式多样。除此之外，它们彼此的相互运用极大地提高了欣赏价值与社会价值。

本模块涉及雕塑艺术、建筑艺术、现代环境艺术、敦煌艺术，感受雕塑建筑的魅力。共分为13节课。本模块教学主要是通过对建筑、雕塑实例的解析，让学生了解建筑的造型布局、空间结构与材料装饰，感受雕塑艺术及其特点；走进敦煌艺术了解中国雕塑的艺术成就，进而探究建筑设计所表达的文化特征与审美意趣，加深对中华建筑、雕塑、石窟文化的认知与文化认同感。

（二）学情分析

高一年级学生已经通过初中阶段的艺术学习对建筑和雕塑艺术有了初步认识，为本单元的学习奠定了基础。建筑与雕塑首先是一种文化；其次，建筑还是其他文化的容器。

高中生需要对建筑和雕塑艺术有更深层次的理解。教学中，教师将通过组织学生观看图片、视频介绍，聆听历史故事，通过在线展馆、问答讨论、创作体验、交流评价等方式，让学生了解建筑艺术中蕴含的人文特征与审美理念，让学生在看、听、创作、讨论中认识建筑雕塑中所蕴含的民族精神；懂得欣赏并吸收优秀文化成果，传承并弘扬中华优秀文化遗产。

（三）教材教法分析

在上海音乐出版社高一年级《匠心构筑　巧夺天工》单元由第一学期《礼制文化的融汇》《承载艺术的建筑》，第二学期《观赏造型结构》《体验空间变幻》《品味材料创意》5课构成。建筑内容重新整合、拓展后为目前的3种模块，包括：解析建筑特点、品味建筑艺术、感受建筑文化3课时内容。建筑是人们生活的一个空间，凝聚着居住者的智慧，反映了居住者的文化。在本模块学习中，学生将通过欣赏、讨论、分析、评述、实践等活动，了解中国建筑、收集中国建筑装饰中常见的色彩和图案，探讨其隐含的象征意义。同时，通过分析对外国古代建筑艺术了解其主要特点、建筑风格特点，由此开阔了眼界，培养了艺术审美情趣。

（四）模块教学目标

欣赏和感受雕塑作品独特的审美功能与内涵，提高对雕塑艺术的兴趣，增强对多元文化的包容度。初步感悟建筑艺术所表现的独特魅力，知道建筑文化是人类文明的表征。

理解特定时期建筑雕塑艺术代表的作品特征。初步理解建筑艺术的美，探索建筑艺术中蕴含的文化内涵。知道文化遗产保护常识，知道被联合国教科文组织列入“世界遗产名录”的主要世界遗产。

能模仿具有民族与地域样式特点的雕塑、建筑模型等创作技法，培养学生分析问题、解决问题的能力，增强学生自主学习、协作的意识，启发学生创造性思维与艺术审美能力。

通过欣赏、比较、讨论、评述等方式感受雕塑、建筑中的文化气息，探究雕塑、建筑文化的深层次内涵与思想。

（五）模块内容规划和活动设计（见表 2－18）

表 2－18 模块内容规划与活动设计

《雕塑建筑》模块化设计	教学内容	学习要求与水平
古代雕塑（2 课时）	西方古代雕塑：古代雕塑艺术、古希腊雕塑、古罗马雕塑、西方文艺复兴	1. 初步了解古希腊雕塑中人物的特征、雕塑的主要风格以及雕塑与柱式的关系 2. 通过观看视频、赏析图片，学习分析、比较古希腊雕塑的方法 3. 感受古希腊雕塑的美，懂得人与自然的和谐关系，建立良好的审美情感
	中国古代雕塑：霍去病墓雕刻（地面雕刻）、秦始皇兵马俑（陶俑）、宗教雕塑的石窟艺术	1. 知道中国古代雕塑艺术的主要成就及主要雕塑作品，了解中国古代雕塑中的陵墓和雕塑艺术成就及艺术特点 2. 将传统雕塑的材料、技法与现代雕塑的材料、技法进行比较研究，探析材料技术雕塑发展历史中的变化

（续表）

《雕塑建筑》模块化设计	教学内容	学习要求与水平
现代雕塑（2 课时）	1. 马约尔的《地中海》，罗丹雕的《手》《思》等作品，写实技巧十分完美，结构准确 2.《巴尔扎克像》为什么砍去雕塑的手。亨利·摩尔是现代主义雕塑大师，其作品如一系列的《斜倚人物》 3. 美国艺术家杜安汉森《旅游者》《主妇与采购车》 4. 思考写实雕塑与抽象雕塑的差异表现在哪里，研讨夸张手法在雕塑中起的作用 5. 城市雕塑：上海城市雕塑、国内城市雕塑、国外城市雕塑，通过对城市雕塑作品欣赏与评述，开阔学生知识层面	1. 欣赏和感受雕塑作品独特的审美功能与内涵，提高对雕塑艺术的兴趣，增强对多元文化的包容度 2. 在对不同时期的雕塑的不同造型形态、不同表现手法与功能的比较鉴赏过程中，获得用多元化、立体化的审美思维去体会视觉形象的能力 3. 识记雕塑艺术表现语言的一般概念，认识雕塑立体造型的语言特征。了解写实再现、夸张寓意、抽象结构等常用的雕塑表现手法 4. 初步了解城市雕塑的类型和风格，提高对城市雕塑的审美兴趣，加深其对现代城市雕塑发展意义的认识。在学习过程中，使学生得到美的陶冶和享受，同时也对城市环境艺术有更深的理解和体会
东方建筑（2 课时）	1. 中国古代建筑 主要包括：故宫（宫殿）、天坛（坛庙）、少林寺（寺观）、佛塔、江南民居（民居）和苏州拙政园（园林）等（出示类别，学生举例，并指出成就最为突出的两种），尤其以宫殿和园林建筑的成就最突出 2. 具有独树一帜的木结构体系。（见中国建筑木构架）中国古代建筑以木构架结构为主要的结构方式	1. 通过对中国结构建筑体系的介绍以及对北京故宫总体布局、主要建筑的屋顶形式和色彩的运用等方面的分析，了解中国古代建筑的主要特色 2. 通过中国古代园林的典型实例的欣赏，了解中国古代园林艺术的主要特征 （1） 宫殿建筑（故宫） （2） 园林建筑

（续表）

《雕塑建筑》模块化设计	教学内容	学习要求与水平
	3. 探讨上海石库门的过去与现状	收集中国建筑装饰中常见的色彩和图案，探讨其隐含的象征意义 收集与中国园林有关的诗句，与园林景观对照，体会其中的意境 3. 思考北京的四合院和上海的石库门建筑在形态上有何相似之处 4. 用操作简单方便的材料，以雕塑或折叠等手法，制作中国民族风格的简单宝塔模型
西方建筑（2课时）	外国古代建筑： 1. 古埃及建筑的主要成就，着重分析著名的卡克神庙 2. 古希腊、古埃及建筑的成就在西方古典建筑体系的重要地位 3. 古希腊建筑中最著名的雅典卫城的性质及其演变 4. 古罗马著名建筑——罗马万神殿 5. 拜占庭式建筑——圣索菲亚大教堂的特点及成就 6. 以法国著名的夏特尔教堂为例，欧洲中世纪建筑艺术的最高成就——哥特式建筑的主要特点 7. 印度伊斯兰教建筑——泰姬陵的特点及成就	1. 对外国古代建筑艺术了解其主要特点、建筑风格特点。开阔眼界 2. 了解古希腊、古罗马建筑，指导成就突出影响深远，且自成体系，是西方古典建筑的基础 3. 了解古希腊柱式辨别其区别。分小组讨论：中国与欧洲古典建筑之美各自体现在哪里 4. 画建筑：根据照片或实景，写生、速写自己喜欢的建筑、展示并交流 5. 分小组，拍摄建筑风格、立面与局部，进行作品展示并交流
	外国近现代建筑艺术： 1. 伦敦建筑的历史背景和划分时代、成就 2. 巴黎埃菲尔铁塔产生的历史背景和它的重要意义 3. 世界现代建筑史上具有里程碑的德国包豪斯，对现代建筑发展的重要贡献	1. 对外国近现代艺术的主要成就、主要特点有所了解 2. 鉴赏艺术美的能力和健康的审美情趣 3. 了解现代建筑的第一个特点：对空间的重视、分析纽约古根海姆博物馆。分析现代建筑第二个特点：灵活多样的外形，同时分析纽约曼哈顿建筑群。第三个建筑特点：建筑装饰的简化 4. 以绘画的方式，设计具有现代风格的屋顶造型

（续表）

《雕塑建筑》模块化设计	教学内容	学习要求与水平
现代环境艺术（1课时）	1. 了解环境艺术与生活的关系 2. 以北京国家奥林匹克体育中心为例，分析具体的环境艺术设计 3. 室内环境艺术设计的重要性，以及它的主要内容和任务。新加坡泛太平洋酒店大厅和北京香山饭店的室内环境艺术设计是两个典型的优秀案例 4. 环境艺术与环境的理解，艺术创造理念的分析	1. 了解环境艺术与生活的关系 2. 了解现代环境艺术的基本知识和设计主要特点 3. 联系学校所在的周围环境和校园环境，运用所学知识开展评论活动，重新设计校园环境，进一步加深对环境艺术的理解 4. 对学生进行环境意识的教育，是提高全民族环境保护素质的重要途径和重要内容
大漠瑰宝敦煌艺术第一课时敦煌文化（1课时）	感受与鉴赏： 敦煌文化的产生，莫高窟（概况、建筑、壁画、佛像、佛经故事、传统神话题材、装饰图案），“丝绸之路”中西文化交流 赏析导引： 世俗化、中国化敦煌壁画《福田经变图》《伏羲与女娲》 拓展与选择： 敦煌壁画类别：佛像画、经变画、民族传统神话题材、供养人画像、装饰图案画、故事画、山水画 研讨与创作： 完成敦煌壁画《时间导览》作品分析表，能够为“我们心中的敦煌”艺术展做介绍准备	1. 能结合时代、地域、民族、文化等人文因素，分析各门类艺术的概况，推动敦煌壁画盛兴的根本原因，体会敦煌艺术的多样性、综合性特点 2. 了解世俗化、中国化的敦煌壁画绘画特征与表现形式。辨别壁画的形式艺术作品特点，理解敦煌壁画的由来。欣赏与感受敦煌壁画，领略博大精深的敦煌文化，激发爱国之情 3. 列举敦煌壁画的形成及不同时期的风格，分析艺术特色。合作收集、整理敦煌壁画作品信息资料，完成敦煌壁画《时间导览》作品分析表 4. 在体验、拓展和研究过程中，班级分组合作设计综合艺术实践活动，策划“我们心中的敦煌”艺术展览

（续表）

《雕塑建筑》模块化设计	教学内容	学习要求与水平
第二课时 敦煌壁画 （1课时）	感受与鉴赏： 1. 敦煌壁画的造型与变形 2. 敦煌壁画的色彩，对外来艺术的借鉴，敦煌壁画的发展 赏析导引： 分析魏晋南北朝时期，隋、初唐、盛唐，五代、宋元时期佛教与现实题材为主的作品，如佛像画、经变画、民族传统神话题材、供养人画像、装饰图案画、故事画、山水画 拓展与选择： 小组分工合作表演“反弹琵琶”，一部分同学进行临摹作画 研讨与创作： 完成敦煌壁画《时间导览》作品分析表，能够为“我们心中的敦煌”艺术展做介绍准备	1. 了解敦煌壁画的形成及不同时期的风格，了解敦煌壁画的发展脉络 2. 根据时代特征，纵观各时期的壁画，分析、比较北魏《释迦坐像》《释迦说法图》，隋《萨陲那太子本生图》《飞天》，初唐《反弹琵琶》，晚唐《张议潮出行图》的壁画作品特点及夸张程度 3. 通过表演、壁画临摹、配乐等活动，加深对敦煌艺术、传统文化的理解 4. 列举敦煌壁画的形成及不同时期的风格，分析艺术特色。合作收集、整理敦煌壁画作品信息资料，完成敦煌壁画《时间导览》作品分析表 5. 在体验、拓展和研究过程中，班级分组合作设计综合艺术实践活动，策划“我们心中的敦煌”艺术展览
第三课时 敦煌彩塑 （1课时）	感受与鉴赏： 1. 敦煌彩塑的世俗化、中国化 2. 古印度陀罗美术与笈多美术 3. 敦煌彩塑的工艺特点“塑绘结合” 赏析导引： 1. 不同时期、不同风格的敦煌彩塑 2. 彩塑的分类：圆塑、影塑、悬塑 敦煌菩萨《佛出像》《菩萨像》 拓展与选择： 泥塑的制作、方法、步骤 研讨与创作： 尝试制作小型泥塑	1. 欣赏敦煌彩塑，领略博大精深的敦煌文化 2. 了解敦煌彩塑的形成以及不同时期的不同风格特征，激发爱国主义之情 3. 尝试制作小型泥塑，加深对传统彩塑艺术的理解，感受雕塑中的空间结构，体会敦煌彩塑艺术的博大精深和艺术工作的艰辛与不易

（续表）

《雕塑建筑》模块化设计	教学内容	学习要求与水平
第四课时 敦煌彩塑 （1课时）	感受与鉴赏： 敦煌彩塑的工艺特点“塑绘结合” 赏析导引： 彩塑上色的制作、方法、步骤 拓展与选择： 完成敦煌彩塑和壁画时代风格作品表 研讨与创作： 进一步制作并完成小型泥塑，彩塑体现塑绘结合 完成敦煌彩塑和壁画时代风格作品表	1. 了解“塑绘结合”的敦煌彩塑艺术 2. 完成制作小型泥塑，加深对传统彩塑艺术的理解，为自己的作品撰写作品介绍 3. 了解彩塑上色的制作、方法、步骤，有能力的同学进行彩塑制作 4. 完成敦煌彩塑和壁画时代风格作品表，进一步完善展览中敦煌彩塑展厅介绍

（六）模块作业设计

1. 雕塑

用橡皮泥、雕塑泥等材料创作一件抽象的雕塑作品。模仿对象以动作感较强的雕塑为宜，可以选择雕塑实物，如可选择照片。抽象的雕塑作品无须作细部的雕琢，以简单、夸张及制作方便为前提。

就自己的抽象作品与原作的关系向同学作简单的介绍。

选择小组内同学的一件雕塑作品进行讨论、修改，使其能够更好地表现内容和主题思想与情感。用泥塑造出大致造型，或用草图表示。

2. 建筑

收集中国建筑装饰中常见的色彩和图案，探讨其隐含的象征意义。

收集中国园林有关的诗句，与园林景观对照，体会其中的意境。

思考北京的四合院和上海的石库门建筑在形态上有何相似之处，完成对比小报。

用操作较简单、方便的材料以雕塑或折叠等手法，制作中国民族风格的简单宝塔模型。

联系学校所在的周围环境和校园环境，运用所学知识开展校园环境的生活评论活动，重新设计校园环境，进一步加深对环境艺术的理解。

3. 敦煌艺术

列举敦煌壁画的形成及不同时期的风格，分析艺术特色。合作收集、整理敦煌壁画作品信息资料，完成敦煌壁画《时间导览》作品分析表。

在体验、拓展和研究过程中，班级分组合作(见表2-19)设计综合艺术实践活动，策划“我们心中的敦煌”艺术展览。

完成制作小型泥塑，加深对传统彩塑艺术的理解，对自己的作品撰写作品介绍。

了解彩塑上色的制作、方法、步骤，有能力的同学进行彩塑制作。

表2-19 敦煌导览小组合作

模块学习过程评价	学习过程参与度	小组分工	合作交流	
评价对象	个人	集体	集体	
评价标准	优良/合格/不合格	优良/合格/不合格	优良/合格/不合格	积极/一般/不能够

(七) 模块评价设计(见表2-20、表2-21)

表2-20 雕塑设计与制作

自我评价请打“√”	合作过程	设计思路	想法创意	造型手法	精神内涵	雕塑技巧
	参与度	完整度	可行新颖	塑造性	深度	难易度
好						
较好						
一般						
再努力						
优势之处：						
再改进之处：						

表 2－21　建筑模型制作

作品名称	设计 10'	创意 10'	造型 10'	内涵 10'	模型技巧 10'	总分 50'	建议

五、《电子音乐》模块设计

授课教师:朱星月

授课年级:高三

（一）模块内容概述

本模块立足于数码科技在艺术领域的诸多表达手段进行展开与延伸。包括了电脑特技、广告、摄影、音乐等多个维度的艺术表现手段,着重关注学生的创作与表现,对于艺术作品的视、听、画、演、创的完整呈现提出了较高要求,是一个综合性较强、实践度较高的模块。模块的教学环节中,以电子音乐作为研究对象,通过对电子音乐的感受、分析、讨论、实践,掌握电子音乐的发展脉络,把握电子音乐的欣赏方式,能够将电子音乐与综合艺术主题相结合,呈现出富于表现力与创造性的艺术作品。

本模块教学的最终目标指向由学生自主完成的视、听、画、演、创的完整数码艺术作品。这一教学目标的实现,建立在学生对于数码艺术作品创作流程的全方位理解的基础上,因而在教学设计中,需要考虑学生认知能力循序渐进的过程。在教材的处理中,将两个模块的内容进行有机整合。前一模块为先导,关注于电子音乐的具体表现方式,掌握音乐分析的具体方式;后一模块为延伸,探讨电子音乐在综合艺术中的具体表现手法与实践。此外,为了模块的完整体验,同样设置了电子音乐的历史梳理、类别梳理等内容,丰富并充实了本模块教学内容。

（二）学情分析

笔者执教的学生年龄处于 18~19 岁之间。与初中生相比,高中生思维水平较高，观察力提升，能够更全面而深入地了解事物的细节，并用较准确的语言表达观察的过程和结果。抽象逻辑思维进一步发展，能概括事物的本质规律与特点。想象的创造性水平提升，表现为能自主地确立想象的目的和任务，并能围绕目的进行想象。

另一方面，本校学生成长于上海中心城区，对艺术的涉猎广泛程度较高。此外，受学校戏剧艺术特色及“全息剧场”理念的影响，学生对于戏剧艺术的兴趣也较高，相当一部分同学乐于进行艺术创作尝试，并具有一定的拍摄和表演经验。但从发展的视野上来看，由于专业各异以及普通班、专业班的侧重缘由，同学之间的认知差异仍然较大，对于具体技术运用程度参差不一，表现力较强而逻辑化的设计与思维能力较弱，这都是在模块教学中需要注意的问题。

（三）教材教法分析

本模块可采用典型案例分析、模仿模拟、小组合作等教学策略，可采用讨论、实践、自主评价等教学方法进行。模块各核心内容之间通过循序渐近从局部到整体的方式进行深入。

在具体操作中，将首先梳理电子音乐的发展脉络和运用场合，之后在具体作品的分析中，感受电子音乐中蕴含的情感内涵，理解新媒体技术作用于艺术作品情感表现的基本方式，在持续的学习过程中掌握较为专业系统的艺术创作手法，并能够以小组合作的方式，以电子音乐为载体，进行艺术创作，从而达到艺术之美的德育美育效果，实现审美立德、文化立身、实践立行，体现社会主义核心价值观的作用。

同时，关注学习经历，在模块学习中，学生感知、分享、交流、探究、合作、评议等多重维度的学习后，能够用较专业的方式进行微视频的制作，以小组合作的方式，通过音乐分析、画面联想（初级）—故事设计、肢体展示（中级）—公益微视频的拍摄（高级），完成对学习内容的实践体验过程，并通过师生互评、生生互评，达到深化模块学习内容的目的。

本模块需达成的核心能力和水平为：能够解释音乐中所蕴含的情感，并对其表现进行评价；能够在小组合作中共同完成艺术作品，并分享经验与感受；能够自主设计和策划公益广告的制作，并借助新媒体技术进行表达与呈现。

模块各核心内容之间以序进、从局部到整体的方式进行展开深入。可采用典型案例分析、模仿模拟、小组合作等教学策略，也可采用讨论、实践、自主评价等方法开展教学。

（四）模块教学目标

知识与技能：能够用较专业的语言解释音乐中蕴含的情感，并借助分镜头脚本对情感内涵进行故事设计，能够自主设计和策划微视频的制作，并借助新媒体技术进行表达与呈现。在小组合作中共同完成艺术作品并分享经验与感受。

过程与方法：在分析中把握电子音乐作品的情感内涵，在持续的学习过程中掌握较系统的专业艺术创作手法，能够借助新媒体技术以小组合作的方式，将音乐中蕴含的情感以戏剧化的手法表现出来。

情感态度价值观：感受电子音乐作品中所蕴含的情感，加深对电子音乐作品独特美感的理解和感悟力，增强对电子音乐作品的理解力，形成艺术作品的通感化欣赏视野，深化对崇高人文精神的追求以及对真、善、美的讴歌与塑造能力。

（五）模块内容规划分解（见表 2－22）

表 2－22　模块内容规划分解

课名	课时数	学习内容	学习要求与水平
电子音乐的发展历史	2	1. 电子音乐的概念梳理 2. 电子音乐的类型分析 3. 电子音乐与传统音乐的比较分析	1. 明确电子音乐的概念 2. 理清电子音乐的发展轨迹 3. 能够对电子音乐的不同风格种类进行界定
电子音乐大师	2	1. 对施托克豪森、布列兹等电子音乐大师的作品进行分析 2. 了解不同作曲家的不同音乐风格	1. 了解电子音乐领域的重要作曲家及其代表作品 2. 能够对这些作曲家的音乐作品特点进行分辨

（续表）

课名	课时数	学习内容	学习要求与水平
电子音乐的分析与联想	4	1. 了解范吉利斯及作品 2. 感受范吉利斯的音乐风格并归纳其特点 3. 学会有准备地聆听音乐作品	1. 聆听并感受范吉利斯的音乐风格，产生对多媒体音乐的兴趣 2. 掌握音乐作品的多维分析方式，学会有准备地聆听 3. 在完成表格的过程中初步建立起多维度聆听音乐的概念，并能够用语言进行表达
电子音乐的外化视觉表现	4	1. 理清广告发展脉络，并对其特点进行分析 2. 对经典广告案例进行分析，并能自主分析其中的音画关系 3. 具体分析电影片段、思考音画关系的组织方式和产生效果 4. 根据音乐描绘的形象进行自主联想，分小组创作故事片段并进行现场演绎	1. 了解广告艺术的基本特点与分类方式，明确广告艺术区别于其他媒体艺术的具体特征 2. 掌握音画关系的3种配合方式，并能够在具体的分析中进行运用 3. 能够以小组合作的方式对音乐中蕴含的情感进行戏剧化的现场肢体演绎
电影数码特技	5	1. 进一步分析广告作品，分析音乐的变化对视觉和剧情的丰富性产生的效果 2. 学习分镜头设计方法，根据音乐小组讨论并完成分镜头设计 3. 小组合作，完成音乐公益广告的拍摄 4. 对作品的构思设计进行文字梳理与解释	1. 理解音乐的性格变化对视觉和剧情的丰富性起到的增进效果，为公益广告的音乐选择打开思路 2. 掌握分镜头写作手法，能够对视频拍摄形成完整的设计思路和预置手法 3. 尝试以小组合作的方式使用现代技术等进行公益广告的拍摄，并选取合适的音乐素材 4. 在拍摄、制作、交流、评价的过程中，分享影视作品赏析感受，体会科技发展对影视艺术创作的积极作用 5. 能够以文字的方式对拍摄过程进行反思，对思维过程进行梳理

（六）模块作业设计

模块活动一：多维视角艺术分析

观看《火星神话》第一乐章，同时完成表格中的问题（见表 2-23）。

回答问题，初步形成多角度分析艺术作品的概念。

进一步思考作曲家多维度艺术创作手法与表现标题之间的关系。

表 2-23 多维视角聆听手册

问题	回答
音乐给你怎样的感受？	
曲调是复杂还是简单，有什么特点？	
乐队的规模是大是小，是单纯的管弦乐队吗？	
音乐会是在室内举行的吗？	
现场合唱者的服饰有什么特点？	
舞台灯光在整个乐章中有变化吗？为什么？	
在大屏幕上，你看到了什么？	

模块活动二：音乐画面联想

聆听《乡间骑士》间奏曲、肖邦《钢琴协奏曲》第二乐章。

结合音乐分析软件 Timeliner 分析音乐的具体结构（见表 2-24）。

结合分析成果，思考音乐适合表现的具体场景，构思故事情节。

表 2-24 音乐分析工作簿

音乐	音乐性格	音乐特点	音乐结构	适合表现场景
《乡间骑士》间奏曲				
肖邦钢琴协奏曲第二乐章				

模块活动三：分镜头脚本创作尝试

小组讨论，构思一个故事。

对故事的起承转合的各方面进行打磨，使之成为一个合理、可操作的故事。

运用分镜头脚本对故事进行具体细化(见表2－25)。

表2－25 分镜头脚本故事设计

镜号	景别	拍摄手法	构图	时间轴	音乐、效果	情节

模块活动四:公益广告制作

自主设计一个公益广告剧本。

运用分镜头脚本对剧本进行完整细化、构思。

为剧本选取合适的音乐素材。

小组合作完成公益广告的拍摄和后期制作。

(七) 模块评价设计

1. 评价原则

教学评价以全面衡量学生的艺术素养和发展为原则,以过程性评价为主,将评价与课堂教学有机结合,及时关注学生在学习过程中的参与和变化。结合课内实践体验环节与小组活动中的表现,有效激励与促进学生的学习与发展。为提高评价的可操作性,采用互评、自评、教师评价相结合的原则,单项评价与综合评价相结合,对同一学习要求提供多种学习评价的途径和方式,提高学生的学习积极性、自主性和教师的指导作用。

2. 评价的内容及要求(见表2－26、表2－27)

表2－26 活动作业评价标准

活动	表现		
	优良	合格	不合格
广告创意	剧情合理、故事流畅,有创意	剧情基本合理,故事基本流畅,有一定创意	剧情存在重大问题,故事不通畅,无创意

（续表）

活动	表现		
	优良	合格	不合格
音乐与剧情契合度	音乐选用得当、与剧情契合，能运用多段音乐素材	音乐选用基本得当，与剧情契合，只运用一段音乐素材	音乐选用与剧情脱节
拍摄剪辑手法	能运用两种以上的拍摄手法，剪辑流畅生动	运用两种或以下的拍摄手法，剪辑有卡顿	只运用一种拍摄手法、剪辑杂乱无章

表 2－27　学习过程评价标准

	优良	合格	不合格
学习过程参与度	积极参与	能参与	不能参与
小组分工	完全自主选择	基本自主选择	不能自主选择
合作交流	配合默契，相互包容	能相互理解	不能相互理解

六、《舞蹈艺术》模块设计

授课教师：朱星月

授课年级：高二

（一）模块内容概述

“情动于中而行于言，言之不足故嗟叹之，嗟叹之不足故咏歌之，咏歌之不足，不知手之舞之足之蹈之也。”这段出自于《诗经》大序中的句子，体现了舞蹈这一体裁，与情感表达之间的密切联系。有人的地方就有舞蹈，散落于世界各处的各类舞种，以各自不同的表现方式，传递情感，抒发胸臆。这种表现方式比音乐更为具体，比美术更为灵动，具有易于理解而又能极大地调动观者情感的特点，是适合高中生身心特点与理解程度的一种艺术表现形式。舞蹈艺术种类众多。了解不同舞蹈艺术的特点，感悟并表现其中蕴含的情感，对学生审美认知能力的提升、创造力的培养有着重要作用。

本模块以舞蹈为主要内容，共包括了4个单元的内容，涵盖了舞蹈艺术的多个类别，跨越两个年级，内容上呈现出由浅至深的递进关系。

（二）学情分析

高中阶段是学生人生最重要的时期，人生观、价值观和世界观形成的关键时期，戏剧音乐艺术的教育价值对其有着非常积极的意义。

我校作为一所艺术特色普通高中，校园艺术氛围较为浓郁，在校学生一半以上由艺术专业学生组成，为本模块内容的开展提供了有利条件。但同时需要看到的是，艺术班与普通班学生的艺术认知能力差异较大，而且艺术班中同样存在专业的差异。因而对舞蹈这一艺术表现形式的理解程度是有差异的。在具体的教学环节中，应当考虑到个体与群体、专业与普通之间的差异，制定适切而有效的教学目标，方可达到教学目标的有效性。

（三）教材教法分析

教学方法的选择上，考虑到学生学情的具体特点以及模块内容的容量，制定了梯度化的教学策略。

高一课本中的《肢体语言心灵律动》更多关注于对歌、乐、舞、美术这4种艺术表现形式的门类理解，旨在使学生对这4种艺术手法形成综合而全面的感知，使学生能够在广泛涉猎的舞蹈艺术门类后，形成较为全面的审美认知，并能够根据情境的需要，以舞蹈的形式表现情感、塑造造型。

高二的三个单元《芭蕾经典传千秋，美轮美奂〈天鹅湖〉》《爵士芭蕾水乳融，〈群舞演员〉显峥嵘》《民族舞韵吐芳艳，申江高歌〈小刀会〉》，与高一的单元相比，更多关注于具体的某种舞蹈艺术门类的学习。通过深入化的学习过程，对芭蕾、爵士芭蕾、民族舞3种舞蹈艺术门类进行深入剖析，以学生的实践体验活动为驱动，延伸到学生的创造性实践学习，使学生在音乐实践活动中增加了学习的兴趣，培养了研究精神和创造能力。

（四）模块教学目标

通过对比的方式，让学生感受东西方古典舞蹈、舞台上的舞蹈和生活中的舞蹈以及民族舞、现代舞等给人们带来的不同审美情趣，培养学生对舞蹈的欣赏兴趣，提升学生对舞蹈艺术的鉴赏能力。

在视听欣赏与感受、互动讨论与实践、自主思考与小组合作演绎的过程中，掌握不同舞种的具体特征与表现途径。

理解东西方两种古典舞蹈的不同风格特点，体会不同舞蹈作品中所蕴含的主题寓意。认识舞台上的舞蹈和生活中的舞蹈所体现的不同功能特征，探究不同风格、不同形态的舞蹈所具有的文化内涵。在欣赏与感受、互动讨论与实践、自主思考与拓展等活动的过程中，学会用舞蹈语言进行自我表达、抒发情感，主动参与到舞蹈艺术的创作过程之中。

（五）模块内容规划和活动设计（见表 2－28）

表 2－28 模块内容规划与活动设计

课名	教学目标	主要课堂活动设计
舞蹈艺术的起源与发展（2 课时）	1. 初步认识、了解舞蹈的起源及舞蹈的种类 2. 感受、比较、分析不同种类舞蹈所带来的不一样的美 3. 体会舞蹈艺术中的情感与内涵，感悟舞蹈与生活的联系	1. 介绍舞蹈艺术的起源，梳理舞蹈艺术的发展脉络 2. 分析舞蹈艺术的特性 3. 分析舞蹈艺术的功能 4. 小组合作，对某一具体舞种进行深入研究，并以研究报告宣讲的形式，汇报研究成果
舞蹈的功能性与种类（2 课时）	1. 了解艺术舞蹈的具体门类 2. 理解舞蹈艺术的四大功能性特征	1. 小组讨论，思考舞蹈艺术的不同类别 2. 实际鉴赏判断，分小组进行鉴赏
中国古典舞蹈（2 课时）	1. 在对中国古典舞蹈作品的欣赏和创编中，加深对中国古典艺术的热爱，提升民族自豪感与自信心 2. 在古典舞作品的欣赏中，体会中国古典舞典雅、宁静的艺术风格 3. 了解中国古典舞基本知识，初步掌握中国古典舞的重要表现手段和基本姿态	1. 欣赏舞蹈片段《春江花月夜》，对中国古典的舞蹈的动作进行尝试 2. 欣赏舞蹈片段《醉鼓》，进行中国古典舞基本身韵的尝试练习 3. 音乐舞蹈创作练习（聆听音乐，将动作与音乐有机结合）

（续表）

课名	教学目标	主要课堂活动设计
中国民间舞蹈（3课时）	1. 了解中国民族民间舞的特点和表现手法 2. 学习中国民间舞蹈的基本手型、基本动作，培养学生欣赏舞蹈、创编生活中简单舞蹈动作的能力 3. 在基本动作的模仿中渗透情感的表达，增加民族自豪感	1. 练习中国民间舞蹈的基本动作，加深对中国民间舞蹈的理解 2. 欣赏各民族舞蹈段落，学生展示印象最深刻的舞蹈动作，并学习相应的身韵手型
西方舞蹈	1. 感受东西方古典舞蹈、舞台上的舞蹈和生活中的舞蹈以及民族舞、现代舞等给人们带来的不同审美情趣，逐渐提高对舞蹈艺术的鉴赏能力 2. 认识东西方两种古典舞蹈的不同风格特点，认识舞台上的舞蹈和生活中的舞蹈所体现的不同功能特征，探究不同风格、不同形态的舞蹈所具有的文化内涵 3. 了解欣赏舞蹈所必须掌握的基础知识和一般概念	1. 图像及音像资料展示，让学生对东西方的不同舞韵形成认识 2. 在教师的引导下，学生进行舞蹈主题的课内研讨，同时走出校外，走向社会进行课外调查、上网请教或专家走访活动
舞蹈艺术的综合运用	1. 感受美国百老汇音乐剧的独特风格及浓郁百老汇色彩的综合艺术形式的表现力，体会爵士风格的舞蹈艺术的不同风格 2. 对中国沪剧《小刀会》和西方歌舞剧《歌舞线上》进行详细讲解，深入理解中西方舞剧中舞蹈艺术对人物形象、故事情节推动等起到的作用 3. 通过赏析、思考、交流的环节感悟人生，引导学生坚定为了理想而坚持不懈的优秀品格	1. 集中欣赏分析过赏析舞剧《小刀会》片段，感悟作品中各种艺术表现形式所传达的文化精神内涵 2. 掌握欣赏中国民族舞剧的方法，体会舞剧所蕴含的主题寓意 3. 学唱沪剧 4. 自主查阅资料，分析百老汇音乐剧中舞蹈特征和种类 5. 体验爵士舞，对剧中片段进行模仿 6. 尝试用爵士舞蹈的形式表现内心情感，促进学生主动参与欣赏表现

（六）模块作业设计

1.《天鹅湖》

欣赏《四小天鹅》片段，思考舞蹈中通过什么动作表现4只小天鹅的形象。

拓展探讨，是否可以用中国古典舞的动作来表现天鹅的形象？

归纳总结，根据教师的提示结合学生已积累的知识归纳芭蕾的特点。

2.《小刀会》

分组交流舞剧《小刀会》自学情况，回顾并了解中国古典舞的基本动作。

具体分析《劝降》和《牺牲》片段，感受舞台美术、人物形象和独特的戏剧表演形式。

学生通过思考并结合利用网络资源，找寻更丰富的艺术作品和形态，拓展教学内容，小组讨论并设计舞蹈剧情。

尝试结合人物性格和当代审美情趣分组重新创编《牺牲》片段。

3.《歌舞线上》

欣赏片段，分析其中运用了哪些艺术手段，有什么样的效果？归纳美国音乐剧的显著特征。

横向延伸，感受美国百老汇音乐剧的独特风格及具有浓郁百老汇色彩的综合艺术形式的表现。

归纳总结美国百老汇音乐剧的显著特征。

师生合作，编排爵士舞蹈片段。

（七）模块评价设计

1. 评价原则

教学评价以全面衡量学生的艺术素养和发展为原则，以过程性评价为主，将评价与课堂教学有机结合，及时关注学生在学习过程中的参与和变化。结合课内实践体验环节与小组活动中的表现，有效激励与促进学生的学习与发展。为提高评价的可操作性，采用互评、自评、教师评价相结合的原则，单项评价与综合评价相结合，对同一学习要求提供多种学习评价的途径和方式，提高学生的学习积极性、学习自主性和教师的指导作用。

2. 评价目的

检验教学目标的达成度与学生学习的有效性，激励与促进学生对舞蹈艺术的兴趣与学习积极性，养成学生自我价值的肯定。

3. 评价内容及要求

表 2－29 古典芭蕾与中国古典舞学生展示创造活动

	古典芭蕾	中国古典舞	学生表现创造力		
			优秀	良好	合格
风格特征	舒展、飘逸、轻盈、内敛	含蓄、柔美、韵味			
体态特征	直立	讲究曲线美，重心下沉			
动作特征	直线运动，多跳跃、脚尖动作为主	曲线运动（圆的运动）、上身动作为主			

第三节 艺术基础课主题模块化活动设计案例反思

一、课堂实践活动案例一

案例名称：音乐剧《猫》片段排练

设计教师：陈伟杰

来源模块：音乐戏剧

设计目的：为了能让全班同学都参与到音乐剧的排练表演中来，教师选择了百老汇音乐剧《猫》片段进行角色模仿和体验。

根据学生个人艺术档案情况，将全班同学分为剧本导演组、化妆服装组、造型舞美组、演员组、音乐伴奏组、群众合唱组等，全班每个人都参与。唱歌表演好的同学进入演员组，擅长乐器的同学进入伴奏组，会化妆的女生进入化妆服装组，没有什么特长的同学做群众演员，唱简单的合唱烘托气氛。每位同学都参与到排练表演中，充分调动了学生的积极性，体现了合作学习和个性化学习的成果。

在这一过程中，导演、演员、伴奏、服装、化妆道具都由学生担任，根据能力和兴趣各司其职，有利于发挥学生的才能和潜力，既有对原作的模仿，也有创造性的发挥。整个过程可以让学生身临其境，激发他们对表演艺术的兴趣，提高艺术综合能力。

环节过程描述："魅力猫"为了回归猫群，结束自己的流浪生活，演唱起了《回忆》，希望猫群能重新接纳她，自己终因疲惫不堪倒在地上。有一小猫呼应演唱高声部，形成二重唱，最后感动了猫群，"魅力猫"终于回归杰里科猫群。

为了能让更多的人参与进来，最后可以设计成大家一起演唱歌曲《回忆》，还可以加入一些舞蹈形式。

效果与反思：在课堂上展示的时候，同学们都非常努力和投入，获得了预期的效果。学生自己导演，自己演唱、伴奏、表演，还自己解决了道具和化妆等。大家从实践中得到了锻炼，用自己的经历了解了一部音乐剧的制作流程，激发了大家对艺术的热情和想象力，体验了音乐剧表演的舞台感受，锻炼了学生团队合作的能力。

课堂的反馈不断地促进教师在活动设计上下功夫，也要求教师在很多方面需要提高自身的能力和开阔自己的眼界。在课堂上，有时候总是固定的一些同学比较活跃，所以如何调动其他学生需要进一步的努力。

学生感言（节选）：

首先我确定了节选《猫》的表演片段，那段戏是整部音乐剧的一个转折点，是递进部到高潮部的一段中心环节，而此时此刻演绎的曲目便是《猫》的主题曲《回忆》。这段戏本身十分精彩，同时也意味着给我带来了一个巨大的挑战，然而，我喜欢挑战。

在选演员方面，我想尽可能地去贴合《猫》中演员的定位，首先选择班里歌声好听的女同学，挑出演员后再按她们的特点分配角色。班里会钢琴的同学很多，唱歌好听的女生也不少，我找了两位歌声十分甜美的女生。个子小的我让她扮演小猫，另一位声音和扮相较为成熟，我让她演"魅力猫"。

在排练的时候,我简化了原片段的动作,基本上每一个动作都在我的脑海里过一遍后,就会亲自演给她们看。而当她们做出动作时,我也会做出相应的微调,以更适应她们。让我印象最深刻的便是,我演示倒下这个动作。由于“魅力猫”的扮演者不会假摔,我便一次次自己摔给她看,在她尝试的时候帮她矫正动作,经过数十遍的努力,终于达到了我心中的要求。我们在动作差不多成型后,让弹钢琴的同学和两名演员配合,这个过程十分困难,总是在节奏上对不齐,这让我们很着急。经过一段时间的努力过后,我们完成了这段,我便开始想怎么来装扮同学,让她们更像猫。我委托同学在淘宝上买了3个猫耳朵发卡让她们每个人戴上,脸上则画上一些小花纹。班里的同学们都非常积极地帮忙。

最后,我们完整地演了下来,虽然有些紧张,但获得了成功。这份独特而有趣的经历打开了我心中新的大门。这正是陈老师给予我的机会,让我对导演这一专业产生了极大的兴趣。现在我高三了,正是这节不寻常的艺术课让我日后开始逐步走上了学习导演专业的道路。今年我将准备报考高校的导演专业,去实现我的艺术梦想。①

二、课堂实践活动案例二

案例名称:成语故事动画短片

设计教师:汪洁

来源模块:创想天地　动情文化

(一)设计目的

学生在动画作品欣赏与体验的过程中,感受中国动画艺术瑰宝的魅力,引起对中国优秀传统文化的关注与共鸣。

鼓励学生勇于实践,模仿艺术家创作的过程和方法,尝试运用各种中国传统艺术表现方式来设计一个成语故事,最终以微电影拍摄或定格动画的形式呈现作品,传达他们对传统文化的现代表达。

各班学生结合自己鉴赏《天书奇谭》的体会,运用现代技术手段设计、制作

① 高三　戚一鸣

了多个自己的成语动画短片，并在课堂中与同学分享、交流，表达他们对中国传统文化的理解。

（二）环节过程描述

单元活动 1：课堂学习活动——“成语故事”动画短片设计与制作

活动要求：

欣赏《天书奇谭》动画片中运用到的中国传统艺术表现形式，了解和模仿艺术家艺术创作的过程和方法，尝试运用各种中国传统艺术表现方式来设计一个成语故事。

了解定格动画的拍摄技巧，以微电影拍摄或定格动画的形式呈现作品，传达对传统文化的现代表达。

单元活动 2：课堂内交流活动——成语故事影片发布会

活动要求：

以“微电影发布会形式”交流展示作品，分享幕后花絮，完成单元评价。结合《学习手册》中评价表，学生互评与解释，完成小组评价表。

小组分享交流中，对所借鉴的中国传统艺术形式能有更进一步的了解和关注。

了解作品所蕴含的时代发展特点和背后艺术家对艺术传承的坚持，进一步思考自己能为中国艺术、文化传承的方式。

单元活动 3：课外学习活动——网络分享交流与点评

活动要求：

利用学校官方微信平台或调查问卷形式，进行投票调查、网络分享。

根据网络评价，进一步修改完善小组动画作品。

能参加校内校外中华优秀传统动画传承活动。

（三）案例效果

通过欣赏动画《天书奇谭》，引起对中国优秀传统文化的关注；鼓励学生勇于实践，模仿艺术家创作的过程和方法，尝试运用各种中国传统艺术表现方式来设计一个成语故事。

以微电影拍摄或定格动画的形式呈现作品，传达对传统文化的现代表达。

结合自己欣赏《天书奇谭》的体会，运用现代技术手段设计、制作自己的成语动画短片。

在课堂中与同学分享、交流，进行过程性与结果性评价，表现他们对中国传统文化的理解。

学生感言：

在动画模块学习过程中，老师带领我们看了前辈们多部优秀的动画作品，我不禁也想参与实践活动，我们小组合作设计制作一部动画成语短片。经过小组讨论，我和小组成员决定以情节曲折的成语塞翁失马为故事背景，制作此次动画短片。开工前，我们做好详细分工，两人设计人物，两人制作背景，一人负责拍摄，一人制作零部件，一人负责后期。在动画的人物设计方面，我们小组借鉴了《天书奇谭》的京剧风格以及中国传统文化的剪纸艺术。在动画的表现形式上，则选用了古代的木偶戏的形式。整个制作过程当然没有看上去那么顺利。在制作人物时，联结人物手部的毛线经常会让人物的手反过来，像这样的困难还有很多，但是都经过我们小组成员的积极思考、配合都一一化解了。我们体会到了艺术家们动画制作时的艰辛与不易。制作的时间不长，我却体验到了辛苦中的乐趣，欢笑中大家对于动画艺术的追求感悟更深了，在此也希望更多的同学能通过我们的作品如我们一样喜爱动画，关注中华优秀的传统文化。[①]

（四）教学反思

1. 帮助学生对中国传统文化产生“共情”与学习热情

中国传统文化从古代流传至今，随着时代的发展，传统文化的地位受到多元文化的冲击。艺术课程打通了“学科之间的壁垒”，能够帮助学生站在“单科”学习的经验之上，建立与其他相关学科之间的联系，中学阶段的学生人生观、价值观正在形成的重要阶段，通过艺术教学中传统文化的融入，从设计单元作业与欣赏理解、讲授分析、实践交流与评析同步进行，促成学生对作品的分析理解—模仿创作—交流评价学习的过程经历。

在视、听、画、拍、创的过程中，通过投入艺术审美实践经验，小组创作小动

① 高二(3)班 顾怡泠

画;结合《学习手册》中评价表,进行班级交流、自评、互评,交流分享审美体验,从而进一步感知中国传统文化的魅力,增强传承意识。能够更好地培养学生传承中华优秀传统文化,有助于学生价值观的塑造。

2. 以学生视角为出发点进行教学设计

“学生视角”是“以学生发展为主”论的主要抓手。以往的教学,教师往往关注“知识的传授”,但对于学生艺术思维的引导与激活是欠缺的;教师往往关注的是“怎么教”,但对于学生“怎么学”是忽视的;教师往往在意的是“自己教的结果”,但对于学生“学的效果”往往是不在意的。“学生视角”,即教师更加关注学生在学本单元教学内容时具有哪些已有经验,教师可以引导学生在原有基础上获得哪些能力等方面。学生的艺术实践能力与审美经验只有在艺术实践中才能得以不断提升。

3. 需要教师对传统文化有较深入的理解

在中学艺术教学中融入传统文化,教师若想要精准地对中国传统文化内容进行筛选和整合,一方面,需要自身提高对传统文化的认识与理解,不断丰富自己的知识结构,填补自身的知识空白,提升自身的文化底蕴;另一方面,需要教师以学生视角出发,在充分了解学生学习能力与基础之上,自己也能主动地融入传统文化的学习中,只有自身对中国传统文化有更加深刻的认识,才能与学生进行深入的对话与交流,才能更好地引导学生更加深刻的理解中国优秀传统文化。

三、课堂实践体验环节案例三

案例名称:公益音乐广告

设计教师:朱星月

来源模块:电子音乐

(一)设计目的

准确把握音乐中的情感内涵,以小组合作的方式以默剧的形式进行表现。熟练运用拍摄工具和分镜头图表,选择合理音乐,掌握影视镜头语言、影视拍摄技法、影视剪辑手法、影视特效制作方式,小组制作出完整的公益音乐小品。在过程中逐渐形成较为完善的自主编创与评价能力。

环节过程描述：

以小组为单位，设计一个1分钟左右的公益广告剧本。

学习分镜头写作手法，对剧本进行细化。

学习微电影拍摄手法，并进行完善。

采用两种以上的拍摄手法进行拍摄。

采用至少3个以上的镜头剪辑。

为广告选择合理的音乐进行编配，选取音乐作品需符合剧情发展的需要。

作品展示，小组互评。

（二）效果与反思

1. 教师反思

在本模块的教学过程中，笔者通过电子音乐这一基本立足点，把握了四环节学习目标，引导学生在理论与实践的学习过程中，基本实现对于电子音乐的全方位剖析，并在活动中初步达到以美育人、以德育人的效果。

课堂教学中，欣喜之处在于，发现学生比自己想象的接受更多，反馈更多。比如讨论实践环节，学生在对《海上钢琴师》谱面的分析的过程中，能够自主把握出音程关系的变化与男主人公情感发展之间的契合关系，并以此展开创作，达到了较好的情感外化体验效果。

若说模块的一些遗憾之处，便是在课堂活动环节对于学生的全体关注度可以更加全面。今后设置展示的途径可以更加多样，评价体系也可以更加完善，让所有有想法的学生在课堂上都能得到关注，达到课堂效果的最优化。

2. 学生感想

朱星月老师给了我们三段不同风格的音乐，并让我们依据音乐进行一段表演创作。一开始在还未听到音乐时，心里充斥着一种紧张又无措的感觉，对音乐十分好奇却又不知该演绎出什么精彩的剧情。当朱老师播放出第一段音乐时，这些顾虑全在脑海中消散了。当时，我只觉得在这样平稳的旋律中，有一丝揪心与悸动。后来，朱老师为我们展示了这段音乐的旋律和声后，我才发现，这种不安是由开头的那个二度音程构成的。四个极其简单的音符，叠置二度音程，却有了这样敲击人心的效果。

这时，我的脑海中浮现出了一幕幕都市中人来人往、人流穿梭急促交汇的场景。我的眼前出现一对感情深厚的姐妹。她们因为一场意外车祸阴阳两隔，却无法停止对彼此的思念，随着音乐的高潮段落到来与之后节奏逐渐缓慢，乐器也逐渐减少。最后，她们在拥挤的人潮中与彼此相会，却不得不随着音乐停止而迎来永别。

根据这个构思，我们创作了分镜头，并设计了完整的故事情节。

在排练过程中，我们也曾遇到不少困难。比如，如何将故事与音乐的发展结合，如何在没有剪辑的情况下表现出场景的切换和时间的流逝。最终，我们利用社会实验室的天然优势，快速换装，实现了场景的转换，并以主要人物的浓烈情感与熙攘人群的冷漠对比，将这种悲伤的情绪渲染。

在这次的音画制作中，我理解了优秀的艺术作品之所以动人的关键——情感的丰富性与普适性，同样也启迪了我未来的表演道路。①

① 高三(5)班 王佳怡

第三章 “高中艺术综合主题主体课程”

——艺术专业课

作为上海戏剧学院的附属高级中学，上海戏剧学院附中在艺术专业师资方面充分得益于上海戏剧学院的大力支持，附中的艺术专业课程日益丰富、独具特色。上海戏剧学院附中自成立以来，艺术生所占总人数比重不断攀升，从最初的3个专业2个班到现在的4个专业，超过学生总数的2/3。每年三月，附中都会举办“校园开放日”活动，将艺术专业课的日常呈现给各位对艺术有浓厚兴趣或有艺术专长的初三学生，让他们在感受艺术气息的同时，明白在这里可以尽情释放对艺术的热爱，在这里可以挥洒汗水，不枉青春。

第一节 课程目标

上海戏剧学院附属高级中学始终秉承着“以戏育人、以文化人、立德树人”的教育理念，致力于为国家和社会培养卓越的艺术人才。上海戏剧学院附中的学生热爱艺术，具有一定的艺术天赋，为这些学生设置的专业课程就应该从他们的实际出发，为充分发掘学生的艺术潜力、激发学生自我创造与展示的欲望、提升核心素养提供了可能。

艺术教育是美育的核心途径，其根本目的是培养全面发展的人。尽管这批学生热爱艺术，并努力向专业艺术方向发展，但艺术毕竟只是学生生命的一个部分，而不是整体，中学艺术教育应该是全面发展教育的重要内容和途径，艺术专业课程不仅注重“技”，更要发展“道”，要落在发展学生特长和提升学生的整体素养上，真正让中学艺术教育承担起开启人的感知力、理解力、想象力、创造力，使人的内心情感和谐发展的重任。艺术专业课程必须从学生实际出发，同时必须满足中学艺术教育的基本要求，这决定了我们设置艺术专业课程的理念：增强学生审美情趣，培养学生审美能力，激发学生的自我创造和表达能力，让学生在艺术的快乐体验中，丰富艺术个性，迸发生命活力。

第二节　课程内容

成为卓越艺术人才孵化的摇篮一直是上海戏剧学院附中的使命所在。针对不同特长的艺术生，我校开设了戏剧影视编导、戏剧影视表演、播音与主持和舞台美术设计4个专业。每一个专业的课程体系都由特聘专家精心打造，并且随着时代发展而不断更新、优化。例如，戏剧影视编导专业最早为戏文专业，课程体系以文学类鉴赏与创作为主，现加入了导演等编导方面的课程，一方面拓宽了学生的视野，另一方面也帮助有志于成为编剧、导演的学生有更多的理论与实践经验。又如，表演与播音专业的形体课传统上以舞蹈学习为基础，随着专业教师教学理念的提升与创新，该课程的内容与形式越发多样创新，全面塑造学生的肢体力量与表达能力；学校充分考虑到学生的发展具有阶段性和个性化的特点，因此在高一阶段实行表演专业的基础训练后，在高二进行专业方向细化，加入播音主持与音乐剧专业。此外，还特地为音乐剧专业开设了乐理与视唱练耳的课程，充分尊重学生个性化的选择。

以下具体介绍上海戏剧学院附中独具特色的艺术专业课程体系。

一、戏剧影视编导专业

（一）培养目标

通过三年教学，学生对艺术产生兴趣，对各类文学体裁作品形成基本认识，并掌握一些基本知识和规律，通过艺术实践，学会文学创作。

（二）特色课程介绍

1. 故事写作

它是通向戏剧影视编剧的基础，是一门必修课。它能锻炼学生观察生活、提炼生活的能力，让学生从琐碎的生活中学会建结构故事，刻画人物。本课程不仅讲授编剧原理，更注重故事创作，包括小品创作的艺术实践，激发学生的想象力和对生活的感受力。

2. 散文写作

本课程力图激发学生对生活、对人生跌宕的感悟力，对美、对爱和一切美好情感的感悟力。通过本课程写作训练，要求学生做到文字流畅，感情率真，思想内涵积极向上；学会在对一切存在的反思和匆匆岁月的发问之中，捕捉美丽的人生和丰富的生命。“中外名剧赏析课”是通过了解中外戏剧发展史中具有深刻影响的经典作家作品，使学生掌握中外戏剧文学的基本特点和发展流向，扩大戏剧知识与视野，提高鉴赏戏剧的能力，以及分析戏剧的方法与技巧。“中外名剧赏析课”与“故事写作”课程相辅相成，有助于学生故事写作能力和小品创作能力的提升。

3. 评论

本课程主要通过戏剧、电影等作品，指导学生进行评论。在解读作品的过程中，一方面让学生加深对作品的理解，另一方面在阐释的过程中，学会以独到视角，进行客观、理性的判断、论析，揭示出作品或艺术现象中的审美价值和思想意义，以提升学生思维的逻辑性和敏锐性，以及探索艺术创作中的方法与规律。

4. 微电影创作

本课程的宗旨是通过微电影剧本的创作，激发学生的创作灵感，感受镜头画面与文学剧本的关系，同时培养学生的动手实践能力。课程主要从创意出发，重剧本编写，配合视听语言、拍摄剪辑基础和佳作赏析。理论课和实践课相结合的授课模式，让学生在做中学，体会艺术作品诞生的过程，引导学生规划未来的专业方向。

二、戏剧影视表演专业

（一）培养目标

通过三年的声乐、台词、形体、表演和播音主持的训练，使学生表演综合艺术素养得到全面提高。

形体的造型和节奏的锻炼，训练学生形体的灵活性、协调性以及肌肉的柔韧性，提高学生的身体素质；台词艺术语言基本功的训练，让学生学会用气、发声、吐字，掌握语言的内外部技巧，初步掌握散文、寓言故事、诗歌的朗诵艺术，提高学生的综合素质；声乐训练，培养学生掌握基本的发声方法，运用科学的发声方法培养学生的唱歌能力；表演训练通过生动有趣的练习和表演故事，亲身体验人生哲理，启发学生思考与判断能力，除了认识学习表演外，对学生进行德育和美育的教育。

（二）特色课程介绍

1. 形体

本课程是运用专业、系统的形体教学大纲与科学，严谨的训练方法增强学生的形体美感和提高其形体表现力的重要基础课程之一。并为表演创作打下扎实的基础，学会灵活运用自己的身体去创造和发展，表现角色形象的人物心理，传达人物的情感、思想和灵魂，达到身体的运用与表现、肢体的表达与情感的融合、创作技巧与艺术的完美结合。

2. 表演

表演教学通过生动有趣的戏剧练习、游戏、即兴表演及小品、片段的教学，让学生亲身体验丰富多彩的人生，启发他们的思考与判断，培养他们形成积极乐观的人生态度、坚强的意志、强烈的求知欲、健康的情感和性格。并且用真善美来塑造学生的人格。在教学中注重对学生心智的全面开发及全方位能力的培养，同时为有志于从事戏剧表演的学生追求在这一领域的进一步发展打下坚实的基础。

3. 声乐与语言发声

本课程注重培养学生在掌握基本的发声方法基础上，学会并使用科学的发声方法与技术，并运用在歌唱与台词的发声方面。即在原本的声乐共性训练中，运用戏剧化的训练方法，将戏剧与舞台艺术要求融入发声当中，在内心情感、想象力、肢体、声音传送等诸多戏剧中最主要的元素帮助下，达到声音的自由驾驭与控制力，具备舞台多种艺术发声与歌唱的综合能力。

三、播音与主持专业

（一）培养目标

通过三年的声乐、台词、形体、表演和播音主持的训练，使学生演播综合艺术素养得到全面提高。

（二）特色课程介绍

1. 主持语言表达训练

训练主持人应具备的即兴口语能力和语言表达思维。主要训练学生两个方面的能力。一是演播言语组织，通过即兴评述、模拟主持、看图说话等基础语言组织训练，逐渐培养学生演播言语组织的综合能力。二是演播空间处理，通过结合演播空间，动态地训练学生的综合主持能力和立体的主持形象构建。

2. 演播言语组织

通过对学生四大语言智力和四大语言功力的训练，让学生敢说话、会说话、说话好。为学生参加播音与主持专业的专业统考和各个艺术院校播音与主持艺术专业的专业考试，提供能力上的基础准备。通过指定话题评述、看图说话、模拟辩论、新闻故事讲述及评论等方式进行训练。

3. 演播空间应用技巧

本门课程主要解决学生在镜头前、话筒前、考官面前说话状态的问题。话筒前要会说，镜头前要会动。本课程训练学生与观看对象建立关系，掌握在演播空间中的基本问题。通过单档、双档的静态演播、动态演播的站坐姿、走动姿的理论讲授与演练操作，让学生在镜头前建立起镜头感、对象感、间距感、走动感，获得空间三大表现能力。

四、舞台美术设计专业

（一）培养目标

通过对学生素描和色彩的训练，正确地描绘出对象的形和体，掌握艺术规律，在技法的训练过程中提高学生的观察能力和描绘能力。

（二）特色课程介绍

1. 速写与创作

该课程通过循序渐进、由简入繁的美术教学方法，从造型正确、形象立体、整体感强三方面入手训练学生的塑造能力。速写课培养学生快速记录、敏锐观察的能力。创作采用命题和自由发挥相并举，结合观摩学习优秀作品，大幅度提高学生的形象思维能力。

2. 新媒体演艺设计

通过本课程使学生初步了解和掌握新媒体演艺设计的前沿技术知识、设计基本要素及其在创作上的运用，使学生掌握新媒体舞台创作中的常用流程与手段（包括计算机辅助设计），从而能应对大部分校园演出的设计工作。

专业课程分为必修课和选修课二类，选修课是放在第三学年。当本专业与其他专业发生交叉时，根据将来专业高考的需要而进行选择。例如文学专业的学生想向播音主持等其他专业发展，选修表演课或者其他课程，表演班的学生想向艺术创作等专业发展，也可插在文学班或其他课程学习。

根据高校艺术特长专业招生要求和我校艺术专业班学生特点，我们在艺术专业班开设的特色课程如表 3－1 所示。

表 3－1　上海戏剧学院附中艺术班专业课程安排表及特色课程

专业	年级		
	高一年级	高二年级	高三年级
舞台美术设计专业	速写、色彩、素描	色彩、素描、速写	色彩、素描
戏剧影视表演专业	声乐、台词、形体、表演	声乐、台词、形体、表演	声乐、台词、形体、表演
播音与主持专业	普通话语音基础、形体、声乐、表演、编导	演播言语组织、形体、表演、声乐、新闻稿件讲评、编导	表演、声乐、形体、评述训练与模拟主持训练、稿件强化训练

（续表）

专业	年级		
	高一年级	高二年级	高三年级
戏剧影视编导专业	散文写作、表导演、微电影创作、艺术概论	故事写作、评论写作、戏曲电视剧分析、中外名剧分析、当代影视创作	散文写作、故事写作、表导演训练、艺考综合

第三节　课程管理与评价

一、课程管理

很多人都很好奇，上海戏剧学院附中的学生是如何在课业繁重的高中阶段挤出时间来接受艺术专业教育的，是如何分配艺术课和文化课时间的。为了确保艺术专业学生的文化课和艺术课齐头并进，学校安排每周三、周五下午和周日开设艺术专业课程，其余时间艺术生都在学习文化课程。小班化教学有效地保证了每一个学生都尽可能地得到专业教师的指导和点拨，也有助于每位学生的个性化培养与发展。此外，附中还在硬件设施和场地布置等方面下足了功夫，每个专业教室都由专门的教师兼职管理，并制定了一套行之有效的专业教室管理制度。

当然，附中艺术专业课程之所以能不断完善、与时俱进，离不开健全的机制保障以及较为成熟的艺术专业师资管理体系（见图 3 - 1）。这套管理体系形成整体的、系统的教学体系，对如何科学有效地合理利用艺术专业师资进行了有益的探索。依托四方联席会议为基础，上海戏剧学院每年通过竞聘选派专业副校长驻任附中，上海戏剧学院附中也选聘分管副校长专门负责艺术专业事宜；上海戏剧学院聘请各专业专家对附中艺术专业师资进行把控，附中分管副校长安排艺术联络员与特聘专家、艺术专业老师与艺术班班主任进行沟通联系。

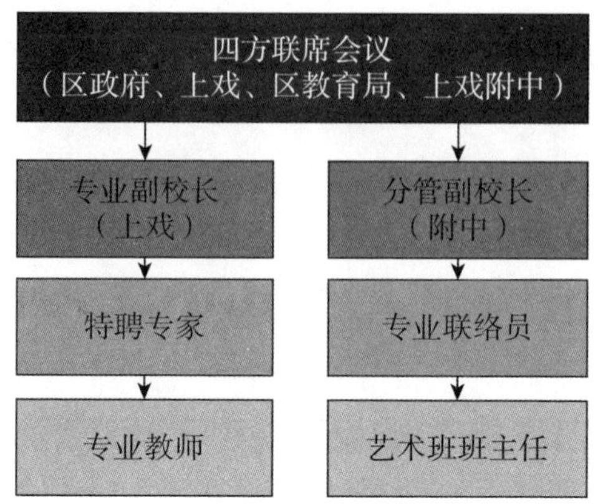

图 3－1　上海戏剧学院附中课程保障机制

上海戏剧学院附中拥有一支德艺双馨的艺术专业教师团队，这些敬业、热情的专业教师不仅是学生艺术专业发展的引路人，更是他们人生道路上的指引者。以上海戏剧学院为主干，其他知名艺术院校专业教师为补充，还有社会上的专家学者构成了上海戏剧学院附中艺术教育体系下的主干师资力量。上海戏剧学院有 70%的教师都来附中上过课，上大谢晋影视学院、上海视觉艺术学院等名校的教授也曾来开过课，社会上的学者，包括国外的知名教授都曾来附中开过讲座。除了每周教授专业课的固定师资以外，附中也力邀实践经验丰富的各路名家作为客座教师进行短期授课或主题讲座，如上海戏剧学院表演专业的高城教授、王学明教授、洪彬教授、王苏老师等，学校艺术专业特聘专家团中，戏剧影视编导的刘明厚教授、播音与主持专业的吴洪林教授、舞台美术设计专业的傅建翎教授都长期亲自在附中授课，表演专业的范益松教授与李莉教授也会定期开设专家课，为艺术专业课程的设计和教学质量把关，为艺术生的专业成长给予有力的支持。

多样师资相融，各种知识相撞，形成了全面、系统的艺术教育氛围。高校教师来中学上课，将宽广的文化视野、深厚的学术功底带给中学师生，这是最体现上海戏剧学院附中之为“附中”的特色——上海戏剧学院附中不是简单地挂靠大学，而是实现教学资源共享的真正的“附中”。大量的大学教师来校教学，加强了中学与大学的联系，有效地促成了双方信息的沟通与交流。正是有了这样健全有效的师资管理机制，附中形成了老、中、青相结合，以青年教师为主体，结构合理，富有创新精神的艺术专业教师队伍。

二、课程评价

每个学期，附中都会针对艺术专业课程的教学效果对学生与教师进行评价。对于艺术生而言，每学年的第一学期期末学校都会组织家长会，邀请艺术专业教师和家长面对面，让家长了解艺术专业课程与教学的同时，也让专业教师有机会了解到学生课堂以外的表现。而在每学年末，邀请家长观摩汇报展示已经成为附中的一个常规项目。高一、高二年级表演专业与播音主持专业的学生会进行汇报展示，向家长们呈现这一年来的艺术专业学习成果。

一年一度的学年期末展示可以说是学生和家长最为期待的活动了。对此，他们也有很多心得体会与大家分享：

刚踏入上海戏剧学院附中的我们各自怀揣着梦想，有目标、有理想，现实却告诉我们，我们离目标还差很远。经过了一学年的沉淀，我们通过学习艺术受到了更多的启发和教育，以前很多不懂、不会的知识得到了很好的补充，让我更加明确了努力的方向。2019 年 6 月 2 日，我们迎来的高一学年的专业课期末汇报展示是我们第一次对外展示。对于一学年的学习是否刻苦努力地学，都能一目了然，平时的松懈也造成了错误，而且平时认真用功的同学之间也拉开了差距。一上午不停歇的展示让我们筋疲力尽，但同学们依旧十分认真。相信同学们心中已有答案，在接下来的学习中应该加强自己的弱项，并让自己的强项更为突出！

——高一表演班　曹同学

经过一学年的表播类专业课学习，我们终于在学期末迎来了专业课汇报展示。平时的努力总是有回报的，当天的展演非常成功！当看到家长们喜悦的目光、学校老师为我们鼓掌喝彩时，我感觉自己这一年的辛苦训练都是值得的。同时，在会演后我们也得到了专家组李莉老师的点评。聆听了她的指导与专业走向分享后，我更加清楚了自己的目标。我将砥砺前行，扶摇直上，实现自己梦想。

——高一表演班　沈同学

这次的艺术期末考算是对两年专业学习的验收。对比去年，同学们的专业素质也高出一截，老师对我们的专业要求也更高，标准更严，让我们向专业院校水平看齐。考试过程中，上海戏剧学院的专家老师全程参与，考后的细致点评，更是让同学们清晰了解到问题和进步方向。期末考试是验收，也是为几个月后的考学预演，让同学们能够查漏补缺，成就更好的自己！

——高二表演班　吴同学

随着这次艺术专业考试的落幕，专家老师们的点评让我受益匪浅。不仅知道了自己的优势，还知道了自己的不足和亟需改进的地方。老师考前的谆谆教诲，同学们之间的相互加油鼓劲，无一不让我感受到了勇气。在这次考试中，我找准了自己未来前进的目标，也会为它奋勇拼搏。希望自己在未来的各场考试中发挥出更好的表现，不留遗憾！

——高二播音班　毛同学

两年不间断的艺术专业学习，你的进步和成长有目共睹，从不规范的普通话到侃侃而谈的新闻综述，从不会唱歌到才艺表演收放自如。声形台表的每一位老师，都是你的福星，带领你起航蜕变！参观期末艺术考试表演，你着实给了我们一个惊喜！愿你不忘初心，不辜负我们和老师的期望，为梦想继续奋斗吧！加油！

——高二播音班　朱同学家长

日月穿梭间，高中的两年生活即将结束了。6月2日迎来了第二次看孩子们的艺术期末汇报演出了。每一位同学的表演都非常娴熟，有水准！完全脱离了高一时候孩子们的青涩的合唱、稚嫩的新鲜感和压不下去的软度。但是，没有一点舞蹈基础的淼淼，竟然可以把蒙古舞跳得那么投入和生动，这是我万万没有想到的。感谢老师的辛苦教学！高中生涯已经过半，当看到孩子已经敢于大大方方地一个人站上舞台歌唱，看到他们有情感、有态度的无实物表演……心中不由感慨：即使孩子有时还颇为幼稚，但他们也着实真的成长了。那天汇报结束回家的路上，女儿和我说："娘亲，我真的很感谢我遇到了良师。"作为家长，看到孩子们的进步最想感谢的也是老师。音乐老师说，他们只花了两节课就高效地排出了一个个精彩的小音乐剧。听到这些，真的由衷地感谢艺术老师们的因材施教和悉心指导，还有学校老师的鼓励和陪伴。也正因为老师们的付出，才让我们家长能近距离地感受到孩子们的学习成果。两年的时间，孩子们收获了很多，进步非常大！非常感谢各位老师不辞辛苦、不厌其烦的教导和培养。更感谢肖校长请来了这么好的老师！谢谢！在此也要谢谢班主任毛老师，她这么年轻，也像妈妈一样无时无刻地督促孩子们：“上好专业课，提高文化课！”千言万语化作感谢！

——高二播音班　胡同学家长

有幸现场观看高二(5)班的期末专业考试，我感觉女儿比去年进步了很多，也自信了很多，上了一个台阶。老师训练得非常到位，孩子们台上表演精彩，赢得了一致的掌声！对于家长来说，戏剧训练不仅仅是学技术，还需要开发多种思维方式，多一些异想天开的想法，更重要的作用是，学会如何做一个多样化的复合型人才，便于将来更好地融入社会。非常幸运孩子在上海戏剧学院附中快乐地生活、学习！

——高二表演班　高同学家长

整个评测过程带给我及其他家长是惊喜连连！俗话说，台上一分钟，台下十年功。孩子们在声乐、形体、表演等各方面的表演是学校领导和老师，以及上海戏剧学院各位教授辛勤耕耘的结果，也是孩子们坚持的成果！相信孩子们的这段学习和经历，对于未来的他们，无论生活在哪种状态，无论是平淡还是名人，艺术的修养已经种植在他们的心里，终将有一天这颗种子生根发芽，即使无法成为参天大树，无论是蒲公英还是白玉兰花抑或是小草，终将给他们带来生活的多彩，并使他们能深深明白美好的生活是需要奋斗和汗水作为代价的！再次感谢老师们的辛勤！

高一表演班　张同学家长

通过这次期末汇报表演，我发现在这短短一学年的学习过程中，女儿的进步是惊人的，声乐和台词方面的表现尤其让我惊喜。这些变化让我对两年后的艺考充满信心，那时孩子们将会用这三年习得的功夫敲开每个艺术院校的大门，同时也是每个孩子拿出真本领打开自己理想的大门的时候。

这让我由衷地感谢肖英校长超前的教育理念，也十分感激班主任对孩子的的谆谆教导，让这些思想活跃的少年在艺术学习中找到自我，找到自信。另外，我深深感受到，上海戏剧学院附中请来的每一位艺术专业的老师不仅有深厚的文化艺术修养，也非常热爱自己事业，孩子们能有幸向这些优秀的老师们学习是他们的幸运，也是我们家长的幸运。

——高一表演班　陈同学家长

观摩了上海戏剧学院附中高一年级表播专业的期末汇报展示后，我禁不住在微信朋友圈发文："一个上午声、台、形、表全方位的展示，让家长体会到专业课老师在教学上的倾情投入，以及学生们对专业的热爱和追求。这就是上海市特色普通高中的水平和风采。"

在现场，我们真切地感受到这次展示的特点：①专业。无论是上海戏剧学院的范益松教授、李莉教授作为评委的点评，还是各专业课的老师在现场的指导，以及同学们全方位的展示，都体现了专业的要求；②投入。声、台、形、表四项，形体是个难关，然而许多同学都竭尽全力，一些高难度动作的完成甚至都出乎家长意料。③合作。在展示过程中，不少节目是同学们合作完成的，大家能够互相搭台，现场配合默契。④创新。表演环节的展示，在规定的空间，每一位同学都创造性地演绎了不同的情景，有些想象出乎意料，但又在情理之中，令人不禁莞尔。这种专业、投入、合作、创新的特点和精神，无疑是这些学生今后艺术之路的重要保障。

——高一表演班　楼同学家长

一年一度的高一、高二年级专业课汇报展示，是肖英校长的创举。诚如肖校长所说，通过这样一种方式，给教师加压、给学生加压，让他们教得更好、学得更好。这种方式其实正是打造金课的方式，上海戏剧学院附中的专业课程，正成为具有学校特色的促进学生成长成才的金课。一年的时光，在同学们身上留下汗水，也给家长留下深刻印象。大家都由衷地期待明年的汇报展示。

除了表演与播音专业的汇报展示，以舞台美术设计专业为主的学生画册，如《青涩的季节》(2014—2017)、《丹青溢彩》(2018)，以戏剧影视编导专业为主的学生文集，如《稚嫩的气味》(2014)、《成长的脚印》(2015)、《我们一起走过》(2016)、《心语如歌》(2018)与原创剧本集《戏启生活　剧透人生》(2017)都是学生学习艺术专业课后得到的丰硕成果。每一年艺术节、戏剧节的举办更是全员参与，艺术生和非艺术生共同合作，共享成果。在此过程中，学生们获得的不仅是舞台经验和艺术实践的锻炼，并且在沟通力、领导力、团队合作力等方面都得到了显著提高。

适切多样的评价方式有效提升了学生的应变能力与学习动力，同时也促进了艺术专业课教学的成效。学校会组织学生们对艺术专业教师进行评教，与文化课评教一样在每学期期末进行。艺术生、艺术联络员和艺术班班主任对任课艺术专业教师分别评价，艺术管理中心在此基础上结合专业教师的出勤情况，对下一学期是否续聘做出决定。课堂教学评价对促进课堂改革中教师观念的转变、课堂教学方式的转变，并最终促进学习方式的转变起着至关重要的作用。可以说，有什么样的评价，就会有什么样的教学。评价犹如一根指挥棒，永远挥动着课堂教学乃至整个教学活动的过程；它也是课堂教学的风向标，引导着教师的教学行为和教学结果。

学生在艺术课堂里的最大收获不是具体学到了什么内容，而是掌握了学习的能力，懂得了自我发现，明白创造艺术的主动性是为将来学到更多的东西而奠定基础的。艺术教育的内涵重心并非在于教导学生以艺术，而是通过艺术的手段“育人”。以人为本，“人”才是艺术教育的支点，这是上海戏剧学院附中的艺术教育在多年摸索后得出的最宝贵的经验。只有透过表象深入到这层本质，才能真正把握艺术教育在当下的重要意义。精心设计的艺术专业课程与精致典雅校园中的花草树木共同孕育着生动的灵魂。每周三个半天的艺术专业课犹如缤纷的藤蔓，编织着艺术生的美丽梦想，又如坚韧的绳索，为附中学子攀登理想高峰助力！

第四章　“高中艺术综合主题主体课程”

——戏剧体验课

第一节　戏剧体验课的构建思路

“戏剧体验课”从2015年开设至今已有4年时间，接受该课程训练的学生已经超过了200名，是高中“艺术综合主题课程”之主体课程的重要组成部分。任教该门课程的教师主要由我校参加过上海戏剧学院在职研究生学习的教师、上海师范大学谢晋影视艺术学院戏剧培训的教师以及我校的毕业生构成。教师们两两结对，理论与实践结合，在实验田中尝试戏剧表演的教学，着眼于通过戏剧表演的形式让学生体验生活、抒发情感、张扬个性。教师在教学的过程中巧妙、合理地运用包括声音、肢体、眼神、动作、表情等语言和非语言信息，帮助学生创设表现情境，通过剧本、暗示和外部环境刺激等手段，诱发学生对学习活动产生浓厚兴趣和丰富的情感体验，最终有利于学生学习潜能的发挥。我们根据任教班级学生的特点在教学的过程中不断探索，大胆尝试，对教学方式方法加以改进和创新，使得戏剧体验课呈现出百花齐放的态势。

一、戏剧体验课的定位与目标

（一）课程定位

“戏剧体验课”属于学校艺术类拓展型课程，旨在探索与开发一门适合我校实际情况的戏剧艺术课程。该课程主张以“戏剧艺术”为抓手，以“角色、体验、合作、生成”4个戏剧核心概念为出发点，提升学生美育水平。戏剧艺术是一项融文学、表演、音乐、舞台美术、舞蹈等多门艺术形式于一体的综合艺术，我们借助其中的戏剧元素来探索如何在高中进行戏剧艺术教育。

我们侧重于运用戏剧表演中生动的形象,优美的语言,丰富多彩的布景、服装、道具、音乐,来激发学生审美的欲望,让学生在美的浸染中认识美;戏剧表演的各种操作训练以及风趣、睿智的语言可以帮助学生缓解压力,培养学生的审美思维方法,启迪智慧,促进身心健康发展,引导学生欣赏美;戏剧表演对于社会生活广泛真实的反映,可以使学生从中获得大量的与外部世界联系的经验和信息,对学生知识的积累、思想境界的陶冶、性格品质的形成、人格的塑造具有积极的作用,最终激发学生创造美的能力,也为学生进一步的文化课、专业课学习奠定良好的思想道德素质,培养正确的世界观和人生观,具备一定的人文素养。

(二)课程目标

本课程在高一、高二年级中以拓展课的形式展开,并尝试搭建有梯度的、系统性的课程开发与实施方案,以表演艺术的基本元素——人物塑造、角色扮演、背景设计、台词创编、配乐配舞等为切入点,逐步进行体验和创作,促使学生掌握表演的基本技巧和能力。通过循序渐进的学习与实践来提升学生的艺术素养。

知识目标:①能够较具体地了解戏剧表演、编剧方法、舞台美术等文艺门类的基本理论知识;②能够了解戏剧元素在课堂中的具体运用;③能够掌握欣赏舞台表演的基本方法。

能力目标:①能够利用各种资源进行相关资料的搜集、整理与分析;②能够进行简单的戏剧内容改编和创作;③能够独立完成舞台演出;④具备一定的文艺素养及审美的能力。

素养目标:①具备核心素养中的基本人文艺术修养、审美能力和人文艺术综合素质;②树立正确的道德观、价值观,能汲取和应用中外文化艺术精华,陶冶思想情操。

二、“戏剧体验课”的实施与师资建设

(一)课程实施

1. 课程的实施内容与形式

本课程主要以艺术工作坊形式为主,理论讲授与实践体验相结合。课程的

主要内容(见表4－1)是将表演艺术的基本元素融合进每一阶段的主题教学,整合声、台、形、表的基础训练,并兼顾其他舞台元素的创作与设计。从形式来看,各种元素的教学只要不背离基本戏剧教学的原则,那么可以是多样且富有创造性的。力争通过本课程,给学生以自主空间进行艺术主题的挖掘、剧本的创作、自导自演等完整的戏剧表演体验。

表4－1　课程教学内容概要

项目	板块	年级	学习内容	课时数
1	戏剧游戏	高一	解放天性、能力培养、声台形	15
2	基础训练	高一	台词训练	3
3	课本剧排练	高一	剧本修改、剧读、角色和剧本分析、分组指导	6
4	戏剧训练	高二	演员基本素质训练(肢体声音)、观察生活训练、行动与规定情景训练、舞台感觉训练、舞台技能技巧训练	5
5	经典排练	高二	剧本排练教案(流程:剧读、角色和剧本分析、分组指导)、优秀剧本一份	6
6	基础训练	高二	舞台语言训练(情绪记忆练习、台词片段训练、独白练习、即兴表演能力)	3

2. 课程的实践原则与手段

我们着力于在实践中提炼教学方法。本课程是教师运用戏剧的核心元素——角色、体验、分享、生成和戏剧教学法,在既定的课程框架下,引导学生发挥想象、创设情境、表达思想的一种教学活动。在具体实施过程中,教师的教育方法提倡学生在活动中学习,进而激发他们的想象力与创造力。

我们致力于在过程中完善课程标准。为了更好地达成“发现美”“体验美”“创造美”的这一课程目标,使课程内容更集中、更有针对性,各组教师在教学上有了更明确的倾向性。高一年级主要围绕“发现美”这一主题,依托经典课本剧改编与创作这一主要形式,开启学生的戏剧表演体验之旅,希望能够将现有教材作为创作支点,引领他们去发现经典故事的“美”;高二年级则更侧重于校园戏剧的创作,通过寻找和挖掘自己及他人的生活故事,寻找到隐没在日常生活中的“美”,调动已有的戏剧表演体验,用自己的方式来“创造美”。

基于以上原则,我校戏剧体验课注重利用戏剧元素作为教学媒介对教学内容进行针对性探索,在课程实施中着重凸显出实施手段的灵活多样,将游戏教学法、情景式教学法、即兴表演教学法、戏剧欣赏教学法作为主要实施方法,以增加课程实施的趣味性和生成性。

3. 课程实施的评价

本课程采取形成性考核和终结性考核相结合的评价原则,拓展考核空间。具体如表 4 - 2、表 4 - 3 所示。

表 4 - 2 课程评价所占权重分配表

形成性评价(60%)	终结性评价(40%)
课时学习	作品展示、汇报呈现

表 4 - 3 课时学习评价表

考勤	课时学习完成情况	综合素质	学生自评	学生互评	合计
20%	40%	20%	10%	10%	100%

形成性评价内容:①出勤以学校相关制度为准;②课堂参与度和参与讨论情况;③回课作业完成情况;④团队合作与沟通的情况;⑤创意性地解决问题。

终结性评价内容:片段或作品汇报效果。

(二)师资建设

戏剧体验课教师,绝大部分不是戏剧专业科班出身的“专家”,更多的是戏剧爱好者、戏剧受训者,很难系统地从理论部分、实践部分给学生指出针对性问题。因此,学校“戏剧体验课”教师的戏剧能力发展就是课程保障和提升的根本。

在 4 年的不断实践中,我们对 10 位教师进行了戏剧基础(实践和理论)、集体创作的课程培训,旨在提升教师的戏剧能力。

详细、真实地探究校园戏剧教育领域的关键点,重点关注学生核心素养的提升。培养教师对于戏剧艺术的喜爱,并影响于学生,引导学生感受和体验戏剧表演的魅力。

发展教师自身的戏剧观念。学校在4年间组织“戏剧体验课”教师观看《悲惨世界》《北京人》《图兰朵》等47场戏剧艺术演出，提升教师对于戏剧表演的。如体验派、方法派、表现派等不同理论流派的认知与理解。

开展充满想象力的戏剧教学实践。在生活积累与人生体验方面，鼓励教师用独特的认识与感悟，思考家庭到社会、社会到宇宙的变与不变。学生戏剧故事框架的丰富和完善需要师生在生成性的过程中共同完成，这就需要训练教师打破思维定式。

组织教师探讨目前“戏剧体验课”在高中的教学内容和形式。我们在集体备课中，反复强调教师对于课程内容的灵活把握非常重要，根据不同班级学生的特质展开各种形式的戏剧体验课活动，因此强调使用不同的素质训练，帮助学生更快地掌握戏剧要素。以下为培训内容（见图4－1）：

课时一　戏剧艺术概论

课时二　校园戏剧的历史与目标

课时三　世界三大演剧体系

课时四　解放天性——戏剧表演者的创作素质基础

课时五　即兴戏剧——戏剧表演者的创作灵感

课时六　戏剧体验在学科教学中的应用

课时七　高中阶段戏剧体验课范例（一）日常训练

课时八　高中阶段戏剧体验课范例（二）示范课

图4－1　戏剧体验课师资培训内容

通过师资培训，教师将不以学习戏剧知识和表演技能为最终目的，而是运用戏剧的元素设计各种体验渗透到生命教育中，让身边的每一个地方都成为神圣“舞台”，让每一个学生都成为自己心目中的优秀“演员”。通过角色体验、情境虚拟等戏剧方式，让学生们学会自信，坚定走好人生每一步，学会控制，独立思考，以更好的状态应对人生的每一个挑战。

第二节 "戏剧体验课"的实践探究

一、聚焦多样形态,推动实践探究

"戏剧体验课"在实践过程中讲求深度体验,通过学生的亲身参与和感受,领略戏剧艺术的魅力,达到提高学生艺术素养的课程目的。因此,我校的"戏剧表演体验课"聚焦多样形态,从欣赏体验到演出展示体验,再向最后的创作体验迈进,使课程在实施过程中重视实践过程,聚焦艺术体验,让学生能够通过"欣赏""表演""创作",全面沉浸戏剧体验课,提高审美情趣,提升艺术素养。

(一)"赏"中学

艺术欣赏是对艺术作品的"接受"——感知、体验、理解、想象、再创造等综合心理活动,是人们以艺术形象为对象的通过艺术作品获得精神满足和情感愉悦的审美活动。这也是高中阶段要开设"艺术欣赏"课程的必要原因。我校的"戏剧体验课"以"欣赏"为起点,旨在能够让学生从最初的艺术欣赏慢慢进入艺术"入格"阶段,成为有一定艺术鉴赏能力的人。

例如:我们在排练《秀才与刽子手》前,通过视频,带领学生观摩了上海师范大学谢晋影视艺术学院的毕业大戏《秀才与刽子手》,深入领会表现肢体语言在表演中的重要性。在实际落地排练过程中,我们又观摩了上海话剧艺术中心的《秀才与刽子手》,其演员所表现出的对于语言的掌控能力,都对日后学生的表演体验起到了深远影响。这些都切实说明了带领学生赏析是最快、最有效地让学生进入角色、感知人物的方法。

学生感悟:

原来这句台词这么念!这是我观摩了《秀才与刽子手》后的第一反应。它打破了我原先自以为是这样的表演形式,我在他人的演出中,感受到了一句台词,不同逻辑重音、断句、停顿的细腻处理。对比之下,我自己之前在排练中的表现,实在是太不专业了。

——高二(6)班 朱同学

就算没有台词，就算不是主角，但是一个优秀的演员依然能够凭借他丰富、典型的肢体动作和表情告诉我们，他在台上的重要性。这是我在看了上海话剧艺术中心的《秀才与刽子手》的直观感受。这些专业演员的表现给我了强烈的震撼和启发，让我原先对剧中‘木偶’到底该怎么演才能活灵活现的疑问找到了可以参考的答案。这是非常棒的一次观剧体验，真的很想马上回到排练场上，实践一番。

——高二(5)班　李同学

（二）“演”中学

“演”中学指的就是要融入艺术并产生共鸣，只有通过具体的艺术活动，才能完善对艺术的理解能力并深化审美的观念。基于以上的认识，戏剧体验课主张以“戏剧艺术”为抓手，以“角色、体验、合作、生成”4个戏剧核心概念为出发点，主张从“戏剧表演”的体验中提升学生美育水平。

在戏剧体验课上，学生们反复揣摩人物，一颦一笑、尽力展示个性魅力，在排练演出中，学生在有限的舞台上，开辟出了无限的展现自我的空间：表情丰富了，肢体会协调调动了，懂得运用声音和态势语营造氛围、表情达意了。学生的审美能力、自我表现能力得到了很好的锻炼和提高。

在课程实施中着重凸显出实施手段的灵活多样，将游戏教学法、情景式教学法、即兴表演教学法、戏剧欣赏教学法作为主要实施方法，利用不同方法下具有可操作性的教学手段：声音表情、肢体动作、戏剧性游戏、默剧、即兴表演、故事剧场戏剧创作等，增加课程实施的趣味性和生成性。

案例1：游戏教学

我们“戏剧表演体验课程”在原有的戏剧游戏形式上，也在不断探索和创新的游戏形式。记得我们在学习概念表达时，把人的“七宗罪”分别写在了小纸条上，让学生分组去抽，各组通过语言、形体等编写故事剧情，然后通过表演的形式展现出来，其他小组根据表演内容猜测它们的意思。课堂氛围活跃，学生参与度很高。（骆老师）

案例 2：情境教学

以陆老师、徐老师的主题教学“小 A 的烦恼”一课为例：

在教学环节的设计上，根据其主题探讨开放性的需求，一开始舍弃了一般工作坊的“热身游戏”环节，以“百宝箱”的戏剧探索模式，用“教师入戏”作为引领，带领同学走进主人公的生活，直接切入主题。中间环节则是采用“故事戏剧”的方法，结合教育戏剧中常用的“坐针毡”与“专家外衣”的方法，推究主人公在职场中可能碰到的问题，探讨问题产生背后的可能原因。又因为生涯辅导属于心理发展教育的一部分，因此从程序上来说，最后结合了心理剧中常用的诗化活动作为收尾。

整个工作坊的最终呈现核心，就是从一个主题出发，围绕同一主人公小 A 发展出几个不同的故事，并在探索故事的过程中渗透职业发展理念。

这些教学方法都是开设“戏剧表演体验课”的教师们这几年在课程实践中的经验与理论学习的总结，凝结了教师们的宝贵智慧。相信随着“戏剧表演体验课”的继续开发和完善，教学方法的提炼和创新也会更专业、更符合实际需求。

（三）“创”中学

从欣赏到表演，再到艺术创造，这是一个有机的发展过程。从长远的发展角度来看，未来社会由想象力转化为的创造力，以及对情感的感知能力，是人工智能无法替代的。艺术教育教给学生的不仅仅是艺术的知识，还会赋予学生感受及创新的能力，这是应对未来人工智能时代最好的一种能力，因为感受和创新是无可替代的。所以，我校的“综合艺术主题课”在强调“欣赏体验”“表演体验”时，也同样关注和鼓励学生在此基础上，能拥有“艺术创造体验”的相关经验。由此看来，“创”中学中的“创”既是培养学生经由艺术体验达成的创新能力的过程，又是培养的最终目标。在探索如何进行艺术创造的体验中，完善对美的认知，提升艺术素养。目前为止，我校“戏剧表演体验课”每一学期都有学生的自创作品展示，如学生自编自导自演的校园剧《课间十分钟》《椅子》《康定路梦游仙境》等，经典作品改编剧《雷雨》《秀才与刽子手》等。另外，我校学生连续3年参加上海市中学生话剧节比赛并获一等奖，每一年的参赛作品均为我校学生的原创校园戏剧作品。诸如此类的艺术创作成果还有很多，皆能体现我校戏剧表演体验课以注重深度艺术体验为策略，提升学生艺术素养的实施初衷。

二、聚焦成长故事，实现青春蜕变

不羁的青春，残酷的游戏，浓缩的表现，灵魂的博弈。在理想与现实、执念与放弃、坚守与妥协中，迷雾渐尽，飘雪缓落，一把钥匙呈现了一个看台。在物欲横流的社会里，你我相遇或许不只是一瞬，上海戏剧学院附中送你一把通往镜子背后的钥匙——这就是《青春禁忌游戏》。戏剧体验课经过多年的实践和探索，在成功排演多个小品、话剧片段等形式的小作品之后，我们大胆地提出要排演一部完整话剧的设想。这个设想得到了校领导的高度肯定，激起了学生的强烈兴趣。于是我们选择了高二"戏剧体验课"的学生来担当主演，在几经筛选后，进一步确定了排演的剧本——《青春禁忌游戏》。

（一）《青春禁忌游戏》剧作简介、社会价值

这是一部严肃的作品。孤独、善良的数学女教师叶莲娜·谢尔盖耶夫娜怎么也想不到，在一个寒冷的冬日，她的学生们竟会来为她庆祝几乎被自己遗忘的生日；她更不会想到，当她把学生们迎进家门的那一刻，她就已经卷入了一场孩子们精心策划的"游戏"之中。这一切缘于一场刚刚结束的数学考试，4名即将高中毕业，但没有考好的学生为了得到老师保存试卷的保险柜钥匙，精心策划、实施了一个残酷的"游戏"。这些年轻人运用了成年人才有的"智慧"和"哲学"，考验着老师对理想的信仰，同时也撕裂着老师柔弱的心。女教师叶莲娜·谢尔盖耶夫娜理想主义的情操与孩子们那和年龄不符的现实、残酷、冷漠之间，进行了一场以死亡为结局的较量。"游戏"最终的结局深深震撼着所有人的心灵。

这是一台引人沉思的话剧。在看似最不可能的时间和环境中，彻底撕去人性的尊严与伪装，赤裸裸地暴露人内心最深处的缺陷与邪恶。本剧对人的精神世界进行了毫不留情的彻底揭露，直接得近乎残忍，但正是这种撼人心魄的震

慑力量才能真正引起我们的思考与反省。它要求我们以最大限度的真诚和勇气去面对、去深思，从而更真实地体验人生。

（二）我们选择这部剧的缘由

此剧策划肖英校长曾说：“学校打造这部经典名作是希望让学生在高中阶段就能演绎一部完整的舞台剧，这会是他们一辈子难忘的青春回忆；是希望通过排练经典之作来提升学生们的专业水准，这将是一次质的飞跃；是希望通过朗读一段段思辨性极强的台词来引发他们对人性，对社会，对真、善、美的思考，落实附中‘以戏促美、以文化人’的育人理念。”

艺术体验的过程就是价值观形成的过程，把戏剧教育作为实施人文素质教育的重要载体，充分发挥戏剧的育人功能，以艺术素养促成核心素养的提升。

此外，我们选择这部剧，还看中它对当下学生的教育价值。我们不能把这部剧简单地看作善与恶、理想与现实、真实与谎言的冲突的伦理剧。这是苏联解体悲剧进程的组成部分，是这段历史悲剧迸溅的一朵小小的浪花。该作写于1980年，那时的苏联社会已开始变动，苏联专制的政治体制正开始没落。身为中学生的他们开始抛弃传统的价值观、道德观和英雄主义。但他们在抛弃旧观念的同时，把传统价值观、道德观的优秀成分也一并抛弃了，这就造成了道德失落。传统价值、传统道德失落的社会生存状态是有其代表意义的。当今，世界各地都处于急剧变动之中，变动就容易形成价值与道德的一时真空，就需要重新评估传统价值观与道德观。这种状况在我国也确确实实地发生过，譬如剧中学生所展现的拜金主义、实用主义思想和弄虚作假等低级、拙劣的恶行。学校希望借助此剧能达成“言传身教、内外兼修”的效果，让学生从戏剧中汲取人生的力量。

（三）这部戏的创作过程

10名演员（AB两组），4名导演助理，9名舞美服化人员，76天课余排练。这是一个敢于挑战的团队——成员少、时间短、任务重。他们把无数个不可能变成了可能，他们用热情和信念成就了上海戏剧学院附中第一部属于中学生的完整话剧。这是一个追求精美的团队——要求严、效率高、成果棒。演员在舞台上的一颦一笑，都经过了反反复复地磨合、排练；每一件道具的设置与摆放，每一首音乐的选定与播放，每一个灯光的亮度与给位，都倾注了剧组各成员的智慧与艺术。

所有的绚烂都有无助茫然的泪水；所有的光鲜，都有不为人知的克制；所有的精彩，都有默默无闻的付出。也许，这就是同伴的作用，好的同伴或好的团队对学生能力的挖掘、才能的展现及心灵的健康具有家长、教师等其他成人性元素难以替代的作用。通过团队的合作和创造，每一个职务上的学生个体角色被开发，每一个学生都是在尽情投入、自我完善。也许，这就是真正的教育，让每一个学生都有属于自己的梦想和方向，让每一个学生都能自信而勇敢地去追梦。

（四）“脱胎换骨”——主演学生的心声

在这76天里，10名演员是辛苦的——高二学习重，学业不放松；人物塑造难，排练不轻松；他们又是幸运的——舞台闪亮自己，角色影响自己。

在戏剧中，角色扮演作为学生本人与不同角色之间心灵碰撞和个体社会化的一种形式，发挥着重要的育人功能。学生可以在角色扮演中进行自我教育，可以通过角色扮演调节情绪情感，可以通过角色扮演突破自身潜能，可以通过角色扮演实践感恩教育，可以通过角色扮演提升艺术涵养。一出戏，一次投入，一次领悟，一场蜕变。

1. 学生在角色扮演中进行自我教育

学生通过角色扮演、情景模拟，感受艺术与生活、艺术与情感、艺术与文化、艺术与科学的关系，获得艺术感知与体验，引导他们热爱真善美、摒弃假恶丑，发展和完善自我认知，养成良好的性格和健全的人格。

叶莲娜A——叶同学：17岁遇见你，叶莲娜·谢尔盖耶夫娜，你既孤独又倔强，你在生日上自杀，你牢牢坚守着信仰，你同情一切人，你那崇高的理想主义……我站在端均的舞台上与你同在的3天结束了。晚场的最后，当我听着自己念的画外音，看着漫天的大雪纷飞时，那时的心境真可谓是独善其身。

瓦洛佳B——张同学：和瓦洛佳的短短70多天，让我深入了解了他，我甚至觉得他很可怜，这个社会让他这个高中生过早地成熟了，有了为达目的不择手段的病态心理。

巴沙 A——王同学:巴沙,一副斯文安静的样子,有着良好素养的知识分子,可却有着胆怯弱小的内心。把自己的事业毁了,把自己的爱情毁了。一无所有了,所以崩溃了,堕落了,全没了!你以后的日子会是什么样呢?希望真的有那么一天,你不再像现在这样不负责任,胆小怕事,做一个真正的男人!

巴沙 B——邵同学:今后也要带着所有人对我的期待,更加努力地学习专业,正是这份对舞台的热爱才能勉励我进步,成就更好的自己,能在以后更大的舞台上展现最好的自己。

2. 学生通过角色扮演调节情绪情感

学生面对繁重的课业负担,学校给了他们时间和空间,引导他们定位自己、规划自己,发挥自己的优势,从而使他们感到了自我的价值,激发了他们对待生活的热情。他们的中学时代不再是一张黑白的老照片,有欢声有笑语,有争执有烦恼,他们更具有的是对待人生的热情、走入社会的素质与能力,他们的生活是色彩斑斓的。

巴沙 B——邵同学:最后一场,确实是状态最好的一场,让我找到了多面的巴沙,让我的独白找到了西塞罗的感觉,让我最后泪流满面地说完了“拉拉,总有一天……总有一天……”

维佳 A——蔡同学:每次谢幕的时候都很激动,真的是每次!无论什么身份上台,心里都是激动的。作为演员,每每得到夸赞、鲜花、拥抱……我们都希望能做得更好,不负大家的期望。作为幕后看到另外一组因为我们的帮助而光鲜亮丽,也为之感到骄傲。这就是戏剧的魅力,是戏剧本身的魅力,真挚而又美好,是否从事这个职业都无所谓,只要是在当下,任何时刻都是美好的!

3. 学生通过角色扮演突破自身局限

“戏剧体验课”是一门实践性很强的课程,课堂上通常以基础训练为主,通过游戏教学、片段教学引导自己去体会、领悟和发现对自己有用的东西。然而,可以通过集中排演一部完整话剧,在反复排练的过程中发现不同和不足,循序渐进,以此突破自身局限。我们希望学生能明白戏剧表演是“没有最好只有更好”,希望他们都能敬畏戏剧。

叶莲娜 B——高同学:感觉发现了自己很多的潜能,一开始在排练场还感觉很紧张,跟搭戏的同学也不熟,总是压力巨大的样子,出现各种各样的问题,然而到最后在舞台上像脱胎换骨似的变得越来越老道。从第一次候场,半小时前就准备好等在位置上,到最后一场从容地在开场 10 分钟前进入状态。第一场演完心里有点小失落,也许是因为太过期盼和在乎了,有时候太认真就输了;第二场演完,到谢幕完后,戏里有股压抑的情绪还没能缓过来,带上我那大段独白终于“演爽”的感动,就落泪了;第三场是以完全去享受舞台,沉浸进去的心态。这次实践也让我发现自己有很多上升空间,并且有了对自己的自信心和信念感。

瓦洛佳 A——濮同学:我曾经问过卢老师,今天的成绩和你们一开始选角的时候有什么不一样吗? 我得到的答案是“我们创造了奇迹”。

拉拉 B——张同学:忘不了第一天演出,第一遍场铃打完后的紧张,这是真的要上台了? 第二遍场铃,“是时候上战场和敌人拼个你死我活了”,第三遍场铃,“我们没有退路,身后就是莫斯科”。忘不了光光(导演杜光祎)说的:“一场紧,二场松,三场孙悟空。”确实如此。

4. 学生通过角色扮演实践感恩教育

当听开场时分那悠扬的场铃响起,当谢幕时分那狂风暴雨般的掌声响起,此际当成为演员们的“销魂”时刻。偌大的空间混响着戏剧艺术的崇高,是戏剧造就了他们,怎能不感恩!

感谢学校的策划和助力,感谢师长的陪伴和付出,感谢团队的奋斗和坚守。学生们还纷纷邀请了初中、小学的老师来观看自己的演出,向他们汇报着自己的成长。王同学见到自己的初中班主任后激动地说:“没有老师的推荐我就不会报考上海戏剧学院附中,没有就读上海戏剧学院附中,今天的舞台上怎么还能有我呢!”

瓦洛佳 A——濮同学:最后一遍场铃打响,A 组的表演者在幕后相拥互相给予对方力量,那一刻心里是温暖的,脑海里不断闪过训练的点点滴滴;叶老师深夜为我们纠正字音，范老师呕心沥血为我们指导，卢老师和光光与我们日夜相伴，还有演出前那一夜整个剧组抱头痛哭着发泄心中的压力。从夏天到冬天的不懈努力，大家相互分享心得，相互竞争，感恩学校。谢谢你，瓦洛佳，谢谢你青春禁忌游戏，谢谢你上海戏剧学院附中！

拉拉 A——徐同学：范教授也是在剧场里从早到晚地陪着我们，教我们如何做得更好，还亲自去调整音效、灯光。为了我们，范教授从 12 号开始就没落下一天陪着我们，即使身体不适，也坚持着。他说“你们是上海戏剧学院附中的孩子，所以一定能做得好！”我听到这句话，心里真的很感动，感谢范教授如此呕心沥血地培养我们，相信我们，给了我们极大的自信。感谢叶老师，在晚上我们结束演出后，都会给我们 AB 组分别召开语音会议，指出演出过程中的问题。深夜里的剧组，即使身处异地，心是凝聚在一起的！

叶莲娜 B——高同学：当时所有人都爆哭，在后台看着两个“巴沙”，平常一米八，没事就爱闹的两个大男孩抱头痛哭，所有人都互相感谢、拥抱、合影。一切都结束了，所有演员收拾服装的时候都抱着戏服痛哭。演出结束后，还有一种非常强大的精神就是感恩，我在这里真的要感谢平易近人，而且在我眼里最“牛”的校长肖英，让我非常敬仰的范益松教授以及心态永远 18 岁的卢秋燕老师和拥有无穷魅力的沙雕训练师杜光祎，还有学校很多领导，帮助宣传并且宣传能力一流的老师们，有趣让人轻松的 Jack 舞监，所有的导助。导助同学真的在这一次经历中变得很强，并且他们有很高的艺术感觉。还有服装、化妆、道具组的同学小汪同学，剧场工人，班主任方方，年级组长孙蔚，我的妈妈以及我自己，我仍然忘记不了妈妈在最后一场演出后抱着我，在我耳边说：“孩子，你这次成功了。”

维佳 A——蔡同学：3 个月，我们从酷暑跨越到严寒；73 天，我们更是创造了别人口中的奇迹，我们是伟大的，我们这个团队是伟大的，这个团队缺了任何一位都完成不了我们今日的辉煌，所以感谢团队里的每位付出努力的人，谢谢！

5. 学生通过角色扮演提升艺术涵养

戏剧活动可以使学生以更加宽容的心态看待世界，洞察人性，应对人生。

在戏剧活动中，学生逐步提高创作与表现、反思与评价、交流、合作与探究的能力。这也是其他教育形式所无法替代的。

维佳 B——戴同学：从“海选”到现在，我的状态发生了翻天覆地的变化。有杜光祎老师、卢老师和范教授的指导，剧组的所有人都突飞猛进。排练的这73 天，我们揣摩自己的角色，倾听和观看其他人的表演，所有看过在正式演出前展演片段的老师们为我们在这么短时间内，在文化课兼修的情况下完成了这样的一部戏，都给予了极大的夸赞。但我们将这些话语当作一种前进的动力帮助我们更好，而不是自满，这就是一帮对表演充满热爱、期望的人聚在一起的力量，我们知道，我们还能更好。

瓦洛佳 A——濮同学：念完最后一段独白，我从衣架上拿下衣服，大步走下台去，除了浑身的酸痛和疲倦之外，我感受到一种从未有过的空洞感，就好像自己送走了自己亲生的孩子一样。因为我知道“你好，瓦洛佳”这句话是在我心中最后一次回响，而“再见，瓦洛佳”变成了我心里面最后的独白。

（五）“思维革新”——师生家长的好评

《青春禁忌游戏》落下了帷幕，10 位主演也完成了精彩的谢幕。这场激烈的“青春”给全校师生、学生家长、社会各界留下了怎样的印记呢？

高中生的成长不仅经历学业的考试，也要经受道德价值的考验，《青春禁忌游戏》正是要引导即将成人的高中生树立正确的价值观。公演成功之后不久，学校开展了由教师、主演、各班同学参与的“《青春禁忌游戏》大讨论”。

1. 这是一部育己暖心的戏剧

4 个少年因为一场升学考试而孤注一掷。用一个精心编排的谎言和逐层升级的游戏，摧毁了数学老师的内心。人性的提问震撼着心灵，绝望的嘶吼诉说着内心的痛苦。一切都在不断地敲击着观众的心灵——在世代交替的洪水猛兽中，究竟什么是善？又怎么能为恶？

高一(4)班刘同学：“年轻人是新时代的缔造者，也是旧时代的终结者。”这是一场惊心动魄的游戏，也是一次关于青春“败类”的心灵历练。

高一(5)班杨同学：瓦洛佳的高尚和精明与他的恶人形象形成巨大的反差，

让我们不禁思考:人性本善还是人性本恶?

高二(5)班宋同学:"游戏"进行中,理想与实用、封闭与袒露、真实与谎言、激情与冷漠、执着与困惑、规则与无忌、坚守与摧毁、昨天与今天,在较量、搏杀!风雪后的明天,会是什么样的呢?……再会!苏维埃冷血的"动物"们,加油!上海戏剧学院附中热血青年们。

高二(6)班彭同学:我们在能判断什么是正确的问题上,似乎总是做着和自己想象中的成熟相违背的事情。在和世界抗争,在和规则抗争,在和内心那个自私的自己抗争。也许是看过那么多失败的、成功的人和事,我们会认为这便是值得去不顾一切要达到的。人人都想要做与众不同的个体,渴望任何事情都能轻松实现,不平等条约的甲方也应该是自己。但是,不论如何回首来时的路,此刻的自己就是自己,不会成为你以为的那个"应该"的自己。

高一(1)班郑同学家长:理想与实用,封闭与袒露,真实与谎言,激情与冷漠……青春期,我们要被教育要成为正直、善良的人,可面对现实生活中的邪恶,又是怎么去面对呢?值得我们去思考!为孩子们精彩的演出喝彩!

高二(3)班吴同学家长:用这一出《青春禁忌游戏》真实地反映这个年纪学生会有的迷茫和骚动,胆怯和自大,徘徊和无知,不回避,直面地看待当今学生和社会的不良思想。但是令人欣慰的是,善和温柔最终通过老师这个圣人的职责还是让我们走在了正义的道路上。

2. 这是一场惟妙惟肖的演出

10位演员将每个人物的特点发挥得淋漓尽致,在舞台上他们就是苏联的学生,是一个游戏的参与者。无论是台词还是表演,都很难想象到这是一群高二的学生仅仅花了76天的时间而呈现出来的属于他们的舞台。

高二(4)班李同学:精彩的是剧本,惊艳的是演绎。我忘记了台上你们原本的名字,离场时擦肩而过,差点脱口而出:"亲爱的叶莲娜,你太迷人了。"叶莲娜每一次咆哮和嘶吼都让人头皮发麻,她带着的痛苦,完全超乎台词本身。尾声时瓦洛佳装可怜求原谅时叫的两声"巴沙",带着乞求叶莲娜与威胁巴沙附和的两种意味,表明演员感情处理稳当、成熟。巴沙用了很多小细节表现人物性格，比如紧张的时候推眼镜，不知所措的时候手摆放的姿态，诸如此类。

高二(4)班杨同学：叶莲娜的饰演者玮怡台词功底极棒，出口的每一句话都透露着成熟的年岁。拉拉的饰演者策策传神极了，一颦一笑既含青葱年少的光芒，又含着一丝事故和虚荣。维佳尽管是个个性呆傻的角色，但蔡程却把他内心深处的无奈、妥协、顺从，毫无保留地展现给了观众。

高二(1)班李同学家长：演出中，多次被情节和人物所打动：人性的善与恶、那份不易的坚守、那份欲望的贪婪，被这些只是高二的孩子演绎、刻画得淋漓尽致。

王同学(A组巴沙扮演者)家长：几乎是屏气凝神看完全剧，直到掌声如雷带出你们谢幕时的笑容，才发现脖子已经僵硬得不能转动自如了。“佳评如潮”是可以想见的，所以，应该说点激励的评语。

情感投入的刹那，我看到了你们的紧张，歌唱激情中还隐约着迟疑，流利台词掩不住音色模糊……还有些瑕不掩瑜的小细节，你们应该都知道，也期待能看到越来越成熟的你们，越来越好的演出。梅兰芳说过，演员的表演往往不是过头，便是不足。在这两种毛病之间，他宁愿的是不足。因为把戏演过头了，外行的观众会喜欢，但也会让演员容易陶醉于台下的掌声，那就愈走愈远，回不来了。加油，孩子们！

3. 这是一个令人向往的领地

舞台是一个圣地。聚光灯下，众人注目中能成为演员是一种幸事，尽情地体现不同的人生境遇更是一种幸事。这是一个令人向往的领地。教育是一项长情的事业，这个领地需要用心、用情，更需要坚守和热爱。

高二(4)班杨同学：对于表演这个离自己遥远的专业，我向来热爱并敬畏。它能带你去经历不一样的人生，也似一场冒险：有未知的苦楚，有灼人的感动，但更多的是自己对它赤诚的热爱。

政治教师金老师：记得罗曼·罗兰曾说，“世界上只有一种真正的英雄主义，就是认清了生活的真相后还依然热爱它”。我们会有价值观被挑战和意志被摧毁的时候，希望当我们面临这样的艰难选择时，能够以一种英雄主义的态度来做出判断，既能怀揣初心，又能继续前行。

地理教师肖老师：灯光渐渐暗下，唯有那一株向日葵依旧盛放。叶莲娜用自己的生命捍卫了心中的善，而拉拉和维佳他们也花了很大的代价认清了自己，就像那黑夜中坚守的向日葵，哪怕只有一个人对这世界说不要恶，那么就像是射进黑暗的一束光，最终，善与公正就会胜利。希望我们都能像那一株坚守的向日葵，想着光亮那方，前进！

（六）“交口称赞”——社会人士好评汇集

社会各界人士看完整场演出后，纷纷点赞，好评如潮。大家一致认为“戏引人，情动人，‘生’惊人”！大家坚信这次公演一定会产生后期的“漫热效应”，推动学校的艺术教育朝着更高的目标奋进。以下是社会人士好评汇集：

上海戏剧学院附中高二学生的《青春禁忌游戏》是对成熟作品的再创作，在表现冲突、孕蓄张力、处理互动衔接上都可圈可点，把小清新和大社会之间的内涵戏演出了分量。我现在更有信心期待下面你们能推出自编自导自演的新戏。

——零点有数董事长 上海市政府决策委员会委员 袁岳

演出看了还是非常震撼的。高中生能把握这样有分量的戏很不容易，尽管表演还有些稚嫩，但毕竟是第一次。更重要的是，学生们讨论分析剧本、感悟人物内心世界、学习表演的过程也正是最好的潜移默化育人的过程。相信上海戏剧学院附中和肖校长的执着追求会有不同寻常的收获。

——上海教育报刊总社书记 周烨

人生首演通过延展过程、深度体验、持续反思，并以一次次“向外走”来推动一层层“向内行”，这是教与学变革所追求的，却在戏剧教育中逐渐地实现！一群高二的学生利用课余时间，在上海戏剧学院导演和学长们的指导下学会了灯光、音响、道具、特效、剧务，当然还有至纯的表演——《青春禁忌游戏》是苏联的一出话剧，女教师的理想主义情操与特定时代下孩子们所呈现的残酷冷漠之间，进行了一场以死亡为结局的较量。学生们以他们富有张力的表演表达了他们对剧目和时代的理解，并用自己的口头、肢体语言表现出来。这就是上海戏剧学院附中的高中生倾心倾力打造的近两小时的话剧首演，这也是他们的人生首演。在高、大、上的端钧剧场，我看到了学生们的“成长”，在学习中真实的成长！肖英校长的努力与坚持都值得。

——资深教育媒体人　沈祖芸

震撼！太美妙的艺术享受！后生可畏啊！您（肖英校长）上台讲话的时候，我感动得想哭。

——上海市教委教研室副主任　谭铁斌

演得很棒，简直难以置信。

——上海市教委基教处　金松

非常感动！一群高二的学生能演得这么出色。谢幕时，看到那个饰坏孩子瓦洛佳的学生出来，自己差点也入戏，都不准备给他掌声了。这部戏的题材对于这个年龄段的孩子来说有十分重要的意义。寓教于戏，从戏中感悟人生意义，让学生受益终身。亲见上海戏剧学院附中的成长，祝你和上海戏剧学院附中越来越好！

——上海市教育考试院　董美意

祝演出圆满成功！对孩子们而言，是一辈子的记忆，心灵受到洗礼，教育很成功！

——金山区教育局原局长　徐虹

……发现自己依然很容易激动和感动。学生们的精彩演出打动人心，让我们走近当年的这些学生和老师，故事的情节让人深思，故事的演绎给我们留下深刻的印象。我相信，对于这些学生演员们，今天的演出是他们终生难忘的。

——市三女中原校长　何亚男

感谢邀请。绝对成功。出人意料，值得自豪。艺术—教育—感染—熏陶—自我教育—启迪人生。不可多得的经历、体验、成长。

——大同中学原校长　杨明华

英国人说，他们要做激动人心的教育。我今天在上海戏剧学院附中看到了，我们中国人激动人心的教育。

——上海市市西初级中学副校长　徐鸣

因特色而具自信,因自信而具独立人格。

——上海市历史学科特级教师　周靖

看了附中这出戏,很激动,你们敢于尝试让这帮才进校不到两年的学生排这样一出有大段独白如此考验演员的戏,真的有魄力,由此可见老师们的心血。向你们致敬,祝贺！希望今后再看到附中越来越好的成绩。

——上海戏剧学院原党办、院办主任,上海戏剧学院驻上海戏剧学院附中分管艺术原副校长　罗小丹

戏剧是人类重要的群体性活动,高度综合了人类多种艺术。在戏剧活动中,演员的表演集中再现了人的生存困境和社会现象,观众在戏剧活动中净化了情感,体验了生命的困境。教育的本质是人对人的有意影响,因此戏剧活动具有积极的教育意义。

第五章 “高中艺术综合主题主体课程”

——高雅艺术进课堂

高雅艺术经历了人类文明发展的积淀，是优秀的、经典的、积极向上的、催人奋进的文化艺术，在思想上有深度、在美学上有浓度、在艺术上有厚度。也正是因为这些浓缩的精华特征，才能将有限的现实材料展现出无限的社会内容，使之产生更强烈、更普遍、更深刻的意义，获得永恒的价值。

我校的“高雅艺术进课堂”课程旨在充分发挥附中的文化潜质和文化创新力，为学生打开一扇扇了解艺术的窗口，培养学生良好的审美情趣和艺术素养。引导学生走近大师，感受经典，陶冶情操；借力上海戏剧学院的艺术资源，做好大中衔接，助力学生的跨越成长；带领学生到各大艺术场馆，接受艺术的熏陶，提高艺术修养。通过高雅艺术潜移默化地激发学生对美好的文化品质、艺术修养、正义事业的热爱和对进步思想、科学方法的追求。

第一节 走进经典 相约大师课堂

我校每学年都会制订一整学年的高雅艺术实施方案，通过高雅艺术讲座、音乐会等形式来实施，课程内容囊括音乐、绘画、舞蹈、戏剧、电影等方面。“高雅艺术进课堂”课程引导学生走近大师，感受经典，陶冶情操，提高修养。课程表现形式活泼、多样，有大课、有小课，有动、有静，有分、有合，有钢琴家推介、古典音乐鉴赏，也有大师画作赏析、民间艺术皮影，还有国外舞蹈团现场演绎，给学生打开了一扇扇了解艺术的窗口。

一、立足本校师资

在我校的学生自主选修课程中，专门有一类高雅艺术选修课，如芭蕾、合唱、古典民族舞、绘画、乐器演奏等课程，以提高和培养学生的艺术素养和艺术技能。每周一次，开课年级为高一、高二，面向所有学生。师资以本校艺术教师为主，有些课程（如戏剧类）定时有上海戏剧学院专家教授来指导。学校在学期末安排有一次艺术类自主选修课的舞台展示，经过同学和老师的精心准备和排练，向全校师生汇报一学期的艺术学习成果。

除了拓展型课程外，学校每月都会安排两次高雅艺术讲座以及每学期安排一两次音乐会，面向高一高二全体学生，师资以本校艺术教师为主。艺术讲座可以让学生了解各种艺术形式、艺术名人、艺术经典作品等，拓展学生艺术方面的眼界；音乐会等舞台表演可以让学生身临其境，体验艺术的表现力和感染力，并能与演奏者现场互动交流，促进学生对高雅艺术的热爱，激发学生对高雅艺术的学习和理解。学生们认识了徐悲鸿、张大千，了解了交响乐队的构成，感知了古筝曲《高山流水》《渔舟唱晚》。“走近经典”艺术讲堂还开设了“凡·高”“交响乐作品欣赏”“瓷器”“大河之舞”等。最经典的莫过于我校艺术教师开设的系列讲座，如：

美术老师汪洁的讲座“印象派绘画——莫奈”，从鲁昂大教堂莫奈作品“灯光秀”入手，引起学生兴趣。克劳德·莫奈，法国画家，被誉为“印象派领导者”，是印象派代表人物和创始人之一。莫奈擅长光与影的实验与表现技法，最重要的风格是改变了阴影和轮廓线的画法。在莫奈的画作中看不到非常明确的阴影，也看不到凸显或平涂式的轮廓线。光和影的色彩描绘是莫奈绘画的最大特色。讲座对莫奈的生平进行了介绍，并欣赏了其大量的作品，在莫奈的《睡莲》中讲座进入了尾声——与其说《睡莲》用色彩表现大自然的水中睡莲，不如说他是用水中睡莲表现大自然的色彩。在这些画里存在着一种内在的美，兼备了造型和理想，使莫奈的画更接近音乐和诗歌。

音乐老师朱星月的系列讲座“电影中的音乐风格”，从古典风格、世界音乐风格、流行音乐风格、现代音乐风格 4 个方面对电影的音乐风格进行介绍。在流行音乐风格的论述中，从流行音乐的起源——爵士乐摇滚乐入手，以《阿甘正传》《爱乐之城》《环太平洋》等电影为例，分析了两种音乐风格对于电影的风格营造、历史渲染起到的作用。在现代音乐风格分析中，以"好听的现代音乐"与"不好听的现代音乐"作为现代音乐的分类方式，讨论这一实验性音乐风格与《禁闭岛》《2001 太空漫游》等不同体裁的电影中的配合方式。

对音乐风格的聆赏与电影片段的分析，使学生深入感知了不同音乐类型在电影的发展中对剧情推动、人物塑造、情感深化上起到的具体作用，使同学们理解了音乐在电影这一立体化艺术载体中发挥的超越语言的另一种言说途径与内涵的延伸作用。

音乐老师陈伟杰的讲座"六弦蛮声——古典吉他经典作品赏析"从吉他的发展历程、吉他的分类、吉他演奏的著名作品与网络评论 4 个方面来开展，让同学们了解了古典吉他的历史对于不同类型的吉他，如古典吉他、民谣吉他、指弹吉他、弗拉门戈吉他、爵士吉他、夏威夷吉他及电吉他。作品的介绍再加上陈老师的现场的弹奏与演绎，让听者陶醉其中，进入了美妙的音乐盛典。课后，陈老师也表示："希望通过本次讲座，能够让更多的同学了解古典吉他，古典吉他是吉他最重要的部分，是最有艺术价值的部分，所以我介绍了几首典型的古典作品，让学生了解了古典吉他的艺术表现力。"

一个优秀的学生成长离不开具有高情趣、高品位、健康向上的校园文化氛围。没有高雅艺术的校园文化，将是有很大缺失的。高中生的审美素养正处于从幼稚到成熟的阶段，虽然有了一定的认知能力，但也存在着表面性和片面性，并时常受到环境的影响，但是他们有活力和朝气、有热情和富于探索精神。

因此，将"高雅艺术进课堂"课程系统化，渗透在学生日常的学习生活中。在高雅艺术的欣赏过程中，既触发了学生的情感，在情感的作用下，又激发了联想与想象。在这个过程中，学生的情感体验会愈来愈丰富，对作品认识水平和审美能力也会随之提高。"高雅艺术进课堂"无疑为广大学生感受美和发现美创造了有效的载体，为他们提高自身的审美素养搭建起了广阔的平台。

二、采集他山之石

除了立足本校的艺术师资,我们还经常联动各艺术高校、行业权威,定期开展大师课堂系列讲座,附中师生如沐春风,如饮甘泉。

(一)现场演绎

随着对外交流的日益频繁,有不少专业的艺术团队来我校为附中的师生进行现场演绎,开展戏剧沙龙,与师生交流互动。

2015 年 4 月 24 日,在上海戏剧学院附中的五楼艺术厅,韵剧《悲惨世界》进行了世界首演。韵剧《悲惨世界》是由上海戏剧学院教授孙惠柱带领上海戏剧学院的专业学生对经典文学作品《悲惨世界》进行改编,由上海戏剧学院的学生、校友联袂出演的一部新剧。该作品中将原著改编为 4 折,此次在上海戏剧学院附中首演的其中的第一折。表演过程中融合了钢琴、戏曲、音乐剧等多种元素,简单的舞台布置给人清新的感觉,演员的表演幽默逗趣,台词合辙押韵,唱腔响亮动人,为上海戏剧学院附中的师生带来了全新的观感体验。

2017 年 10 月 29 日,丹麦黑匣子舞蹈团应邀在我校五楼艺术厅进行演出,给上海戏剧学院附属高级中学师生们带来了一场视听盛宴,让附中师生又一次近距离地接触现代舞蹈艺术。

丹麦黑匣子舞蹈团用丰富的肢体语言、奇幻的灯光和充满想象力的音乐,向观众诠释了暴食、贪婪、懒惰、暴怒、嫉妒、傲慢等情绪和行为。舞者简洁的舞美和夸张的面具引发了同学们和老师们的思考,也赢得了阵阵热烈的掌声。在之后的互动环节中,几位学生自告奋勇上台与演员们切磋技艺,用不同的肢体动作来表达各种情绪。这场高水平的现代舞演出增强了我们对创造力培养的认识,提升了我校师生的审美能力和艺术素养,拓宽了现代艺术国际化视野。

2018 年 12 月 11 日,台湾地区知名的钢琴家、作曲家张凯先生来到附中的舞台,为孩子们讲解影视作品中的音乐,通过欣赏影视原声曲的经典片段让师生们感受到了音乐与作品之间相辅相成的关系。张凯先生还现场演奏了耳熟能详的影视音乐,如《加勒比海盗》《冰雪奇缘》《凉凉》《大鱼》等,引起大家强烈的共鸣。学生们被琴声所打动，情不自禁跟唱起来。此次活动堪比一场小型的音乐会，在场的师生都感受到了节奏带来的愉悦感，音乐带来的治愈力。

（二）艺术讲座

每一个成熟的艺术家都有自己独特的语言方式及相应的人文关注与思考，这些是在他们多年的艺术实践和思考中总结而来的。通过邀请知名的艺术家来我校进行讲座，附中的师生可以从中了解每一位艺术家的艺术探索过程中的困惑、突破、感悟与发展，有利于明晰自己的艺术发展方向，避免走一些不必要的弯路，也有利于破除某些自我的局限。

上海戏剧学院电视电影学院副教授方虹曾来到我校为高一、高二表演、播音、戏文专业的同学们开设了主题为“微电影构造与叙事策略”的讲座。方虹老师以一个“什么是微电影”的疑问抛砖引玉，引出了微电影不同的时长决定的不同叙事构造的特征。如一个 5 分钟的微电影，旨在表达一个动作，一个“动机”的单纯呈现。因为时长决定叙事容量，容量决定叙事构造，因此在有时长限制的情况下，作为主创人员需要思考的是“我想表达什么”“我怎么表达”。电影是浓缩的意大利咖啡，通过画面和声音的观感把影片主题传达给观众，电视剧是兑水的美式咖啡，重在反复的戏剧冲突。在这次微电影讲座中，同学体验了优秀的短片所带来的非凡感受，更加深了对微电影构造的了解。

2018 年 10 月 26 日，威尼斯美术学院德布吉斯（Saverio Simi de Burgis）教授针对我校高二美术生介绍了意大利文艺复兴前的美术发展历史。在润艺楼二楼美术教室，德布吉斯教授通过一幅幅名家画作，将中世纪至文艺复兴前宗教主题的绘画艺术发展脉络娓娓道来。同学们都听得津津有味，收获颇丰。此次讲座不仅开拓了高二美术班同学的眼界，也是连接上海戏剧学院附属高级中学与国外艺术专业院校交流互访、展现风采的桥梁。

毕业于复旦大学哲学系的吴爱丽教授也曾到我校开设艺术讲座，讲座的主题为“艺术的生活和生活的艺术”。吴教授从当下娱乐圈的两个典型案例入手，讲解了何谓艺术，为什么要学习艺术；艺术是人的本质力量的自我确证，是人性的自由和解放;生活中要有艺术,因为人的五大需求以及五大境界;艺术的生活需要适度的悠闲以及从容的优雅;生命如歌,且行且歌。在座的老师同学们听了讲座后,对艺术有了更深刻、更全面的认识,有种醍醐灌顶的通彻。

2019 年 4 月,伴随着阵阵春雷,俄罗斯戏剧专家吴小钧教授、上海戏剧杂志副主编王虹女士来到上海戏剧学院附中,为高一艺术班学生带来了主题为“今天我们为何还要观看契诃夫戏剧——契诃夫戏剧的艺术价值与当代意义”的讲座。吴教授和王主编从契诃夫的生平入手,向学生们分享他的生平和趣事及人生与创作的关联。吴教授认为,契诃夫作品的主题即——美,并结合契诃夫最著名的作品《樱桃园》等,分析了他对美的理解与表现。王主编通过介绍契诃夫“生活流式”的戏剧,包括他创作的作品与生活的关联,阐释了契诃夫作品中常见的庄园、医生、女演员等意象的内涵。听完讲座,学生们纷纷到图书馆查找契诃夫的作品,甚至有学生开始研究契诃夫与鲁迅先生弃医从文的相似经历背后的隐衷。

同年 4 月,我校还邀请到了上海人民广播电台经典 FM94.7 栏目的主持人虞莉娅老师,为我们带来“古典也流行”讲座。虞老师通过她的工作直播视频介绍了自己作为广播电视主持人的工作状态,并且与学生们分享古典音乐背后的故事。在讲座的最后,虞老师说道:“如果你是一个古典音乐的白丁,我希望你经过 40 分钟的分享,你能够稍稍接纳古典音乐,如果你对古典音乐有了一定的了解,我希望 40 分钟的分享能让你更加爱上古典音乐。艺术是属于人民的,如果在你的生活当中拥有古典音乐的话,你的将来会不同凡响。”这正是“高雅艺术进课堂”的意义所在。

正是这些大师们的讲座,把学生带入了神圣的戏剧艺术的殿堂,使他们徜徉于文学艺术的海洋,开始深入地思考人生,感悟艺术的真谛。

（三）悉心指导

身在附中的孩子们是幸运的,不仅能够聆听艺术大师的讲座,还能够近距离与大师们互动,接受大师们的现场示范,悉心指导。

2018 年 10 月,就在我校的话剧《青春禁忌游戏》排练得如火如荼的时候,中国国家话剧院著名导演查明哲莅临我校。在培进楼四楼形体房,学生们表演了《青春禁忌游戏》片段，随后查导就学生们的表现进行指导，演员们与查导针对演出中的体悟和感想热烈地互动讨论，收获颇丰。查导非常耐心地先从舞美开始讲起，如何做到这部戏更加合理完美，再根据学生的表演详细进行了人物的分析，并且指出了表演中的基本问题。

查导的这番讲解解决了学生一直以来的疑惑，他从规定情况入手分析了很多表演问题，深度剖析了剧中的5个人物，并告诉学生缺少的东西和行动中的不足，让学生对自己扮演的角色有了更深的认识。不仅仅是要在台上说台词，还要了解“整个规定情境”，学生们受益匪浅。

叶莲娜的扮演者，高二(5)班的高艺轩同学激动地在自己的排练笔记里写道：“今天收获很大的是，对于这部剧整体的认识以及每个角色的理解，还有表演中非常重要的规定情境问题。我个人原本很赞同瓦洛佳的观念，他没有错，但游戏出格了。在这个时候，叶莲娜老师坚定的正义感以及善良随着戏剧的张力将瓦洛佳那套实干主义狠狠地批判，也让我在扮演叶莲娜时感同身受，渴望去说服这些孩子们，而瓦洛佳在这个年纪对于时代的认识而发展出的观念，也就是查明哲导演所认为的，对于瓦洛佳最重要的一句话：“出卖最宝贵的，得到最需要的。”这句台词简直直入人心，像拿着一把刀架在每一个观众的脖子上进行灵魂质问。在善与恶、理想主义与实干主义、旧时代与新时代、虚伪和真实之间，一个个矛盾在这场戏中像是从钢琴最低的音到最高的音，一个个琴键推上去，将最丑陋的事物撕开来，大胆地呈现在舞台上。一场悲剧却唤起观众内心对真善美的敬仰！我相信，这股强大的戏剧张力感不仅感染着每一位演员，也将感染每一位观众。”十六岁的高中生能够对戏剧人物有如此深刻的理解，这与艺术大师的指点是分不开的。

在上海戏剧学院附中“高雅艺术进课堂”的平台上，学生在不断开拓自己的艺术视野的同时，也在不断加深自己对艺术的理解和感悟，提升了艺术欣赏能力；同时，艺术家们与学生面对面交流艺术心得，为学生指点迷津，让学生们的内心受到极大的震撼，对艺术不再望而生畏。自此，在附中的校园里，高雅艺术不再是曲高和寡的阳春白雪，因为每个角落里回响的皆为高山流水之音。

第二节 进阶发展 助力跨越成长

我校致力于大中衔接,把高雅艺术的课堂搬进大学,带学生去上海戏剧学院参加“艺术创想周”、艺术节等活动;让学生提前进入大学生的课堂,感受不一样的教学氛围,聆听大师们的精彩讲座。

一、畅游创想周

每年的金秋十月,上海戏剧学院一年一度的“青年艺术创想周”活动都会在上海戏剧学院华山路校区举行,活动节目丰富,内容精彩纷呈。热爱艺术的附中学子,当然不会错过这次艺术盛宴,艺术班同学由我校集体组织前往观摩,普通班的学生也不约而同地齐聚上海戏剧学院。

“创想周”的艺术类节目也是各有特色。学生乐队的舞台展演,弹拨吉他时,指尖流淌出的音乐交织出青春的味道;校园内展示的华丽的演出服与奇特的雕塑,充分展示了创作者内心的放荡不羁;两边草地上是大学生推出的创意小型店铺,亲手画作的挂件、书签、明信片,散发着阵阵香味的三明治、咖啡,无一不体现出上海戏剧学院学生的独立与交际能力,令人羡慕;教室里是艺术精品课程讲座和表演工作坊。当然,还有许多精彩的戏剧表演,学生演员精湛的演技令人折服沉醉,前来参观的附中学子们都钦佩于演员为节目排练而付出的辛勤汗水。

一位学生在参观了上海戏剧学院“艺术创想周”后,颇有收获,写下了这样的微感言:“依稀记得第一次踏入上海戏剧学院时,仿佛有一阵艺术的风向我吹来。建筑风格、花草都透露着文艺的清新,那时靠近门口不远处就有艺术生在表演,老师让我们自由参观校园。我被一位上海戏剧学院学子的舞蹈表演所吸引,看着、看着竟然忘却了时间。今年,又迎来了第二次参观上海戏剧学院的机会,这次是‘青年艺术创想周’活动。从早到晚都是琳琅满目的节目,让人无比兴奋与期待。走进校门,记忆最深的是艺术生们怀着心意所做的原创手工作品。有当时流行的手游元素阴阳师人物,又有一种带有神秘感的立体项链,像在星空中、绿洲中染上的一缕希望的白色光芒。总之,每件手工作品都有其蕴含的意义所在,能够带给人们正能量的东西。上海戏剧学院,一个具有浓厚艺术气息的地方,一旦进去,我就被艺术的气息所萦绕。”

二、体验大学课堂

上海戏剧学院多元化、开放式的课堂是无数学习艺术的孩子们所心驰神往的,我校艺术班的学生却能够在高中阶段就亲身体验到大学生的课堂,这无疑是幸运至极的。

2018 年 10 月,我校表演班学生就曾前往上海戏剧学院体验了美国百老汇声乐老师克里斯托弗(Christopher)的课程。在教学过程中,老师教会了学员们如何克服语言障碍,用声音来展现作品的表现力。并通过接力演唱,让学生们学会传递自己的热情与活力。学生在课后感言中提到:

老师把内容分为“听、想、说、唱”,接触一首从未听过的歌,从抛开歌词,听它的曲调与和弦开始,每个人闭上眼睛,凭乐感判断歌曲主要的情感基调,是积极向上抑或是浪漫抒情等,从而想象这首歌背后的故事。

其次,是简单却最为重要的一部分——念歌词,英文不是我们的母语,没有人能百分百拿捏最标准的口语,但能通过对歌词内涵的理解,通过咬字、语气轻重、停顿和音量控制等读出你想表达的意思。要唱好一首歌的前提,必须清楚“the moment before”,在脑中构造一个故事,为什么唱以及你唱完想达到什么目的。

在唱时又有另一个新的关键点:能量。音乐剧的大合唱,舞台上的每一个人都是有联系的,不能只关注着自身,而是要相互传递能量。因此,老师重点强调了,在一个人唱的时候,其他人用眼神给予他能量,而他唱完后同样保持着能量继续传递给下一个人。

这就是最重要的对于演唱的表演方式,在这次活动中能感受到美国大师对于音乐剧的热情和喜爱,也让努力考学的孩子们更加懂得表演的真谛,受益匪浅。

戏剧拥有“当场反馈”的特殊性;戏剧是让人的整体生命投入的艺术;戏剧包含的集体审美是其他艺术很难具备的;表演艺术是一种整体转移的艺术。这就告诉我们艺术审美需要身临其境,否则很难传达艺术的整体美。现场参与艺术活动也是一个提炼美、创造美的过程。艺术灵感很多时候转瞬即逝,学生在参与艺术活动的过程中,除了不断地输入美,也会在一定程度上释放美、创造美。

三、聆听名家讲座

上海戏剧学院是艺坛精英聚集之地,不时有大师前来传道授业解惑。我校作为上海戏剧学院的附属高中,也经常能够坐在高校的课堂里,聆听名家的声音。

2018 年 11 月,上海戏剧学院附中的师生就有幸到上海戏剧学院实验剧场近距离聆听余秋雨老师文化讲座,接受精神的洗礼、心灵的震撼。

余秋雨老师在讲座伊始说道:“上海戏剧学院是他发表演讲最初的地方,终点也应在此。”面对上海戏剧学院附中的学生、上海戏剧学院校领导和在校生这些年龄层次跨越较大的观众,余秋雨老师的文化讲座围绕着:课堂之上的专业信仰、课堂之外的重要学问、课堂之后的必要提醒三方面内容展开。他时而博引,时而讲述见闻和亲身经历,一段段精辟的见解阐述,令在场每一个人听得如痴如醉……

余秋雨老师引用了蔡元培先生“以美育代宗教”的学说告诉我们:艺术和美才是人生最终的搁置点。美,有人品之美、品质之美,大美一定包含大善(善良)。他人生的最终目标便是“大善、大美”。“美在天赋”“美在创造”“大美无界”是他提出的美的 3 个基本原则。他还特别提到了上海戏剧学院附中的学生,从小就要建立淡淡的专业信仰——大爱、大美。对于我们的学生而言,能够从小建立美的信仰是件幸福而有意义的事!

在讲述课堂之外的重要学问环节时,余秋雨老师以自己的独到的见解,用浅显易懂的言语概括了中国儒、佛、道三家理论之精髓,又深入浅出地介绍了世界艺术的动态，让在座的每一位教师和学生受益匪浅。最后，老师向在座的“明日之星们”给出课堂之后最真挚的提醒。

讲座之余，余秋雨老师更是平易近人地对附中青年教师说：“你们可是我母校的老师，辈分比我还大啊！”余秋雨老师和蔼可亲的话语以及在讲座中3次提及上海戏剧学院附中，让我们感受到了他对母校附中无限的思念与亲切的关怀。附中师生被余秋雨老师的这番话感动了，一位在场的学生激动地说：“听了这次讲座，明白了什么才是人生最重要的，怎样才能找到自我，并寻找到人生的方向。”

2019年3月15日，凭借电影《地久天长》获得柏林银熊奖的王景春在上海戏剧学院举行了师生见面会，我们的学生也有幸一睹其风采。当时王景春把银熊奖塞进了上海戏剧学院赵国斌老师的手里，而自己则蹲在一旁。糜曾老师强调学表演的学生要记住六个字：“有瘾、入迷、苦练”，这样就能像景春那样——“基础好，后劲大。”王景春鼓励师弟师妹们：“一定要坚持理想，走着、走着就到台上了！要坚持走，别停！”“老老实实做人，认认真真演戏！这就是我最快乐的事”，景春最后还是以老师的话来寄语师弟师妹：“进上海戏剧学院就踏踏实实学四年，别想着成名‘成腕儿’，要去——真听、真看、真感受！”学生有感于景春的谦逊、踏实、执着的同时，也切实明白了成功不是一蹴而就的，而是一步步熬出来的。

此外，上海戏剧学院举办的各类大型活动，我校学生都有幸能够亲临现场，共同参与。例如播音主持班学生有幸到上海戏剧学院聆听吴洪林教授的讲座，感悟语言的魅力；艺术班学生代表赴上海戏剧学院端钧剧场参加了“陈蓉朋友圈之97届校友回毕业20周年活动”，感受到了浓浓的师生情谊。学生只有进入大学的校园，观摩了各类艺术活动，体验了大学的各类艺术课程后，才能知道自己内心真正向往的生活是怎样的。大学课堂、艺术现场充满的创造力和想象力带给学生的震撼也是强大而悠远的，这些艺术的浸润会滋养在同学们的心间，逐渐浇灌、萌芽、生长，带来新的艺术的领悟。

第三节 亲临其境 畅享艺术空间

我校也十分注重剧场及其他社会资源的整合,让附中的学子走出校园,接受校外广阔的艺术天地的熏陶。艺术的外延等于生活的外延,在日常生活和工作中,有各种各样的方法和活动形式可以有效地帮助师生提升艺术修养。教师和学生带着艺术的眼光和艺术的情怀积极参加校内外组织的各种活动,对提升自己的艺术素养有着极大的促进作用。通过长期有效的艺术熏陶,可以提升学生鉴赏艺术的品位、境界,培养其乐观、豁达、宽容的人文精神。

我们把课堂搬进剧场里,组织学生观看话剧、音乐剧,观摩芭蕾舞剧、舞台剧,平均每人每学期至少有两次专业剧院水平以上的观摩机会;也把课堂搬进艺术画廊,让学生感受绘画、色彩、雕刻、造型的魅力,加拿大的著名学者斯蒂芬利考克教授曾说过:"对学生真正有价值的东西是他周围的生活环境。一切他真正学到的东西,从某种意义上来说,是靠他自己智力的积极活动,不是作为被动地听讲而学到的。"如果只让学生在课堂上被动地听教师讲解艺术,而不是让学生主动地感知艺术、体验艺术,那么艺术的灵动之美也就难以直抵学生的内心。

我们通过让学生走出校门,带领学生去主动感受艺术、体验艺术,在参观交流、观摩学习后,通过让学生撰写微感言,把对艺术的体验与感悟记录分享,日积月累可以拓展学生的艺术视野,提升学生的艺术境界,培养学生感知美、欣赏美和评价美的能力。

例如,我校舞台美术设计的同学在老师的带领下去上海展览中心观看了"蓬皮杜现代艺术大师展",策展人以"一年,一位艺术家,一件作品"的策展思路闻名于世,全面地呈现法国,乃至全球现代艺术的发展历程。作品涉及了西方现代艺术史上几乎所有的重要艺术流派,从现代艺术早期的野兽派、立体主义,到对西方现代艺术产生长远影响的达达主义、超现实主义、抽象派、表现主义和波普艺术等。还有一些虽然没有对后世艺术产生长足影响,但却代表着艺术家对艺术可能性的不断探索,如奥费主义、稚拙派、欧普艺术及构成主义等。

“我们希望以一种游戏的方式，策划一场为观众定制的、充满乐趣且奇妙的艺术发现之旅，让所有大师作品齐聚一堂，在梳理了20世纪绚烂艺术史的同时，又展示了世界上最美博物馆之一‘蓬皮杜艺术中心’的珍贵艺术收藏”，策展人罗朗·乐朋先生如是说。艺术作品在不同层面上反映社会现实，“一年，一位艺术家，一件作品”的策展思路，不仅能全面地勾勒艺术史的发展，还能透过艺术家及其作品，看到他们背后近一个世纪里风云际会的时代变迁。

一位美术班的学生赴观看了蓬皮杜现代艺术大师展后不禁感叹：“我们对‘美’的定义源于生活的积累。这次的蓬皮杜艺术展带我们领略了现代艺术独树一帜又便于感受的美感。在学习专业之余，我们也因此开阔了视野，见识了更多艺术家们创造出的美感，也使我们找到了艺术学习的方向、目标，十分有意义。随着感悟点点滴滴的积累、不断升华，我们对艺术、对美的认识会越来越深入。”

俄国文学评论家维克多·什克洛夫斯基曾说：“艺术之所以存在，就是为了使人恢复对生活的感觉，就是为了使人感受事物，使石头显出石头的质感。”艺术展的存在就是为大众提供一个平台，让大家在艺术中感悟生活。看好的展览可以升华人们的思想，让人们更好地生活。

对观赏者来讲，艺术的观摩不仅是一个美的欣赏与享受过程，也是一个对美的发现与认同的过程。观摩欣赏中可以唤醒学生对于美的认知，激发学生对美的热爱与渴求，提升学生的审美情感与审美理念。这本身就是一个不断靠近美、认识美、感受美、体验美、探求美、积累美的过程。附中的艺术课堂没有校内、校外的边界，学生只有亲临艺术现场，才能真正畅享艺术的世界。

在我校戏剧艺术特色的基础上，“高雅艺术进课堂”课程的实施使得我校校园艺术氛围更加浓厚，学生的艺术素养和艺术品位整体提高较快。弘扬高雅艺术文化，使我校充满了健康向上、校园文化艺术氛围，学生的高雅审美情趣和对艺术的高品位追求得以养成。学生能很好地将高雅艺术和通俗娱乐形式分开，更多地投入到高雅艺术的欣赏和学习训练当中。

在我校的各级各类文化艺术舞台展示中（如升旗仪式、英语戏剧节、合唱节、自主选修课展示、艺术节等)，学生自编自排的高艺术标准、高思想境界、高综合创意的节目大量涌现，得到了广大师生及专家的好评，体现了我校学生较高的艺术品位和审美情趣。在我校历年的各类文艺演出中，高雅艺术类节目大量涌现：戏剧类节目有《北京人》《雷雨》《咸亨轶事》《青春禁忌游戏》等，舞蹈类节目有《邵多丽》《红旗颂》《花儿为什么这样红》，音乐类节目有《灿烂阳光下》(合唱)、《自由探戈》《卡农》《黄河钢琴协奏曲》等，这些节目在舞台上的精彩呈现，说明了我校多年来推进“高雅艺术进课堂”系列课程获得了良好的效果。在上海市各级各类艺术比赛、艺术展示活动中，我校学生都获得了骄人的成绩。

苏霍姆林斯基说：“美育是德的深化和具体化。”艺术可以净化心灵、陶冶情操，可以振奋精神、鼓舞斗志。美育教育是通过艺术活动调动学生的情趣、打动学生的情感以美引善。高中生精力充沛、思想活跃，如果没有正确的精神支柱，就会迷失方向，有的甚至会沉溺于低俗的文化趣味之中，而美好的艺术作品是现实生活的典型化和形象化，集中揭示和反映了现实生活的本质，一部好的作品就是一面时代的镜子，一个美好的艺术形象对学生具有极大的教育力量和感染力，引起学生的共鸣，唤起学生对祖国的热爱、对他人的爱，从而起到了净化心灵、陶冶情操、振奋精神的作用。

“高雅艺术进课堂”课程充分发挥了附中的文化潜质和文化创新力，春风化雨，润物无声。“高雅艺术进课堂”的“课堂”也绝不仅仅是学生的课堂，更是上海戏剧学院附中全体师生的“百家讲坛”。上海戏剧学院附中通过高雅艺术的传播，共筑上品教育，真正做到了德艺深厚、文化濡养，真正落实了“幸福教育为幸福人生奠基”的教育理念。

第六章 “高中艺术综合主题渗透课程”
——非艺术基础课程

新时代教育的发展已从“量”的增长进入“质”的提高阶段，党的十九大报告对高中教育提出：“要全面贯彻落实党的教育方针，落实立德树人的根本任务，发展素质教育，推进教育公平，培养德智体美全面发展的社会主义建设者和接班人。”为此我们需要对教育进行全面的反思：高中教育的目的是什么？如何定位？各学科的教育要达到什么目的？……我们需要在深入反思的基础上重构我校的非艺术基础课程，并对课程教学进行新一轮的改革。

我校作为戏剧艺术特色普通高中，在基础型课程戏剧元素渗透方面做了许多大胆的尝试。在上海戏剧学院附中这个“全息剧场”里，学生不仅能在艺术专业课堂里接受专业的戏剧教育，还能在非艺术基础课程中通过戏剧元素的渗透感受戏剧教育的魅力。教师致力于在课堂教学中凸显角色、体验、合作、生成4个戏剧核心概念，以助推学校课堂结构的优化。在此基础上，我校各大教研组站在整体高中课程的角度重新梳理教材，对学科教学模式进行变革，给常规课堂注入“戏剧”元素，根本性转变“做、讲、练”这种枯燥而低效的教学循环，让“新课堂”更适应高中生的思维发展规律。

课堂教学的设计与实施是高中教学实现教学目标的主要手段，是立德树人的最主要工作，让学生全面发展核心素养则是“立德树人”基本要求的具体化，是建构学科核心素养的主要依据。我校在探究戏剧元素在非艺术基础课程高效渗透的同时，也在进一步研究戏剧技巧的应用将如何有效提升学科的核心素养，针对教学的结构性、整体性、有效性等问题，厘清教学目标，牢牢把握课标要求，通过戏剧元素渗透有效促进学生学科核心素养的形成和发展。为此，学校多次组织各项教学研讨活动，对教师的教学经验进行收集与梳理，并形成值得推广与共享的教学资源库。

第一节 智慧共研把握转型方向，加速转型升级

教育的要求在不断提高，时代的发展在不断变快，我校的课程改革从未停下加速的脚步。在转型升级的过程中，我校将“立德树人、以戏育人、以文化人”作为指导思想，根据学校自身条件与特色，大胆创新，提出“在非艺术基础课程中进行戏剧元素渗透”的改革思路，探索学校课程计划完善方案，推进学校关键领域课程体系建设。为了让戏剧元素与非艺术基础课程的课堂教学有机整合，我校在教学研究中加大投入力度，从时间、空间、人员等方面加速课堂教学改革，旨在改革教学方式，改变教学模式，以达到全面提升学生核心素养的目的。

一、学习理论，深化“戏剧元素渗透”理念

戏剧教育是运用戏剧理念和技巧从事教育活动的一门课程、一种教学方法。在教师/组织者有计划的指导下，以人的活动天性为依据，让学生在彼此互动的接触中，发挥想象，表达思想，适应彼此，增进交流，传递美感。为了更好地在非艺术基础课程中进行戏剧元素渗透，我校对戏剧教育理念进行了认真的学习与梳理，并结合我校学生的特点对戏剧教育的核心概念进行提炼，对戏剧教育技巧进行归纳总结。

（一）提炼四大戏剧核心概念①

戏剧的四大核心概念贯穿于戏剧教育的整个过程，涵盖戏剧教育的核心理念。在实际教学中，教师可以借助课堂当舞台，给学生以充分的施展空间，通过教师的形象、生动、有趣的情景设计，有机整合四大核心概念将学科教育变成融“表演与学习”“娱乐与陶冶”“互动与体验”为一体的戏剧活动，同时可以锻炼学生的想象能力、思考能力、表演能力、语言能力、合作能力等。

---

① 张生泉.教育戏剧的探索与实践[M].北京：中国戏剧出版社，2010.

1. 角色概念

角色，原指舞台上所扮演的戏剧人物。它包括对角色的认知，对他人所扮演角色的认知，对自己角色的认知。角色概念注重“戏如人生，人生如戏”的切身体验。角色概念营造“角色讲动作、美德成习惯”的情境关系。角色概念提倡“敬畏英雄，逼近伟岸”的价值选择。戏剧人物的真、善、美化为生活角色的知情义后，它的冲击力不仅在课堂内外，不仅在学知识、学做人，不仅以角色名义完成动作，也以爱恨分明领悟人生。

2. 体验概念

体验，原来多运用于演员塑造艺术人物的一种创作手段。戏剧教育倡导从感悟到表现的体验。戏剧所倡导的体验，从自我到他我。体验的意识滋生后，体验的环节也会随之产生。其中“身临其境”地驾驭自我前行、“设身处地”地增进人际融洽等环节，就是角色体验的基本环节，也是角色换位思考后对人际关系做出积极判断、正确处置的必经之路。通过体验环节如何由被动地接受向主动思考的转变，如何由就事论事向多角度思考的提升；实质上反映的是矛盾主客观双方如何求同存异、相濡以沫，自我与他人如何彼此沟通，和谐统一。

3. 生成概念

生成，是一种运动形态的生命展示。在戏剧教育中，它指的是一种既有文本严谨又有即兴冲动的教学展示和教学手段。生成，是一种持续给力的进行时态，没有固定的评价体系，主要根据课堂现场的实际效果来进行多元分析。它使教师把文本“死”的内容变成“活”的内涵，它激励教师把可能“稍纵即逝”的思想火花变为角色动作，最大限度地吸引受教育者的参与度，最大限度地保持教育者的兴趣点，使它们不仅对学生生成、教师生成的角色活动充满期待，更对师生互动之后的人生新努力，教学新愿景充满希冀。

4. 合作概念

合作，即个人与个人、群体与群体之间为达到共同目的，彼此相互配合的一种联合行动。合作是培育角色意识的前提条件，合作能力的大小极其重要。合作需要培育，合作需要实践的平台，合作是实现教育改革目标的标杆。戏剧教育可依靠同伴进入学生角色意识创造的早期阶段。通过角色的熏陶，使学生的很多积极元素被开发、被激发，这些元素的核心就是人格发展所必需的如善良、热情、宽容、协作等优秀品质的潜力，可有效地培养起团队合作的精神。通过戏剧教育的舞台打造，每一个学生都会从同伴合作的快乐中取得或多或少的进步。虽然戏剧合作是一门隐性课程，但在真实意义上却对学生的人格发展产生重要影响。

（二）诠释七大戏剧教育技巧

在非艺术基础课程中运用戏剧教育技巧是指在课堂中运用戏剧与剧场的技巧辅助教学的一种特殊方法。它是以学生的天性发展为自然法则，让学生自发性的与群体及外在环境互相接触，在教师有计划的引导下，以创造性戏剧、即兴演出、角色扮演、角色模仿、戏剧游戏等方式进行，让参与者在互动关系中能充分发挥想象、表达思想，在实践中学习，在合作中感悟，以期待学习者获得美感经历与体验，增进学生学习能力、情感表达、个性发展、探究思维等学习素养全面发展。以下列举在我校课堂实践中广泛使用的 7 大戏剧教育技巧。

1. 角色扮演

角色扮演是透过假想、假如的形式使学生投入课堂预设角色世界之中，从模拟角色的过程中经历生活，体验未来生活环境与社会角色。从角色的外部形态及内心世界中反照自我、认识自我，并透过参与、投入建立内化与诠释，体验自我的认同感。可用多种戏剧手法来实现，如小组片段扮演、事件重演及多位参加者分别扮演同一角色不同面貌的“复合扮演”等。

2. 教师入戏

教师入戏是透过教师扮演某个特定的角色，带领学生进入“虚拟”世界，从而加快学生心理上进入“这就是真实”的情感体验，加深课堂活动探索的效果。教师在操控进入角色与回复教师身份、真实与虚拟之间建立学生思考事物的三维效果；教师透过入戏发问，使学生能建立不同角度的思考观点，以及将需要使用的方法与步骤应用于表演过程中，来产生戏剧教育的实质意义。策略的使用应当充分调动学生参与的积极性，拓展他们即兴创作以及应对教学中的突发状况的能力。

3. 建构空间

建构空间是教师透过实地参观、网络的虚拟参观(虚拟地图或虚拟博物馆、美术馆)、书刊或纪录片,混合各类素材向学生介绍角色生活的地方。之后指导学生凭记忆在大纸上绘画角色生活的空间,又或者运用想象力透过定格及片段扮演用身体或简单对象(桌、椅等)来重现角色的生活空间。在文字、画面与立体空间互相转化的过程中,场景才真正被转化吸收,学生在戏剧的空间中将学习如何认知、思考、推理及强化逻辑。

4. 戏剧游戏

戏剧游戏是教师根据教学内容创设加强师生互动、生生互动的游戏活动,通过戏剧游戏来达到学习目的。在创作性的戏剧活动中,学生们可以利用已知的事实观念做基础,推想出新观念。运用视觉、听觉、动觉的感知能力,以肢体与感官、图片、声音、音乐、说故事等各种创作素材来激发想象力与创造力。让学生在具有主题、组织、理念与创新发现戏剧活动的创作历程中享有快乐的学习过程,满足他们对人生多种事物探索的需求。

5. 思路追踪

思路追踪是一种在扮演或定格时向角色进行提问的手法。透过教师有启发性的问题引起扮演者(部分学生或全体学生)的角色观点与立场,从而使参加者更了解角色的心理、动机及思想,借此扩展戏剧发展的路线,使情节、内容更丰富及有趣味,从而让整个课堂戏剧(思维)活动发展到更深入的高层次。

6. 时空转换

时空转换是指教师通过组织学生参与想象活动,在思维空间中建立一个“时空转换系统”,让不同时代或不同事件中的人物能互动进入对方的情境中或同时呈现在一个空间之中。透过时间、空间的多重改变,使参与的同学更能深入地探索角色的心理、态度,并同时启示及发展故事内容及情节。

7. 论坛剧场

论坛剧场是一种在课堂教学过程中重演事件的手法。演员透过“出戏”的间离效果引领现场观众来替代演员的身份,参与讨论后重新投入扮演角色的一连串反复互动的行动,因此产生不同版本及不同结论。教师必须在论坛剧场首段落引起所有参加者对讨论主题的共鸣,并进一步建立对命题或剧情的强烈反应情绪,然后使参加者拥有建立尝试改变现况的动机,为剧场创造不同观点而铺路。

二、立足教材,梳理“戏剧元素渗透”内容

21 世纪以来,培育学生核心素养、建构学科核心素养体系成为世界教育改革的主要趋向。中国教育部 2014 年 3 月发布《全面深化课程改革　落实立德树人根本任务的意见》,提出加快研制学生发展核心素养体系,深入回答“培养什么人、怎样培养人”的问题,要求把核心素养落实到各学科教学中,增进教学育人功能。中国共产党十九大报告进一步给我们的教育指明了方向,就是要立德树人,要培养德智体美全面发展的社会主义建设者和接班人。在此基础上,2017 年教育部颁布了各基础学科的课程标准。作为深化课程改革的指导性文件,课程标准对于课程中外显与内隐的学科核心素养做了说明,但如何细化到具体课堂则需要我们教育工作者进一步理解和研究,它所包含的学科核心概念、核心思想、核心方法、核心能力等也需要在教学中进一步突出和落实。

上海戏剧学院附属高级中学作为戏剧艺术特色学校,致力于在基础型课程课堂教学中凸显角色、体验、合作、生成这 4 个戏剧核心概念,以助推学校课堂生态的优化。我们在探究戏剧元素的渗透过程中,也希望能与单元教学设计的研究相结合,针对教学的结构性、整体性、有效性的问题,厘清教学目标,把握学段整体要求,形成单元的整体设计思路,牢牢把握教学重难点,整合学习情境、学习内容、学习方法、学习资源,最终促进学生学科核心素养的形成和发展。

我校教师通过集体学习、教研组研讨等,结合学科特点、学生学习该学科的规律,梳理学习内容和学习要求,研究不同内容和情景下凸显何种戏剧概念,如何进行有效的戏剧渗透,完成了各基础学科教材中戏剧渗透细目表的整体梳理。

语文教研组以语文学科核心素养为纲，以学生的语文实践为主线，以学科教材为载体，将教材的单元主题进行重构，渗透戏剧元素，引导学生在运用语言的过程中提升语文素养。

数学教研组从教材入手，充分挖掘、开发教材中隐含的戏剧核心元素，利用认知冲突、学生合作交流创设情节，使得学生学习数学的过程有类似于戏剧特征的精彩体验，着力于培养学生数学学习兴趣、拓宽学生视野。

英语教研组基于语篇所提供的主题情境，在信息获取、梳理加工、整合内化、表达交流和创新迁移中渗透戏剧元素，设置各种学习活动，在活动中落实课程内容，通过活动实现核心素养目标和课程总体目标。

理科综合教研组重新思考教材的逻辑关系，研究戏剧元素渗透方式。物理组从形象、直观的感性思维到抽象的注重归纳推理的理性思维，努力适应高中生的思维发展规律。化学组从分析教材入手，挖掘教材中多元化的教学元素，将化学发展长河中的点点滴滴，以多种形式，演绎在教学过程中。生物组梳理教材内容和学科核心素养的关系，将角色、体验、合作、生成这4个戏剧核心概念，融入生物学科的4个核心素养。信息技术组通过戏剧元素渗透，强化学习过程中的体验，提高教学效果，同时更有效地进行了学科德育。

文科综合教研组从学科与戏剧教育的共性入手，创设情境。政治组把握关键问题，让学生了解、感受、体会，打造个性化课堂。历史组将历史的真实境况和当时人们所面临的实际问题相结合，让学生设身处地地进行体验学习，进而去理解历史和解释历史。地理组注重从生活体验出发创设情境，探究地理现象的原理、研究地理规律，提升了学生学习地理的意义和积极性。

体育和心理组在教学实践中利用戏剧元素不断丰富多样化的学习方式，共同促进学生的身心发展。体育组实施的是高中体育专项化教学，通过戏剧元素的渗透，让学生感受戏剧游戏的魅力，培养学生的合作探究能力，使学生逐步形成体育学科核心素养。心理组进一步梳理心理健康课的主题选择以及斟酌流程设计，以学生的心理感受和内心体验为核心，以学生的心理发展和成长为归宿，真正为他们的健康成长和幸福生活奠定基础。

附:部分学科戏剧元素渗透细目表(见表6-1至表6-5)

表6-1 语文学科戏剧元素渗透细目表(执笔:徐琼)

教学单元	教学要求	教材重点篇目	课时数	戏剧元素渗透实施	备注
散文阅读	1. 知道散文的类型,了解散文的主要特点,了解散文的常见表现手法,了解散文的语言个性 2. 理解词句段在语境中的意义或作用;理解结构特点和行文思路;理解作品中所写的人、事、景、物的特点;理解作品的写作背景,领会作者的认识与情感 3. 分析选材组材的特点,阐释谋篇布局与表情达意的关系;把握词句间的内在联系,领会其对主旨表达的作用;分析作品中所表现的人、事、景、物与情、志、理之间的关系	《跨越百年的美丽》	2	演绎居里夫人发现镭的片段,感受居里夫人品质与精神	角色体验
		《合欢树》	2	体验角色,演绎儿子与母亲对话细节,感受人物心理	角色体验
		《邂逅霍金》	2	通过"邂逅"这一场景再现,分析霍金特殊眼神背后的内涵	角色体验
		《老王》	2	创设老王送鸡蛋的台词,进行老王人物形象的分析	角色体验
		《回忆鲁迅先生》	2	模拟鲁迅的笑声,分析鲁迅人物形象	角色合作
		《小溪巴赫》	2	在巴赫音乐中再现巴赫形象	体验生成
		《为了忘却的记念》	3	扮演文中革命者形象来深入理解革命精神	角色体验生成
		《白莽作〈孩儿塔〉序》	2	联系课外诗歌《别了,哥哥》,进行编剧,深刻理解白莽精神	合作生成
		《想北平》	2	演绎老舍行走在北平的动作表情,深入理解想北平的情感内涵	角色体验
		《我所认识的蔡子民先生》	2	选角扮演蔡子民故事,感受蔡子民精神	体验合作生成

（续表）

教学单元	教学要求	教材重点篇目	课时数	戏剧元素渗透实施	备注
散文阅读	4. 赏析词句的表现力及其修辞效果；赏析作品所用表现手法的特点及其表达效果；根据作品内容，评析其思想意义；赏析作品的语言特点；根据作品文体特征和表现形式，评析其审美价值；运用想象联想和辨析推断等，升华对作品内涵和意蕴的体悟，获得对自然、社会、人生的启示，形成自己的见解	《故都的秋》	2	创设情境，扮演秋雨话凉的场景，感受故都的清静、悲凉	体验生成
		《晨昏诺日朗》	2	改编课本剧，介绍晨昏诺日朗	体验合作生成
		《胡同文化》	2	角色体验，演绎老北京的胡同生活	角色体验
		《荷塘月色》	2	演绎《荷塘月色》中的朱自清形象	角色体验生成
		《世间最美的坟墓》	2	假设情景剧“如果你站在列夫·托尔斯泰墓前”	角色体验生成
小说单元	1. 了解小说的基本特性，了解小说的类型，了解重要作家及其代表作，了解小说叙述的视角和手法，了解小说刻画人物形象的主要方法 2.梳理情节的展开过程和发展线索；把握描写和叙述的细节；理解人物形象的特征；理解作品的创作背景和故事展开的典型环境；把握作者的情感倾向，理解作者的写作意图 3. 分析作品所运用的叙述视角及效果；分析作品情节安排的意图和线索设置的作用；分析作品刻画人物形象所运用的手法，及其对表现人物性格特征、揭示作品主题的意义和作用；分析环境描写对展开故事情节、刻画人物形象、表现作者价值取向的作用	《<边城>节选》	2	观看经典影视作品，进行观剧评析	合作体验生成
		《最后的常春藤叶》	2	想象重现老贝尔漫画叶子的场景	角色体验生成
		《项链》	2	梳理小说情节，编写课本剧，突出矛盾冲突，感受人物命运及性格变化	角色体验生成
		《哦，香雪》	2	抓住细节，表现香雪等姑娘等待火车的群像	体验生成
		《变形记》	2	想象表演变形后的生活	角色体验生成

（续表）

教学单元	教学要求	教材重点篇目	课时数	戏剧元素渗透实施	备注
小说单元	4. 赏析作品人物形象的艺术感染力；赏析作品细节设置的艺术效果；赏析作品的结构特点及其艺术表现力；赏析作品的语言个性及作家的语言风格；评析作品艺术形象的典型意义和价值；评析作品的思想意义和价值；依据作品内容，合理推断和想象，获得丰富的审美体验	《守财奴》	2	表演葛朗台见到金子的各种表现，深刻理解葛朗台的奴性	角色体验
		《老人与海》	2	编演老人上岸后其他人的反应	角色体验生成
		《阿Q正传（节选）》	2	自选编演阿Q的经典台词，重设经典台词运用语境	角色体验生成
新诗单元	1. 了解新诗的发展历史；了解新诗的特点；了解新诗的主要流派及重要作家和代表作；了解新诗常用的表现手法 2. 理解作品表达的思想感情；掌握新诗的诵读方法，理解新诗的韵脚和节奏特点；理解新诗常见意象的意义；理解创作背景对内容表达的作用 3. 分析诗人的情绪变化和创作意图；分析作品结构特点及其对情感表达的作用；分析作品的语言特点；分析作品的流派及其风格 4. 赏析作品富有表现力的语言；站在“诗性”的立场赏析作品；评价作品的思想意义和艺术价值	《再别康桥》	2	生动演绎徐志摩《再别康桥》的恋恋不舍，同时配乐朗诵再现场景	角色体验
		《雪落在中国的土地上》	2	重现诗人形象	角色体验生成
		《双桅船》	1	创设适合诗歌朗读的场景	体验生成
		《别了，哥哥》	2	想象演绎白莽哥哥收到信时的反应	角色体验生成
		《雨巷》	2	想象表演丁香姑娘	角色体验生成
		《相信未来》	1	创设诗歌朗读场景	合作体验生成
		《中国，我的钥匙丢了》	1	想象演绎中国钥匙	角色体验生成

（续表）

教学单元	教学要求	教材重点篇目	课时数	戏剧元素渗透实施	备注
戏剧阅读	1. 戏剧的分类；了解戏剧的主要特点；了解戏剧的常见手法 2. 理解作品的主旨，把握戏剧的情节；理解人物的性格特征；理解作品的写作背景，领会作者的情感与创作意图 3. 梳理情节线索，分析作品中的人物关系和主要矛盾冲突；分析作品的结构特征及其对表现主旨的作用；分析戏剧语言对推进情节、塑造人物形象的作用；分析人物的命运安排所体现的作者的价值取向 4. 赏析作品语言的表现力；赏析剧作家的创作风格；评析作品所折射的社会现象及其意义，对人生问题、社会问题形成自己的思考，开拓文化视野	《关汉卿（节选）》	2	表演片段	角色体验生成
		《哈姆雷特（节选）》	2	论坛剧场，分析人物形象及命运	体验合作生成
		《雷雨（节选）》	2	片段表演	角色体验
		《曹操与杨修》	2	选角布景	体验生成
古诗阅读	1. 背诵并默写一定数量的名篇、名句；了解古体诗与近体诗的基本特征；了解课文涉及的文学文化常识 2. 结合作品内容与语言形式，读出作品的声韵和节奏；理解作品内容及其情感内涵；理解作品中借代、用典、互文等手法的表达作用；结合语境，理解作品中重点语句的含义	《蒹葭》	2	重构伊人角色，扮演寻觅伊人场景	角色体验生成
		《古诗为焦仲卿妻作》	3	重点演绎兰芝话别场景，感受人物内心，分析人物形象	角色体验

（续表）

教学单元	教学要求	教材重点篇目	课时数	戏剧元素渗透实施	备注
古诗阅读	3. 把握作者的写作意图；分析作品的结构特点；分析重要语句在作品中的作用；分析作品常用表现手法及其表达效果；分析作品蕴含的丰富文化内涵 4. 联系作品的语言环境，调动知识积累和生活经验，赏析作品中的好词佳句；鉴赏作品的意象、意境；赏析作品的语言风格；评价作品的思想意义和艺术特色	《声声慢》	1	重塑诗人形象，联系人物命运，分析诗人内心情感	体验生成
		《琵琶行（并序）》	3	借声写情，重点演绎琵琶女演奏时的场景	角色体验生成
古文阅读	1. 背诵并默写一定数量的名篇、名句；了解课文涉及的著名作家作品及与之相关的古代文学、文化常识；了解“记”等作品的文体特点 2. 解释常见文言虚词的意思和文言虚词的用法；理解具体语境中相关词句的词法特点和句式特点；用现代汉语翻译句子；理解词句段在文中的含义；理解作品的写作背景，把握文章所表达的思想内容；理解作品的结构特点和行文思路	《种树郭橐驼传》	3	塑造郭橐驼人物形象，再现种树场景	合作体验生成
		《病梅馆记》	2	再现众人赏病梅的赞美	角色体验生成
		《促织》	4	重点表现成名找促织和失子时的场景	角色体验生成
		《阿房宫赋》	2	重现阿房宫里奢靡的生活场景	角色体验
		《黄州快哉亭记》	3	想象演绎黄州快哉亭的生活	体验生成
		《项脊轩志》	2	选择扮演回忆场景，感受人物内心感情	体验生成
		《〈秋水〉（节选）》	2	编剧海神与河伯的对话	角色体验生成
		《前赤壁赋》	3	编剧主与客的对话	角色体验生成

（续表）

教学单元	教学要求	教材重点篇目	课时数	戏剧元素渗透实施	备注
古文阅读	3. 分析词句段在文中的作用；依据不同文体特点，分析作品的主旨和写作意图；分析作品中人事物的特点及主旨与材料的关系；分析常见表现手法的表达效果 4. 为浅易的文言文断句；赏析作品的表现手法和语言特点；评析作品的思想意义和社会价值；领悟作品的内涵和意蕴，从自然、社会、历史、文学等角度阐释从作品中获得的启示	《游褒禅山记》	3	分角色扮演是否出洞的争论场景	角色体验
		《廉颇蔺相如列传》	4	分组演绎三大情节：完璧归赵、渑池相会、将相和	角色体验生成
		《谏太宗十思疏》	2	扮演魏征进行上书	角色体验生成
		《训俭示康》	3	补充情节，重新演绎文中节俭的相关事件	角色体验生成
		《过秦论》	3	想象演绎秦国灭亡时天下的各路反应	角色体验生成
		《师说》	3	表演时人聚在一起耻学于师的场景	角色体验生成
		《石钟山记》	3	现场扮演苏轼、郦道元、李渤三人的对话	角色体验
		《陈情表》	3	扮演李密，上书陈情	角色体验生成
		《秦晋肴之战》	3	蹇叔有关的人物对话进行细节补充和演绎	体验生成
		《鸿门宴》	3	编剧演绎鸿门宴现场	体验生成
		《苏武传（节选）》	3	苏武拒降场景表演与讨论	合作体验生成

表 6-2 数学学科戏剧元素渗透细目表(执笔:曹骅松)

学段	学习单元	教学内容	课时	戏剧元素渗透实施	备注
高一上	集合与命题	条件的充分性与必要性	1	氧气和生命的关系,并联与串联的区别,为下面学习充分条件和必要条件做好了铺垫	体验生成
	函数及其基本性质	函数的有关概念	2	让学生通过买文具用品这个角色,体验笔记本个数和所花的钱数之间的函数关系	角色体验
		函数的基本性质	2	北京大学珠峰登山队成功登顶世界第一高峰珠穆朗玛峰,以此庆贺北京大学建校120周年的故事,引出海拔与含氧量的关系,从而引出用二分法求方程的近似解	角色生成
		指数函数的性质与图像	2	由"细胞分裂"实例出发,要求学生建立相关的数学模型	角色生成
		对数	2	对数的产生源于天文学的发展,结合历史发展中对数发明的本源问题——"简化大数运算"的需要,激发学生的研究兴趣,对比指数函数的学习过程,同时梳理学生的学习经验,为学生自主设计研究对数函数的性质的思路方案做铺垫	角色体验
		反函数	1	发电报和翻译电报的故事引出反函数的概念	角色生成
	不等式	不等式性质	2	从实际问题两人拿着不同的水壶去打水(且甲的水壶比乙的小)所花时间最少这个问题出发,激发学生的学习兴趣	角色合作体验生成
		基本不等式	2	中国古代数学家赵爽的赵爽弦图的探究,(2002年第24届国际数学家大会的会标)	角色合作体验生成

（续表）

学段	学习单元	教学内容	课时	戏剧元素渗透实施	备注
高一下	三角函数	函数 $y=A\sin(\omega x+\varphi)$ 的图像与性质	1	借助摩天轮动画、简谐运动动画创设情境，引出刻画自然界周期现象的重要函数模型 $y=A\sin(\omega x+\varphi)$.	合作体验生成
高二上	等差数列与等比数列	数列的有关概念	1	小视频：电影《达·芬奇密码》中的一段密码及民俗中的数列（酒杯的个数、层数）、生活中的数列（拉面在制作过程中的根数）、文化中的数列（庄子曰：一尺之棰，日取其半，万世不竭）、体育中的数列（我国奥运健儿从1988年汉城奥运会到2016年里约奥运会金牌数）等引起学生思考，激发学生学习热情	角色体验生成
		等差数列	5	编拟“探险家在古墓中寻宝”故事，激发学生对本节课的学习兴趣，在游戏中加入等差数列	角色体验生成
		等比数列	5	生活实际出发，国际象棋与麦粒的故事，编拟“借款与还款”的故事，引起学生思考，激发学生学习热情，并引出等比数列的前 n 项和公式	角色体验生成
		数学归纳法	1	多米诺骨牌的视频，人体多米诺骨牌的演示，引出数学归纳原理	合作体验生成
	极限	数列的极限	1	通过学生排演历史短剧，介绍刘徽的“割圆术”的内容，教师根据学生排演内容引入新的课题	角色合作体验
		无穷等比数列的各项和	2	通过演示一个球自8米高的地方自由落下，触地面后的反弹高度是下落高度的一半，到球停止在地面上为止，球运动的路程总和是多少米，来引入新的课题	合作体验生成
	向量	向量的加法	1	利用物理模型引入得到，加法的定义其实就是用数学的作图语言来刻画的，更好地体现了向量加法具有的几何意义和向量数形结合的特征	体验

（续表）

学段	学习单元	教学内容	课时	戏剧元素渗透实施	备注
高二下	复数	复数的概念	2	数学纪录片《维度数学漫步》第四集片段，通过真实的历史故事，让学生体会在复数被发现之前，数学家对解方程的好奇和困扰。对本节学习产生情感铺垫，进入角色	角色体验
	圆锥曲线	椭圆的标准方程	1	介绍旦德林双球结构，引出椭圆的定义	体验
		抛物线	1	视频讲述有关阿基米德的故事，引出抛物线的模型 通过视频故事激发学生学习兴趣，引出本节课的主要研究对象	合作体验生成
高三	概率	古典概率	1	播放《决胜二十一点》电影视频片段引入问题，引起学生对其中的数学高手对问题回答的关注。同时，让学生意识到数学在生活中无处不在	角色合作体验生成

表 6－3　英语学科戏剧元素渗透细目表（执笔：袁连英、杨婧）

学段	教学模块	教学内容	课时	戏剧元素渗透实施	备注
高一上	Module One People	Unit 1 Occupations	10	1. 通过听力任务，体验多种职业描述；通过模仿采访情境，合作小组对话，生成巩固主题词汇与句型 2. 通过报刊文章阅读，体验亚马逊职业招聘的真实要求；通过小组活动，合作生成个人未来理想职业写作框架	角色体验合作生成
		Unit 2 Success Stories	10	1. 课上小组交流成功故事，并集体分享；通过绘制思维导图，学习主课文中对 Michelangelo 一生的介绍 2. 通过听力及视频分享，了解更多名人的成功经验以及普通人对于成功的不同诠释 3. 制作主题为 The Successful Person I Admire Most 海报，并在班级分享交流与评选	合作

（续表）

学段	教学模块	教学内容	课时	戏剧元素渗透实施	备注
高一上	Module Two Culture	Unit 3 Manners	10	1. 利用角色扮演再现主课文第一段中一个情境，并用思维导图理清主课文中的建议 2. 利用视频进行西方的“餐桌礼仪”，“见面礼仪”等方面的文化渗透 3. 组织小组活动，对比中西方礼仪方面的差异，学生体验与培养跨文化意识	角色体验合作生成
		Unit 4 Holidays and Festivals in the United Kingdom	10	1. 利用思维导图梳理主课文中关于 Easter 和 Christmas 两个节日的主要信息及相关风俗 2. 组织小组活动，学生们相互介绍学习的两个西方节日或课前准备的节日介绍，通过交流，体验不同节日文化 3. 在感恩节当天，通过视频或音频学习感恩节的历史、风俗等，并引导学生在真实情境中表达感恩	合作体验
	Module Three Leisure Activities	Unit 5 Pets	10	1. 利用思维导图梳理主课文主题“The Relationship between Dogs & Humans” 2. 观看视频分享不同宠物，学生分组讨论养宠物的利与弊，并完成写作框架	合作生成
		Unit 6 Cartoons & Comic Strips	10	1. 看图说话，学生根据教师提供的问题，体验图片描述的几个要点，并引出主课文主题 2. 利用思维导图梳理主课文对于 Cartoons and Comic Strips 的介绍及历史发展	合作体验

（续表）

学段	教学模块	教学内容	课时	戏剧元素渗透实施	备注
高一下	Module One Travelling	Unit 1 Travelling around China	10	1. 主课文阅读完之后，引导学生绘制思维导图，主题为5种交通方式的优、缺点，课上交流 2. 学生以“Travelling around China”为主题，讲述自己的亲身旅游经历，进行展示	合作体验生成
		Unit 2 Travelling around the World	10	1. 通过视频把学生带入爬悉尼海港大桥的真实情境中 2. 进行小组讨论、交流自己出国旅游经历与感受 3. 根据小组交流结果，完成题为“my unforgettable travel abroad”的作文	合作体验生成
	Module Two Language Learning	Unit 3 Foreign Language Learning	10	1. 利用角色扮演，让学生还原主课文第一段的真实情境，引出主课文主题 2. 利用视频和音频，补充语言学习方法及建议	角色合作体验
		Unit 4 Body Language	10	1. 组织小游戏，让学生以 body language 呈现相关词汇，真实感受肢体语言的重要性 2. 利用视频，了解不同文化中 body language 的不同用法及不同含义，培养跨文化意识	角色体验生成
	Module Three Entertainment	Unit 5 Music	10	1. 课前学生上网收集资料，准备课上分享自己最喜欢的音乐种类 2. 以 my favorite musician 为主题，制作英语小报，并在班级分享评比	合作生成
		Unit 6 Movies	10	1. 让学生对电影片段进行英语配音，还原主课文的第一段，进入“电影特技”主题的真实情境 2. 组织英语辩论，讨论话题“电影数码人物是否可以代替真人演员”	角色合作体验生成

（续表）

学段	教学模块	教学内容	课时	戏剧元素渗透实施	备注
高二上	Module One Food and Drink	Unit 1 Eating around the World	10	1. 课前口语对话：就“饮食与食物”这一主题进行头脑风暴，两两对话 2. 观看“饮食男女”中做中国菜的片段，并让学生结合自身经历，与课文中的美国饮食做对比，比较中西方饮食差异 3. 小组合作与展示：以小组为单位用英文向同学介绍一道菜的做法，其他小组就展示进行点评	合作 体验 生成
		Unit 2 Global Drinks	10	1. 课前搜集关于中国或外国茶的历史，由来，种类等信息，课上交流 2. 观看日本茶道视频，并阅读英国下午茶的来历的短文 3. 情景体验与对话，以小组为单位：假如你是老舍茶馆的服务员，有一个外国人到此来喝茶，但是对于中国茶与茶文化不甚了解，请你向他介绍中国茶与茶文化。（或者你在饭店遇到一个英国人，中英作为饮茶大国，你们彼此都对对方国家茶文化很感兴趣，请互相介绍并谈论彼此的茶文化）向全班进行口语展示	合作 体验 生成
	Module Two Sports	Unit 3 Sports Heroes	10	1. 听有关运动员介绍的听力，体验运动员的角色 2. 与伙伴在日常生活中谈论有关运动的话题 3. 学过课文后，想象自己是文中的某个人物：Rivera，Danny，the audience 或者 referee，用第一人称描述比赛，充分进行角色体验	角色 合作 体验 生成
		Unit 4 Sports Around the World	10	1. 观看杨澜代表中国做申奥最后陈述，体会中国人百年奥运梦实现的喜悦 2. 小组合作：谈论奥运会的比赛项目 3. 利用思维导图梳理课文内容，并以广播台的形式介绍“奥运会的前世今生”	合作 体验 生成

（续表）

学段	教学模块	教学内容	课时	戏剧元素渗透实施	备注
高二上	Module Three Our Earth	Unit 5 Animals	10	1. 收集不同国家为保护动物所采取措施等相关信息 2. 观看动物世界视频，引导学生谈谈对动物的看法，在此基础上，让学生列举一些濒临灭绝或已经灭绝的动物 3. 小组合作，简单描述一种濒危动物，同时讨论并分析该种动物濒临灭绝的原因，然后在课堂上将讨论结果进行展示	角色合作
		Unit 6 The Environment	10	1. 搜集一年内世界范围内有关海洋污染的新闻，在课上进行分享 2. 观看与海洋污染相关的视频（最好是结合每年的时事，如 2018 年 12 月有鲸鱼集体搁浅的事件），分析可能的原因 3. 小组合作：小组成员分别担任记者，沿海居民，沿海工厂相关负责人以及政府官员，"记者"就防止海洋进一步污染进行多方位的采访在采访的基础上，合作完成"三方共同承诺书"	合作体验生成
高二下	Module One Language	Unit 1 Words and Their Stories	10	1. 口语表达；课前布置学生收集自己感兴趣的英语习语，课上分享，并谈一谈对习语的感受 2. 阅读过程中，让学生对课文中的两个习语"eager beaver" 和 "it's in the bag"进行简单的表演 3. 排练表演 Additional Reading: English Proverbs，体验英语习语的文化内涵 4. 选择单元教学过程中学到的你感兴趣的习语，谈谈习语的意思，并结合生活实例谈谈感受	角色体验生成

（续表）

学段	教学模块	教学内容	课时	戏剧元素渗透实施	备注
高二下	Module One Language	Unit 2 Making Speeches	10	1. 观看奥巴马开学演讲后，小组讨论大家观察到的演讲者的身体语言，小组代表分享讨论结果 2. 阅读中，分别对文中介绍的“body language”进行简单表演 3. 布置学生每人准备一小段演讲，演讲过程中必须使用文中涉及的“body language” 4. 概要写作：以一位演讲者写演讲稿的视角，提炼课文内容，写成一篇介绍如何进行成功演讲的演讲稿	合作生成
	Module Two Friendship	Unit 3 On Friendship	10	1. 小组讨论：What is friendship? 分享讨论结果，教师给出维基百科对友谊的解释，深化对友谊的理解 2. 同伴讨论：Why do we need friends? 分享讨论结果，深入理解朋友对于我们的意义 3. 师生问答：Tips on Making Friends. 通过问答，梳理文本信息	合作生成
		Unit 4 Moving Stories	10	1. 课前布置学生准备一个自己与朋友的小故事，上课分享 2. 在课文理解教学的基础上，将课文内容划分成“初相见—快乐时光—灾难来临—无奈分手—再见朋友”几个场景，指导学生表演课文内容（加旁白）	角色合作生成
	Module Three Exploring Nature	Unit 5 Great Scientists	10	1. 课前布置学生查找资料，简单介绍一位科学家的生平，突出介绍这位科学家成功的经验，课上分享 2. 阅读文本，指导学生用第一人称爱因斯坦本人的口气对课文内容复述 3. 故事会：利用网络查找爱因斯坦的小故事，用第一人称讲故事，开一次“爱因斯坦故事会”，角色的带入使学生充分吸收，掌握和运用本文学到的知识，以及介绍的写作方法	合作体验生成

（续表）

学段	教学模块	教学内容	课时	戏剧元素渗透实施	备注
高二下	Module Three Exploring Nature	Unit 6 Amazing Achievements	10	1. 课前布置学生查找一些最新科技成就的新闻，课上分享 2. 在文本阅读的基础上，学生分组活动：记者采访袁隆平，问题和回答以课文内容为基础 3. 小组讨论：What can we learn from 袁隆平？小组代表分享讨论结果，了解并学习这位科学家的工作成就和他为理想不懈奋斗和淡泊名利的优秀品质	合作 体验 生成

表 6－4　物理学科戏剧元素渗透细目表（执笔：徐嘉）

学段	教学单元模块	教学内容	课时数	戏剧元素渗透实施	备注
高一上	直线运动单元	前言；第一章 A 质点位移和时间	2	让学生口头描述从学校到达静安寺的方式，体会位移和路程物理意义的区别，以及引入质点（简化）的必要性 小组合作：解读电子地图中的运动信息	体验 合作
		B 匀速直线运动的图像	2	模仿人人熟知的龟兔赛跑的运动情境，之后学习用口头表达、数学公式、图像描述的 3 种方法来表示一个较复杂的物理过程	体验
		C 快慢变化的运动平均速度和瞬时速度	2	小课题：百米飞人博尔特跑得到底有多快？体育运动视频分解研究	体验 合作
		D 匀变速直线运动	8	1. 戏剧形式呈现《运动学发展史：跨越千年的对话》，带领学生亲历伽利略对落体运动的探索之路 2. 寻找生活中的匀加速运动（汽车启动、苹果自由落体、小车从轨道上滑下），感受匀变速直线运动 3. 体会描述运动的几个物理量的区别	体验 角色

（续表）

学段	教学单元模块	教学内容	课时数	戏剧元素渗透实施	备注
高一上	力学单元	A 生活中常见的力	1	通过小品让学生意识到生活中那些“习以为常”的力。从感性上认识到它们的存在及作用的效果 拔河比赛获胜的秘诀是什么？（提供绳子、橡胶地垫、滑板等）让学生在分组研究中感受生活中常见的力，在拔河运动中分别起的作用，并分享感受	体验生成
	牛顿运动定律单元	A 牛顿第一定律	2	戏剧形式呈现“智慧碰撞，真理方现”，让亚里士多德、伽利略、牛顿打破时空界限，在当下时空里发生强烈戏剧（思想）冲突，在戏剧的进程中引发思考，在实验的基础上，透过现象看本质——牛顿第一定律 学生演示（口头表述）生活中的一些与惯性有关的现象，如锤头松了、公交车启动/刹车、走路摔跤等，并学习如何利用惯性定律与解释	体验角色
		B 牛顿第二定律	4	视频体验：赛车场上的那些事 小组讨论：每个不同的车队如何提升起步速度？如何获得更大的加速度？赛车中有哪些安全装置？它们是如何发挥作用的？赛车的演变历史中有哪些重大突破？ 旁征博引：搭载着“嫦娥四号”探测器升空的中国“长征三号乙”运载火箭，在升空过程中有哪些变化？为什么需要火箭助推器，火箭一级、二级等推进装置？每组一个发言人（组员从不同方面补充）	体验合作
		C 牛顿第三定律	3	实验演示：先在水平桌面铺上一排小玻璃管（减小摩擦力），然后在玻璃管上面铺一张轻质的硬纸片，在纸片上面放置一个小型电风扇。当开动电风扇的时候，扇页会带动附近的空气使空气由静止变为运动形成风，同时电风扇也在向后移动。引导学生感受力的作用是相互的 “鸡蛋碰石头”“集体拔河”“火箭上天”等生活实例，分析其中蕴含的物理规律	体验

（续表）

学段	教学单元模块	教学内容	课时数	戏剧元素渗透实施	备注
高一下	机械能单元	D 重力势能	2	设计“危险的花盆”情景剧，通过戏剧形式让学生感受重力势能的概念。并通过演剧关注生活中细节，提高安全意识和社会责任感	体验角色
		F 机械能守恒定律	3	设计“碰鼻”小游戏、“能量穿梭机”等情景游戏	体验
	分子和气体定律单元	B 气体的压强与体积的关系	2	创设物理情境，利用“吹不大的气球”小游戏激发学生兴趣，并通过学习本节内容来顺利解决困惑	体验生成
高二上	磁场单元	B 磁场对电流的作用左手定则	2	探究磁场方向的表达方法小游戏，体验空间方位的几何关系	体验
高二下	电磁感应单元	A 电磁感应现象	1	“克拉顿错失大发现”情景剧	体验角色
		B 感应电流的方向右手定则	1	跳“绳”生电小游戏	体验生成
	物质的微观结构单元	A 原子核式结构	1	卢瑟福的发现情景剧，学生活动模拟 α 粒子的散射实验及两种原子模型	体验角色
		D 重核裂变链式反应	1	核能利用之争大讨论：全班分为两派（安全派和危险派）利用搜索到的资料来分别阐述自己的观点，在辩证中达到统一	合作生成
	宇宙单元	A 万有引力定律	1	“牛顿与苹果——万有引力的发现”情景剧	体验角色

表 6-5　政治学科戏剧元素渗透细目表（执笔：邢永芹、金鸽）

学段	教学单元	教学内容	课时数	戏剧元素渗透实施	备注
高一上	发展经济改善生活单元	社会经济活动的4个环节 A；生产的基本要素 A；国内生产总值的含义 A；生产力与生产关系的辩证关系 B；社会主义生产目的的实现 B；新的经济发展方式的形成 C	8	模拟创办公司，让学生体验并概括生产的基本要素 小组合作：收集国民经济发展的相关数据并制作图表，分析经济现象 角色研讨：东中西部联席会或长三角一体化会议——上海作为发达城市，可以用哪些方式支持和服务中西部发展？	角色体验合作
	产业发展劳动就业单元	社会生产的三大产业及其地位 A；劳动者的权利和义务 A；现代产业发展趋势及其对就业结构的影响 B；劳动者依法维权的基本途径 B；正确看待择业、就业和创业，树立正确的择业观 C	7	小组合作：收集上海产业结构变化发展的相关数据并制作图表，来分析经济现象 小组合作：查阅并分析劳动合同文本，增强参与社会生活的实践能力 小品表演："打工奇遇记"，研讨劳动者合法权益的相关案例，并设计劳动者维权方案 演讲：以"未来职业理想与当前的准备"为主题，尝试规划未来职业并分享感受	角色体验合作生成
	合理消费依法维权单元	恩格尔定律和恩格尔系数 A；消费者依法享有的权利 A；消费与生产的关系 B；影响生活质量的因素 B；培养理性的消费行为 B；解决消费争议的途径 B	7	小组合作：收集上海城市居民家庭平均消费支出统计数据并制作图表，计算恩格尔系数，感受其变化趋势并分析原因 社会调查：以"幸福生活"为主题设计调查表，比较身边几类人群在消费项目、消费心理、消费行为上的差异，探讨家庭生活提高幸福指数的途径 角色研讨：以"3·15"晚会典型案例等为背景材料，政府部门、消防委、企业、消费者成为角色扮演对象，多角度探讨如何让消费更美好	角色体验合作

（续表）

学段	教学单元	教学内容	课时数	戏剧元素渗透实施	备注
高一下	市场调节宏观调控单元	资源配置的基本方式 A；市场经济的含义 A；市场运作的机制 B；宏观调控的目标和手段 B；社会主义市场经济的法律保障和道德建设 C	8	短剧表演："小小一部手机"，围绕手机市场的竞争感受市场运作的机制 小品表演："买房记"，围绕房价的涨跌，理解宏观调控的目标和政府调控手段作用的过程	体验合作
高二上	把握联系促进发展单元	联系的含义 A；发展的含义 A；联系的特征 B；事物的因果联系 B；整体和部分的辩证关系 B；量变与质变的辩证关系 B；发展是前进性和曲折性的统一 B；运用联系的观点和发展的观点观察社会现象 C	8	模拟"一带一路"元首理事会，演绎各国之间相互影响、相互制约、相互作用的关系，引导学生用联系的观点看问题 小组合作：查找一带一路合作过程中取得的最新成果 合唱：《我和我的祖国》，体悟个人和国家这一对部分和整体的关系	角色体验合作生成
	注重实践寻求真知单元	实践的含义 A；实践的基本特征和基本形式 A；感性认识和理性认识的含义 A；认识过程的"两次飞跃" B；实践对认识的决定作用 B；认识发展的反复性和无限性 B；尊重实践，尊重群众 C	7	角色扮演：学生分别扮演苹果手机的设计师、苹果手机用户和哲学家，探究实践和认识的辩证关系 小组合作：查找能够体现人民群众是物质财富创造者，人民群众是精神财富创造者，人民群众是社会变革的决定力量的事例	合作体验生成
	探求价值繁荣文化单元	价值观的含义 A；价值观的导向作用 B；价值判断与选择 B；文化的作用 B；弘扬中华优秀传统文化和民族精神 B；培育和践行社会主义核心价值观 C	6	小组讨论：老人摔倒，扶是不扶（可以考虑法律、法治、道德、德治、市场经济、价值观等角度） 辩论赛："管好共享单车，政府责任与公民责任谁更大"。引导辩论赛最后设"立场互换"环节，让学生明白管好共享单车，其实政府和公民都有责任；特别引导学生思考公民的价值观的规范和导向作用 微剧表演：《各言尔志》，我看师徒三人的价值观，评析文化现象	合作体验生成

（续表）

学段	教学单元	教学内容	课时数	戏剧元素渗透实施	备注
高二下	民主政治依法治国单元	依法治国的科学内涵A；社会主义法制建设的基本要求A；民主是社会主义的基本特征和重要目标B；依法治国要与以德治国相结合B；社会主义政治文明建设的根本要求B；依法治国是党领导人民治理国家的基本方略C	6	新闻播报：近期法治新闻播报，引导学生了解社会主义法制建设的进程 小组合作：查找社会主义法制建设基本要求的事例进行分享 小组讨论：法治、德治、人治的区别和联系	角色合作体验生成
	拓展单元：政治参与	公民政治参与的含义A；程序民主的内涵A；协商民主的内涵A；我国基层群众自治制度体系B；公民有序政治参与的主要途径B；增强民主意识，提高政治参与能力C	8	模拟地铁票价调整听证会，让学生体验依法参与民主决策的过程，增强民主意识 举行班级辩论会“网络反腐怎样做到趋利避害”，让学生体验依法参与民主监督的过程，提高政治参与能力 小组合作：查阅本月上海政务信息公开的内容，选择一两件政府决策写出评论或建议，进一步增强政治参与能力	体验合作

三、反思课堂，提高“戏剧元素渗透”能力

我校为推进基础学科教学中应用戏剧教育法的教学方式，进行了多次集中开课，13门基础学科的22位教师参与开课，全校教师参与听课研讨，反思交流。教师们通过开课研讨反思的形式，对教学方式的改变有了新的认识，对于戏剧技巧在教学中的应用更加有的放矢。

教学方式的改变使整个教学结构发生了多样性的变化，课堂的有效性得到

进一步的加强。教学反思是课堂教学的一个重要环节,不但可以提升自己的业务水平与专业素养,还可以使诸多有利于课堂教学的方法、手段得以有效发挥,从而弥补课堂教学中的不足。美国学者波斯纳也曾经说过:“经验+反思=成长。”由此可见,教学反思是促进教师专业成长的杠杆。课后反思能弥补课堂教学过程中的不足,使课堂教学不断优化成熟。课后反思之所以放在课后进行,主要原因就在于回味,也就是回忆课堂的整个过程。此时,教师可以把课堂上的一切有利于学生合作学习、自主活动的展开等采用的一系列的戏剧技巧进行回味,归纳总结、讨论,便于今后教学时借鉴使用,也可以在此基础上进行不断完善。如:在课堂教学中,没有照顾到学困生、合作学习没有达到实效、对学生的评价语不够恰当、没有及时解决学生的提问、探究性学习不够到位等问题,教师应在课后及时记录下来,并对这些问题作深刻的剖析,为今后进一步的改进做充分准备。只有反思,教师才会不断地剖析自己在课堂教学中的优缺点,细致地、冷静地加以推敲,具体地对于某一教学环节中学生的质疑,甚至某一个辩论回合展开思考。在反思中已有的经验得以积累转化成为下一步教学前进的动力,这种驾驭课堂教学的能力将日益形成。

(一)反思1:《长亭送别》入戏很深

授课者:马高群(语文)

反思评价者:陆经纬(语文)

马高群老师的课从导入开始就能够从学生的学情出发,从校园生活入手,调动起他们的学习兴趣,非常有吸引力。整堂课围绕女主人公的人物形象展开,通过分组、讨论、合作、生成的形式,深入文本,进行文本细读,这一设计很有“戏”。

首先,从设计理念上来看,本堂课虽然做到了“戏剧”元素进入基础课堂,并且也刻意回避了谈“戏”必演的模式,但是具体的问题还是要具体分析。《长亭送别》从体裁上来讲,本身就是戏曲剧本,刻意回避“演”,仅从文本角度去揣摩人物形象,似乎与作品本身有所背离。

其次,马老师给每个小组安排了学生在组内要承担的“角色”,继而希望他们能够在讨论中“说戏”,这样,学生在本堂课上的角色定位就变得模糊起来。

他们怎么在40分钟里一人分饰多角，既是“导演”，又是“演员”，同时又是马老师的“学生”。不同身份的人看待剧本，思考的角度是不同的。这样一来，学生在小组中的思维是混乱的，在最后就很难明白教师的意图。所以整个讨论的过程就变得意味不明起来。最终，只能看到马老师带着无奈自己解读起了课文，失去了原先安排学生进行讨论的意义。

再次，戏曲剧本与话剧剧本不同。戏曲的演绎方式也与西方的戏剧不同。话剧剧本的台词讲求的“行动”性，戏曲的唱词则是诗性的、民俗性的、写意的；话剧的传统演绎是真听、真看、真感受的，而戏曲是另一种表演体系，是程式化的。因此，在关注分析人物形象之前，应先引导学生更多地先关注语言形式，即文本特点（元杂剧的语言特点），然后通过语言再去分析人物。人物形象所涉及的人物心理感受是随着情节的发展而发展的，所以比起让学生自己四处寻找重点的语句，应有意识地先引导他们回到人物背景、事件发展的经过，从情感的逻辑角度出发，去剖析形象，可能更利于学生理解，层次也会更鲜明，人物形象也会更丰满。

最后，应给学生体验角色的机会。即使不用演的方式，也可以考虑“读”的方法，这样学生对课文的语言美、人物形象的把握也能更到位。

（二）反思2:以戏剧促进理解

授课者：毛云娇（生命科学）

反思评价者：胡志刚（数学）

周五下午听了毛云娇老师一节生物课“病毒与人类”，毛老师上课思路清晰，讲解清楚，尤其是课堂设计，可谓天马行空，将课堂内容与戏剧元素有机结合起来，让人印象深刻。生物是我读高中时期比较头疼的一门课，因为这门课里面专有名词很多，又长又难记，还难理解。在这节课中，为了让学生更好地理解生物中的专有名词和知识点，毛老师首先设计了一个情节，让学生通过音像资料，介绍了病毒的相关知识和艾滋病病毒，非常清晰、明了；然后又设计了一个喜剧小品，让学生上台表演，演示病毒之间的相互作用关系，使得台下的同学看得津津有味，冲淡了抽象概念带来的理解上的难度，其中的趣味性让学生的心思深入其中，带来了很好的效果。专家王老师也对毛老师的课进行了肯定，觉得这种课让人耳目一新。不过,还是有许多可以改进的地方,我听了一下子恍然大悟,觉得为我以后的教学射进来了一缕阳光。我们的教学很多时候是站在自己的立场上,为学生设计一个个环节,让学生解答我们为学生提出的问题;而王老师要求我们重点关注学生,关注学生的问题。所以王老师提出一个建议,建议毛老师在让学生看过小品后,不要就这样放过去了,而是转过来关注下面观看学生的想法,问问他们看懂了没有,有没有什么问题?如果学生提不出问题,还可以进行引导学生,进一步的理解概念。在学生都解决了自己的疑惑后,可以提出如何修改小品能更好地反映课内知识点,然后再进行第二次演出,加深理解。教学不是为了让学生解答我们的问题,而是我们来解决学生的问题,解答他们的疑问。在碰到重要的关键词的时候,教师要表现得有张力,可以用自己的肢体语言或者其他方式,让学生加深对关键词的印象,加深对关键词的理解。戏剧元素的渗透,我们教师一样可以参与进去。科学与艺术不是分割开的,如果能有机地结合到一起,对我们的教学和学生的学习,都可以起到意想不到的作用!

（三）反思3:应学生而动,应情境而变

上课者:魏丽娟(历史教师)

反思评价者:许庄(地理教师)

美国教学专家梅里尔曾提出,教学应以学生为本,从学生实际出发,时刻关注学生。2017学年第二学期3月30日下午15:00,魏丽娟老师开设了本学期“以学科渗透戏剧元素为主题”的第一次公开教学研讨课,正如她以往的公开课一样精彩,应学生而动,应情境而变,给我留下深刻印象。

首先,本节课充分体现了历史学科中戏剧艺术元素的渗透。在教学中,魏老师介绍美国和苏联第二次世界大战后国家实力状况后,学生充分理解了美国拥有世界最强的经济实力,苏联拥有强大的政治与军事实力。在此基础上,让学生分角色体验美国和苏联的国家利益和战略目标,为下一步学习冷战序幕的学习做了铺垫。

其次,本节课教学思路非常清晰,从丘吉尔讲演作为导入到铁幕演讲作为冷战序幕,冷战开始到高潮。以及在冷战中开展的政治战争、经济战争、文化战争等，用思维导图一一展现，这样做不仅在教学过程中学习理解清晰，而且课后在学生的复习中也非常便利，能让学生快速地抓住本节课框架脉络和主要知识点，做到事半功倍。这也促使我今后在教学中向魏老师学习，通过思维导图等形式，教学生把知识框架搭起来。

再次，本节课贯彻了历史学科论从史出、时空思维等多个历史学科核心素养。在教学中，不是单一灌输历史知识，而是通过一系列的历史史实资料，学生通过阅读史实资料推导出结论。在此过程中，不仅加强了对学生在历史学科核心素养方面的培养，而且学生的思维和语言表达都得到了锻炼。

最后，本节课信息量很大，图片资料和文字资料都非常丰富，在一节课中学生能获取更大的信息量，而且图文翔实，一些漫画不仅有意义，能反映教学内容，还能引发幽默，带动课堂气氛，不失是一种明智的选择。这一点，我做得非常不够，主要是知识点讲解比较多，会让学生觉得要背诵的内容多，而且知识点无趣，逐渐失去学习兴趣。今后在地理教学中，应多展示一些地理漫画或者图片资料，还可以通过地理时事或地理故事等方式，吸引学生的兴趣，加深学生对知识点的理解。

（四）反思4："经济常识"也可以有"戏剧味"

授课者：肖英（政治）

反思评价者：王琨（历史）

我有幸来到高一（5）班听了肖英校长开设的一节教学研讨课，这节公开课让在座的每一位听课教师都有所获益，深感钦佩。

肖校长是教政治学科的，而高一年级政治学科的主要教学内容则是"经济常识"。然而，这对高一学生来说是比较难的。但是，就是这样一节"对学生来说比较难的"政治课却成功达成了课前预设的教学目标，充分调动起学生课堂参与的积极性，赢得了听课教师们的一致好评。肖校长的这节公开课之所以大获成功，其中的奥秘在于，她能够整堂课牢牢把握住预设的两个教学目标。一是通过对不同类型图表题的解析，锻炼学生理性思维，培养学生建构思维模型，提高学生逻辑推理能力。二是通过解决难易程度不同的问题，锻炼学生实际解题能力，规范学生答题步骤，提高学生缜密思考问题的能力。

首先,对于学生逻辑思维的训练,肖校长严格遵循从具象到抽象的一般规律,先是以两张充满数据信息的图表调动起学生回答问题的积极性。图三是经济学中有名的《环境库兹涅茨曲线图》。肖校长选择该图作为例题最大的妙处就在于,它同图一、图二相比,图中的具体数据信息几近于无,但是根据图中的坐标轴文字、直线、曲线走势和相交的拐点又能够反映一定的信息。这就较适当地让学生从具象的图表认识上升到了一个新的高度——抽象的图表认识。图四是经济学中著名的《菲利普斯曲线图》。菲利普斯曲线是用来表示失业与通货膨胀之间交替关系的曲线。当通货膨胀率高时,失业率低;当通货膨胀率低时,失业率高。肖校长在没有解释菲利普斯曲线定义的前提下,大胆地让学生先上台试着画一下通胀率与失业率的关系。乍一看,好像有些为难学生了。这一环节的设计其实最能考验与提升学生的逻辑思维。学生在不知晓菲利普斯曲线定义的情况下,要试着去推理、分析图中通胀率与失业率的关系。在得出基本结论后,还要把它进一步用图像形式表示,这既锻炼了学生的逻辑推理能力,又巩固了上一题刚训练的图文转换能力,真可谓"一箭双雕"。当学生在教师的启发下画出曲线时,如果肖校长能够再进一步对通胀率与失业率之所以成反比的原因做解释的话,那么我想这一环节的教学效果可能会更出色。

肖校长这节公开课另一个令我印象深刻的地方在于,十分注重对学生答题思路和规范的指导。从图一到图四,我们可以明显感受到肖校长的习题设计颇具匠心,有层次梯度,先易后难,循序渐进,符合学生认识事物的普遍规律。正像她在最后小结时所说:"多角度题要认真思考,并用已有的知识储备按角度作答。"这一点相当重要!我们历史学科的许多问答题其实也应该采用这一方式回答。社会学科的知识内容有很多是相通的,同样答题方法也有很多是可以相互借鉴的。肖校长通过一道看似平常的图表题给高一学生种下一颗规范答题的优质种子,经过3年各门学科教师通力协作,持续不断地悉心栽培、精心"施肥",学生们这颗规范答题的优质种子一定能够开花结果,喜获丰收。

第二节 戏剧技巧融入传统课堂,提升课程品质

2018 年是教学改革三十周年,课程改革的突破口是教学方式的变革。我校通过角色扮演、教师入戏、建构空间、时空转换等戏剧技巧,改变传统教学的认知方式,使学生从单一的书中学转化为既有书中学,又有在实践中直接获得经验的做中学。在教学方式的活动方式上,包含的内容较广,如阅读、游戏、表达、讨论等等。我校把戏剧技巧中的思路追踪、戏剧游戏和论坛剧场应用于非艺术基础课程的教学,使教学方式中的活动方式更加丰富。教学方式的变革给课堂注入了全新活力,增强了课堂教学的有效性,提升了课程品质,学生的核心素养也因而得到更大的提高。

一、建构空间,重现角色情境

学生的核心素养是在特定情境中表现出来的知识、能力和态度,通过合适的情境才有利于学生感悟和形成。设计角色情境的目的是启发学生思考,设计情境的根基是内容的本质。情境可以分为熟悉的情境、关联的情境和综合的情境。情境的创设为核心素养的达成起到了积极的作用,而通过建构空间的戏剧技巧则把情境创设得更加完美,更加有利于核心素养的提升。

教案一:“椭圆及其标准方程”

设计者:司丙梅

(一) 教学情况分析

“椭圆及其标准方程”是运用代数方法(坐标法)研究具体曲线的几何性质,一方面,它是进一步研究椭圆几何性质的基础;另一方面,它为后续研究双曲线、抛物线具有一定的启发作用;本节课具有承上启下的作用,同时在教学方法上也为后续的圆锥曲线奠定基础,所以“椭圆及其标准方程”的内容在圆锥曲线中占据着重要的作用。在本节课之前,学生已经学习了直线方程、曲线方程及圆等的相关知识,对解析法有一定的了解,并且对相关内容具有一定的认知性。同时艺术专业特长的学生在数学学习方面,基础相对较弱,抽象理解能力

不强，形象思维较好。

（二）教学流程（见图6－1）

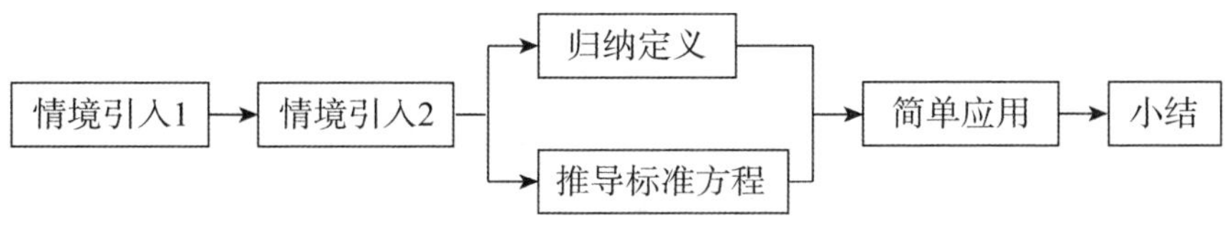

图6－1 教学流程

（三）教学片段（戏剧教育技巧应用）

情境1 首先观察屏幕上这些图片（见图6－2）

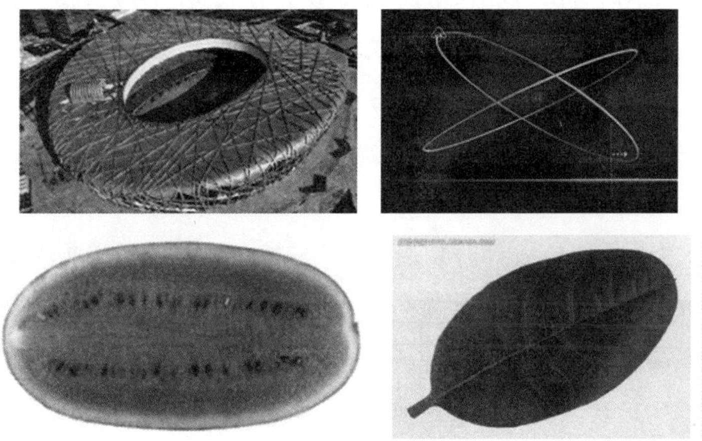

图6－2 教学片段

设计意图：通过对这些图形的感知，初步了解椭圆的形态及其在自然界、科技与建筑中都存在，让学生初步了解椭圆在生活与科技中的应用，以此来暗示学生学习椭圆的实际意义。

情境2 让学生在一张白纸上画一个以 F_1 为圆心，$2a$ 为半径的定圆。按以下操作：

第一步，取圆内一点 F_2（不同于 F_1）（见图6－3）；

第二步，任取圆上一点 P_1，然后将纸片对折，使点 P_1 与点 F_2 重合，再将纸片展开，用虚线描出折痕 l_1（见图6－4）；

第三步，连接 P_1F_1，交直线 l_1 于点 M_1（见图6－5）；

第四步，参照第二、三步，再任意取点 P_2、P_3、P_4……，并相应地找出点 M_2、

M_3、M_4……；

第五步，用光滑的曲线将点 M_1、M_2、M_3、M_4……连接起来，得到一个封闭图形。

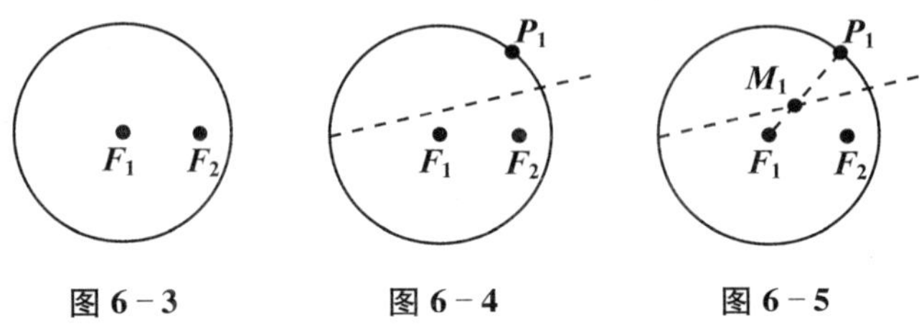

图 6－3　　图 6－4　　图 6－5

问题 1：在不断折纸的过程中发现图形上的点 M_t（$i=1,2,3,\cdots$）与两定点 F_1、F_2 的距离和（$M_iF_1+M_iF_2$）有什么规律？

问题 2：图形上是否存在点 M_i（$i=1,2,3\cdots$）满足 $M_iF_1+M_iF_2>2a$ 或 $M_iF_1<2a$？说出图形上所有点满足的条件及满足 $M_iF_1+M_iF_2>2a$ 或 $M_iF_1+M_iF_2<2a$ 时点 M_i 所构成的图形。

设计意图在所建构的空间基础上，完成由形象到抽象的思维转换，再进行思路追踪，让学生自主探究出椭圆的定义。这一过程体现了戏剧教育中的建构空间的思维、抽象与形象的时空转换思想，同时也可以帮助学生理解“用数学的眼光观察世界，用数学的语言表达世界”的观点。根据学生形象思维能力相对较强的特点，在对椭圆的定义理解上，通过折纸艺术借鉴戏剧元素中建构空间的方式方法进行形象的思路追踪。通过形象的感知，让学生体验折纸游戏背后所隐藏的数学知识，在建构的空间基础上完成由形象到抽象的思维转换。

教案二：“自我　自信”

设计者：陆婷

（一）教学情况分析

《触摸心世界》是《高中心理健康自助手册》第八课的内容，属于专题三“自我　自信”的第一课。高中阶段如何运用积极的自我意象学会认识多面的自己，接纳不完美的个体；解决认同与认同混淆的冲突，成为有个性的个体，是高中生面对的课题。作为本专题的第一课，主要引导学生认识自我，积极发现自己的多面性，意识到自己优缺点并存，看到自己的特长和潜质。

关于自我的内容,学生并不陌生。对于高一学生来讲,处于青春期自我同一性和角色混乱的冲突时期,不少同学因为对自己某些方面不满意而心生烦恼,有同学在与别人相处中发生龃龉,看似大相径庭问题的背后却有着共同的诉求与原因——那就是自我。

本课的教学中教师打算运用“建构空间”“思路追踪”“论坛剧场”的戏剧技巧,围绕认识自我接纳自我设计教学环节,通过戏剧元素渗透提高教学的有效性,尽可能增加他们自我探索的机会,创设情境,帮助学生充分了解自己,感受多面的自己,丰富的自己;在设置的情境中切换,让学生感悟到每个人在不同的人前面、不同情境下会有不同的表现,全面接纳自己才能真正完善和发展自我。

(二) 教学流程(见图6-6)

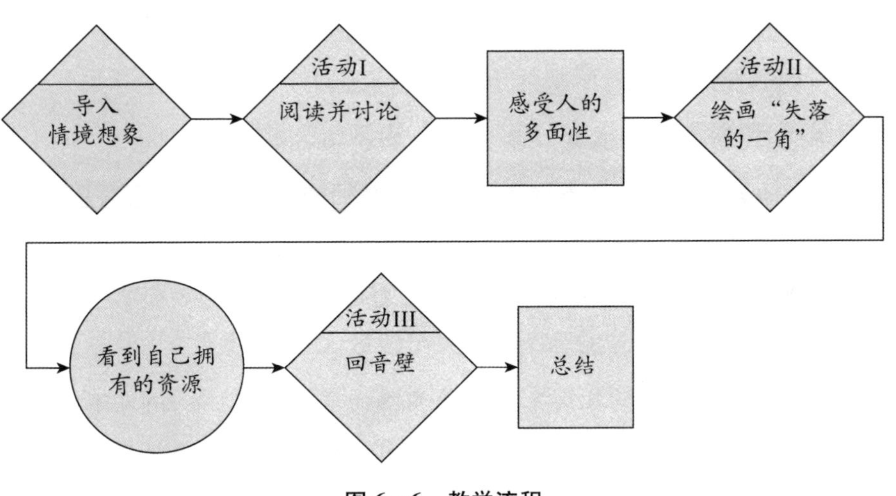

图6-6 教学流程

(三) 教学片段(戏剧教育技巧运用)

活动1 “雕塑”活动(戏剧教育技巧之建构空间)

先做个简单“热身”,让学生放松呼吸,教师引导学生调动投入状态,全员参与,自由表达。分4组,4~6人一组,组长领任务。要求为:以任务单上内容为线索,成员合作,通过定格来塑造一个有故事的场景。没有既定剧本,剧情由学生自己构建。引用台湾作家蔡银娟绘本《我的32张脸孔》的图文做剧本。“我的身体就像装了一个隐形的水龙头,把许多心事都紧紧地锁在胸口”“在我父母面前，我却成了茶来伸手饭来张口、任性、娇纵、沉默寡言的怪婴”……“明明自己考得不错，却还是万分焦虑，频频打电话给同学抱怨自己考得很差”。学生演示，教师拍下关键照片，可以在屏幕上呈现。选择一幅最有故事的雕塑演绎出一个3分钟的故事片段。

活动2 “焦点访谈”（戏剧教育技巧之论坛剧场）

将剧中人物安排到“热椅”上成焦点访谈人物，参与者以自己或角色身份质询或访问这个焦点人物“你的感受是什么，发生了什么事情”。最后是反思活动，从戏剧中抽身而出，进行评论、反思：这些剧本能不能发生在一个人身上，引发学生层层深入探讨有这么多脸孔的“我”，是多重人格，是否虚伪，是否是奇怪的人，最终意识到每个人都是丰富的个体，人有多面性。

教案三：“global drinks”

设计者：孙蔚

（一） 教学情况分析

本单元是“新世纪英语高二年级第一学期 Module One, Unit 2”的教学内容。本单元的各项活动和任务都是围绕着茶作为全球饮品这一主题展开，不仅介绍了中国悠久的茶文化以及饮茶对人体所带来的好处，还介绍了英国和日本的饮茶方法和礼仪。另外，还对英国的酒吧文化以及各种时尚饮品也做了简单介绍。

如今的学生对于茶的理解可能就是网红的喜茶、脏脏茶，所以不管是中国和英国的悠久的茶文化还是日本闻名于世的茶道，对于他们来说还是比较陌生的，所以要达到理想的教学效果，前期的引入和铺垫很重要，而合适的情境创设就更为重要。这样才能在教学的过程中不断激发学生的兴趣和交流欲望，使他们更积极地参与到整个活动中。

为了使整体教学更加有效，教师打算运用戏剧教育技巧中的“建构空间”，使学生能“身临其境”，以此激发学生主动交流表达的目的，从而最终达到对中国及英国茶文化的了解。在此过程中，学生进一步发展语言意识和英语语感，掌握英语语言知识并在语境中整合性运用所学知识，有效地使用英语传递意义和进行人际交流，从而使语言能力得到一定提升；同样，学生在获得文化知识、理解文化内涵的同时，学会了比较文化异同，吸收了文化精华，具备了一定的跨文化沟通和传播中华优秀文化的能力。

（二）教学流程（见图6-7）

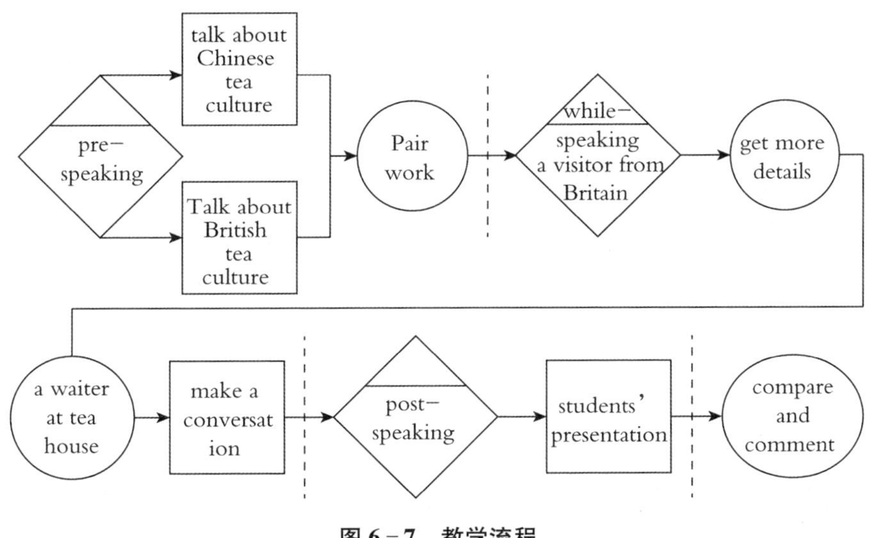

图6-7 教学流程

（三）教学片段（戏剧教育技巧运用）

在“while-speaking”环节，为了能让学生能有更多的内容表述，也为了帮助他们能够更流畅地表达，教师构建一个虚拟的“老舍茶馆”。给这个虚拟空间取名“老舍茶馆”，有以下几方面的考虑：①老舍是中国著名的现代作家，学生对他比较熟悉，而《茶馆》又是大家耳熟能详的一部作品。②老舍笔下的“茶馆”揭示了从晚清到抗战胜利近半个世纪中国社会的黑暗腐败、光怪陆离，以及在这个社会中的芸芸众生，所以，有“国人”和“洋人”互相交流的可能性。③老舍笔下的“茶馆”是一个可以喝茶聊天的地方，一个可以商议事情、调解矛盾的地方，更是一个发现新鲜事、获取新闻的地方，可以说，当时的茶馆是一个文化交流的重要场所。基于以上几点，教师认为构建“老舍茶馆”这样一个虚拟空间是再合适不过的了。在学生准备对话及上台演示的过程当中，教师可以准备一些当时茶馆的图片作为背景布置，并配以一些堂倌小哥的吆喝声。在这样一个空间中，学生运用想象力，努力还原“老舍时代”的茶馆文化。在此“虚拟空间”，学生尽力表述中国茶文化的盛行及对西方国家的影响，通过片段扮演来重现角色的生活空间。

构建空间技巧的应用，使学生在认知抽象概念上更加形象和立体。教师在应用构建空间的戏剧技巧时，使学生的学习乐趣更高，参与达成目标的效率更高。在“椭圆及其标准方程”中，椭圆的定义理解，可以通过折纸艺术借鉴戏剧元素中构建空间的方式进行形象的思路追踪，通过形象地感知，在建构的空间基础上，完成由形象到抽象的思维转换。《自我　自信》这节课中，教师通过构建空间的技巧，使学生在认识自我后，能够更加自信，体会认知深刻。“global drinks”这节课，通过构建老舍茶馆的空间，使学生的想象力更加丰实，体会用外国语言表达中国文化的独特魅力。

二、戏剧游戏，丰富角色体验

戏剧游戏的重点是互动。通过戏剧游戏的合理设置，以及教师的“入戏”引领，让学生在角色体验中更自然地融入课堂，参与课堂。比如，在课堂开始阶段，可以进行一些热身游戏、想象力游戏，激发学生兴趣，让学生迅速进入学科学习需要的理想状态；在教学的过程中，可以通过比赛游戏、故事游戏等，让学生更投入到学科学习中，提升思维品质，达成更高阶的教学目的。

教案一：“生涯与职业”

设计者：徐越蕾

教学情况分析

“生涯与职业”这节课是《高中生心理健康自助手册》专题八《生涯展望》的第一节课。“生涯展望”这一专题采用戏剧元素渗透的方式，能够将生涯信息、选择与决策更好地让学生进行运用和操作，体验属于不同职业角色的发展过程，在合作中生成属于自己的生涯感悟。核心任务是进行初步的生涯探索，了解生涯发展的观点和不同阶段的循环发展任务，并意识到生涯发展与职业、工作等的紧密关系。

由于学生对于职场从未接触过，会存在陌生感和不知道该如何进行联想、分析的情况，因此训练学生归纳出相关信息，进行合理的逻辑推理，有一定的难度。通过在教学中渗透戏剧元素，由易到难巧妙设计教学环节，并充分引导、激发，学生会主动去探索，并在探索中收获生涯发展的知识和理念。

在本课程中，运用“角色扮演”“戏剧游戏”“教师入戏”等戏剧教育技巧，让正处于初步建立生涯目标的学生，有一定的职业探索。从自我效能感、职业发展期望、职业发展阻碍为入手点，在创设的情境下，通过戏剧游戏的形式，用合作交流和问题解决的方式获取生涯决策的方法。感知在社会生活中职业发展存在的困惑，并尝试解决这些问题。形成对于未来世界的自主发展意识，发展成为有明确人生方向，推动社会发展进步，发展成为有理想信念、敢于担当的人。

（二）教学流程（见图6－8）

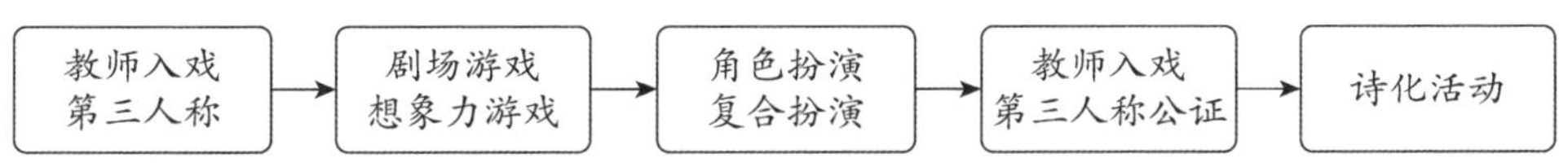

图6－8　教学流程

（三）教学片段（戏剧教育技巧运用）

剧场游戏（想象力游戏）——小A的线索？

在所有的情境创设之后，我们总希望学生能够有符合实际的逻辑推理。这需要我们从素材方面着手。但拿到素材之后，我们学生面对较为陌生的职业发展问题时，能不能很好地展开联想，将素材背后的内容合理化？因此，在第一环节就要进行想象力游戏活动。通过对已知素材“头脑风暴”，构思一个合理化的故事，请每小组根据手里拿到的材料，制作一份寻人启事海报，为小A拼凑出一个故事，包含职业、性别、性格等人物形象，进行交流。这样可以帮助学生进入小A的职场故事，并在逻辑推理上更具体和准确。在想象力游戏中，关注学生们在合作中的“头脑风暴”，引导学生展开想象，对人物合理化。在探讨和设计小A的困扰的同时，更是通过游戏提升学生直面问题和挫折的自我效能感。

教案二："正手攻球"

设计者：程时根

（一）教学情况分析

乒乓球正手攻球，是高一体育专项化"乒乓球"第八单元的第二次课，本单元前一节学习了反手推挡的基本技术，在本节课进一步学习正手攻球。本次课的重点是，攻球时引拍击球与击球后的随前动作，练习时力争每次击球挥拍到左额，动作相对稳定，击球后手臂要迅速还原。

左推右攻技术虽然是基本技术，但是对于初学者来说，还是有一定难度的，因此在初学的时候，教学时可以不过分强调击球速度与力度，同时可以采用学生的不同角色扮演与合作探究式学练，增强学生实践体验，还可以通过戏剧游戏的技巧来创设教学情境，提高学生的学习兴趣与热情，从而提高教学效果。

在本次课教学中，以设置疑问进行导入，通过问题的讨论引入"正手攻球"技术。比如"正手攻球"与"挡球"有什么区别？通过体验式教学，让学生在角色体验中了解如何进行攻球。教师还将运用戏剧游戏的方法，创设击球打墙靶、击打吊线球等游戏教学，让学生较好地掌握乒乓球正手攻球技术，提高学生的快速反应能力及身体协调性，培养学生良好的意志品质以及对乒乓球的热爱。

（二）教学流程（见图6－9）

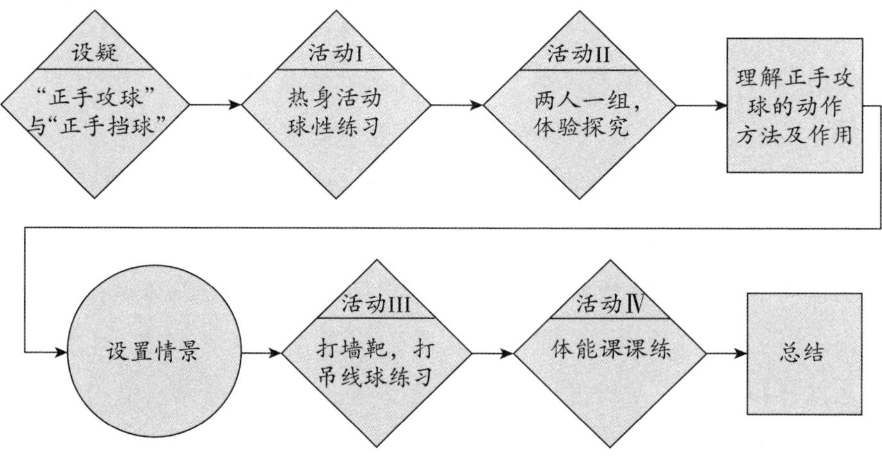

图6－9　教学流程

（三）教学片段（戏剧教育技巧运用）

活动Ⅰ戏剧游戏形式的热身活动：比如采用“眼疾手快”的设计，让学生在跑动中接同伴迎面抛来的球，这样既可以锻炼学生的综合素质，又能够发展学生的专项技能，在趣味中提高学习的效果。

活动Ⅱ通过学生角色扮演的体验探究，分组学练。学生两人一小组，小组合作分别扮演送球手和攻球手，送球手以较稳定的送球，把球送到攻球球台端的右侧，攻球手准确判断来球随后攻球，力争每次击球动作相对稳定，击球后手臂要迅速还原到体侧。

活动Ⅲ设置戏剧游戏情景：教师按学生水平合理分组，组织学生攻墙打靶挑战赛。比赛时，在墙上画圆形靶，学生每次对着靶心攻球，比一比小组队员在规定次数里，累计击中靶心位置的次数，次数多的小组为优胜组。

教案三：“气压与风”

设计者：肖梦馨

（一）教学情况分析

“气压与风”是高一地理第三篇专题9“行星风系”的第一部分。在教学内容中，“影响气压高低的因素”对后续理解大气运动的基本过程非常重要，“热力环流的形成过程”又是后续大气环流教学的基础，“海陆风”的内容则为学习下一专题中有关季风的成因进行铺垫。因此，对培养学生的人地协调观和地理实践力等地理核心素养都起到积极作用。

高一学生思维比较活跃，具有一定的逻辑推理能力、问题探究能力，通过前面对于大气组成和垂直分层的学习，学生基本能够理解大气的垂直对流运动，所以大多数同学对于大气的水平运动接受性较高。风的形成对于学生来说并不陌生，从学生比较熟悉的生活现象入手，激起他们对地理学习的兴趣和热情。

热力环流的应用部分理论性强，不易理解。因而本内容可以采用戏剧游戏的戏剧教育手段，让学生投入到不同的地理实体中，通过动态模拟游戏，更加形象地理解大气运动的原理，让学生“动起来”，知道影响气压高低的因素，认识大气运动的基本过程，分析海陆风和山谷风的形成原因，有效提高学生的地理实践力。

（二）教学流程(见图 6－10)

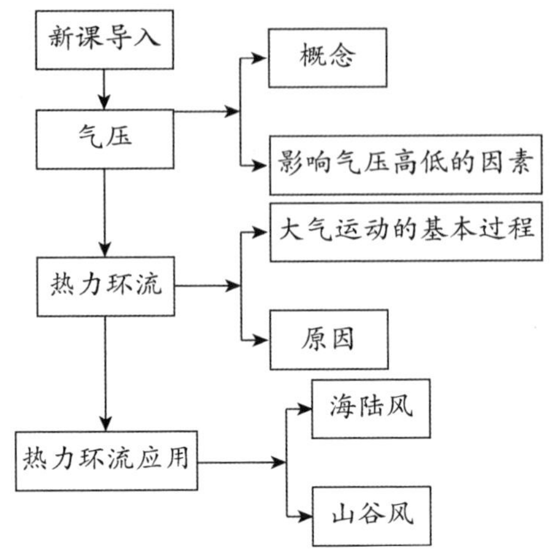

图 6－10 教学流程

（三）教学片段(戏剧教育技巧的运用)

活动 1 探究大气运动的基本过程

问题:大气运动的形式及原因

引出影响气压变化的两个原因:温度和海拔

演示近地面 3 点 A、B、C。A 点受热,B、C 两点冷却,画出大气运动的模式图

活动 2 探究热力环流的两个应用和风的形成

戏剧游戏 利用史地专用教室将学生分组。每组学生通过角色扮演投入到不同的地理实体中,如海洋、陆地、山谷、山顶等,在教师所规定的白天和黑夜的情景中表示高压的站立,表示低压的蹲下(安排如表 6－6 所示),通过这种形体戏剧游戏的方式指出风向。在此过程中,学生通过形象、有趣的游戏,可以动态模仿海陆风、山谷风和城郊风的动态形成方式,有助于提升地理实践力等核心素养。

表 6－6 戏剧游戏设计表

	白天		夜晚	
海陆风	海↓	陆↑	海↑	陆↓
山谷风	山↑	谷↓	山↓	谷↑
城郊风	城↑郊↓			

“生涯与职业”这节课,难点是学生没有经历过职业体验,因而也无法有效地对自己的生涯进行分析规划。通过戏剧游戏技巧的运用,可以让学生更好地进入角色,在“头脑风暴”中合理构建故事,设置困境,然后通过合作交流去解决问题,有效地决策自己的生涯、明确自己的人生方向。“正手攻球”一课中,“眼疾手快”的戏剧游戏设置,既让学生进行了热身,又让学生在兴趣中自然地进入正课的学习;正手攻球练习中,“球打墙靶”“击打吊线球”等游戏的运用,很好地解决了协调性和准确性的教学难点,同时也提高了学生对乒乓运动的热爱。“气压与风”主要是基于这部分内容理论性较强,学生不易理解。而通过模拟游戏,让学生扮演不同的地理实体,动态模仿热力环流形成过程,使这部分知识更加直观、更加容易理解,学生的自身参与也使得教学效果大大增强。

三、思路追踪,延展角色思维

教师通过对学生情况的充分了解,通过设置一系列的追问,引导学生透过问题的表象挖掘更深层面的思考,激发学生主动参与课堂的热情。让学生在此过程中拓宽思路,延展思维空间,从而让整个课堂戏剧活动的发展至更深入的高层次。

教案一:《梦游天姥吟留别》

设计者:万文佳

(一) 教学情况分析

《梦游天姥吟留别》是高一下第六单元《古诗及其赏析》中的第二首诗歌。这是一首记梦诗,也是一首游仙诗。李白梦境中的画面瑰丽奇特、变化奇诡,展现了李白的浪漫主义情调。虽然高一下的学生对文学作品的认知有一定的水平,但在鉴赏诗歌写作手法、探究诗歌意蕴内涵方面还是有很大的不足。授课者打算在教学中渗透戏剧的元素,采用思路追踪的戏剧技巧,帮助学生建立较为真实的情景体验,让学生们能够跨越千年时空,真切置身于诗境之中,从而激发学生主动参与课堂的热情,并由浅入深、层层深入地探究诗歌中“梦境”的深层意义,体会诗人蔑视权贵、坚守独立人格的人生态度和美好情怀。

（二）教学流程(见图6－11)

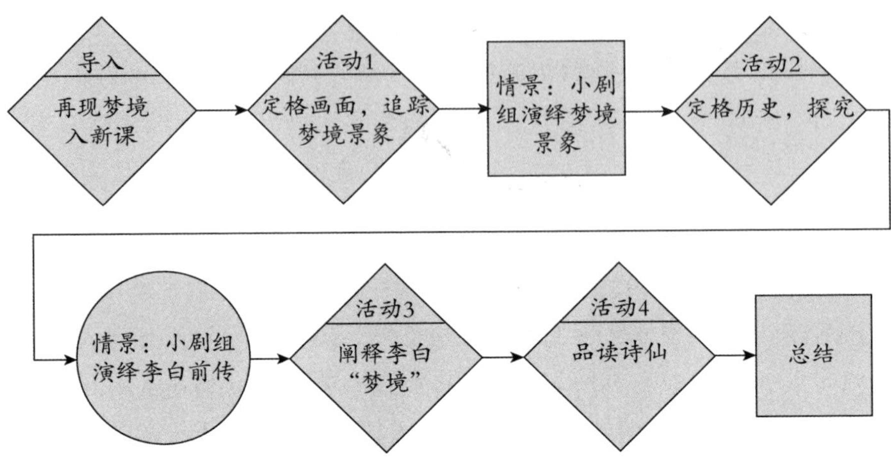

图6－11　教学流程

（三）教学片段说明(戏剧教育技巧运用)

授课者将“思路追踪”的戏剧教学法基本分为6个步骤:任务分工、形成剧组、剧本改编、情景演绎、定格发问、讨论总结。

活动1 定格画面,追踪梦境景象

课堂的教学目标是探讨李白摇曳多姿的梦境背后跌宕起伏的情感。关注李白梦境中多姿多彩的意象,场景就尤为重要,小剧组成员先对课文中“梦境”进行了戏剧改编,还原了李白梦游天姥山的场景,在“角色扮演”的过程中,教师在定格梦境画面的时候,适时地发问:诗人在梦里看到了天姥山怎样的场景?又听到了什么?梦中的天姥山有哪些画面?在学生不断地从感性体验进入理性分析概括后,教师又进一步地追问:李白的“梦”究竟是美梦,还是噩梦呢?(借助“思路追踪”的戏剧教学法,启发学生进一步理解梦境的深意,帮助学生从感性思维的“体验”梦境上升到理性思维的“思考”梦境)

活动2　定格历史,探究梦境深意

关于李白的梦境是否有深意,学生经过交流,形成了不同的观点。有的小组认为这就是李白表达对天姥山向往的一场梦而已,不含其他深意,不能过度解读。而有的小组则认为梦境是李白的某些思想的折射,应该仔细思考。于是教师引入了李白生平中“赐金放还”这一重要历史转折点,并发问学生:这一人生转折点对李白创作本诗是否产生了影响？之后借助演绎、定格历史片段的方式，启发学生进一步思考"梦境"与这段历史之间的相关性，如：在李白的"梦境"中，能否看出他政治生涯所发生的巨大变化？作者为何要花大量笔墨来描写梦境呢？学生在一步步地追问中趋向更为理性的思考，并最终找到"梦境"所反映出的作者的思想情感。（通过"思路追踪"的戏剧教学法，让学生不断地深入解读李白的人生经历对其思想的影响，达到真实理解作者思想的目的）

教案二："声音编码"

设计者：金晓晔

（一）教学情况分析

本课内容选自华师大版《高中信息科技（第一册）》试用本1.2.2节信息编码中关于声音编码部分。本课教学难点在于教学内容非常抽象，量化的概念学生难以理解。本课以戏剧元素为切入点，采用戏剧教育技巧中的"思路追踪"方法，运用对比、观察、讨论等手段，让学生对声音编码进行深入学习同时，对二进制在编码中的运用有更深入的了解，引导学生把生活中出现的各种音频相联系，激发他们学习信息编码的兴趣，并认识到信息系统在人类生产与生活中的重要价值，在数字化学习中形成多元理解能力。

（二）教学流程（见图6－12）

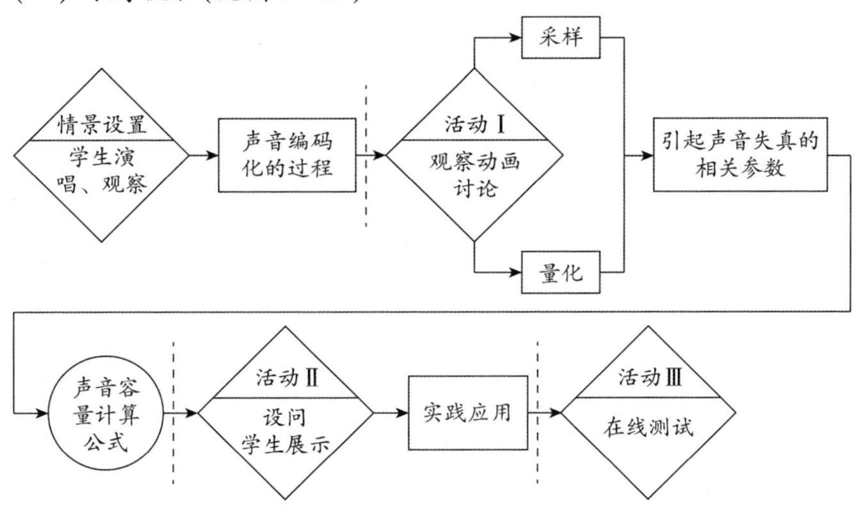

图6－12 教学流程

（三）教学片段（戏剧教育技巧应用）

第二环节（活动Ⅰ）：

教师设问：什么是采样、量化？学生通过用录音软件观察刚才录制的音频小样，来理解波形图。学生通过动手画一画，为一段波形图编码（二进制），来初步体验采样、量化的过程。

教师追问：你们在采样或量化的时候是怎么做能减少“失真”？引导学生用类似数学上“描点法”的方式，将采样、量化的抽象过程转为直观的图形来展示，帮助他们进一步理解声音数字化的原理。

教师提问：请将前后两次采集到的不同数据样本展示出来，你们能观察到波形有什么差别吗？学生小组讨论波形与声音失真的联系，归纳出引起解码后声波“失真”的原因，并提出解决方法。

教师设问：声音文件的数据量大小与哪些参数有关？如果将之前课上录制的音频以不同的参数另存，你们能通过聆听，分析比较音频质量吗？结合波形图，小组讨论，推导声音容量计算公式及音频质量好坏与声音容量大小的关系。

在本环节中通过教育戏剧技巧中的“思路追踪”方法，将原本听教师讲解概念的枯燥单一模式转变为可视、可听、可言、可写、可思的多元活动，将抽象的学习转化为亲身的体验，学生在探究的过程中将这种转化的思想方法迁移到其他学习实践中，达到提升学科的核心素养的目的。

教案三：“等比数列的前 n 项和”

设计者：胡志刚

（一）教学设计分析

等比数列前 n 项和是在前面学习了等差数列通项公式和求和公式、等比数列通项公式和性质的基础上进行学习的，也是后面数列内容学习的基础。在本节课的教学中，教师通过角色扮演的方式，运用“思路追踪”等戏剧教育技巧，巧妙设计教学环节，通过故事引入问题，通过对问题的讨论，引出等比数列求和的问题。通过学生的交流探究，找出求等差数列前 n 项和的方法。最后通过类似习题的练习，巩固所学习的方法，掌握所学习的公式。引导学生学会用变化的思想和理念，搞清楚等比数列的变化规律，初步感受等比数列在生产实践中的应用。更希望通过教学中戏剧元素的渗透，让学生初步体会事物间相互转化以及特殊到一般的辩证思想。

（二）教学过程说明（见图 6－13）

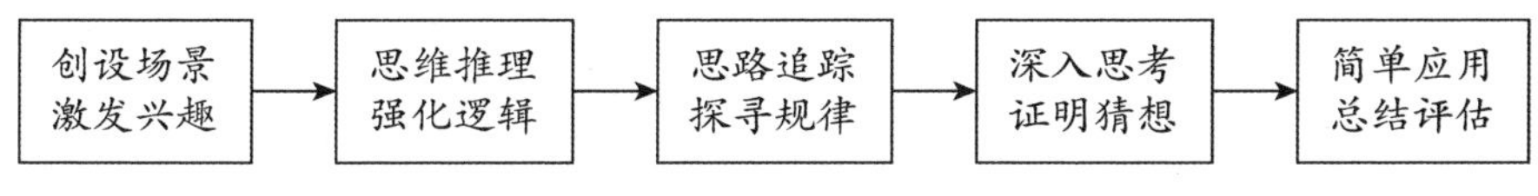

图 6－13 教学过程

（三）教学片断（戏剧教育技巧应用）

国王（教师）：我是印度的舍罕王，今天给大家讲个故事。自从有了国际象棋，生活变得多姿多彩了，我准备重赏它的发明人西萨，满足他的任何要求。想不到西萨说：“请给我棋盘的 64 个方格上，第一格放 1 粒小麦，第二格放 2 粒，第三格放 4 粒，往后每一格都是前一格的两倍，直至第 64 格。”这不是一个太简单了的要求吗？同学们能帮我算一算，我要给他多少小麦吗？

请一位学生在黑板上写出算式：$1+2+2^2+2^3+\cdots+2^{63}=?$

国王（教师）：这个怎么算呢？我的大臣们都想不出来。想不到还有大臣来捣乱，他说：“大王，老臣马上要告老还乡了，这么多年，没有功劳也有苦劳，没有苦劳也有疲劳。老臣不要其他赏赐，也要一些麦子，比西萨的多一些就行。请给我棋盘的 64 个方格上，第一格放 2 粒小麦，第二格放 4 粒，第三格放 8 粒，往后每一格都是前一格的两倍，直至第 64 格。”真是搞不懂了，怎么都要麦子？我们大臣们，你们再帮我算算可以吗？

请一位学生在黑板上写出算式：$2+2^2+2^3+\cdots+2^{63}+2^{64}=?$

国王（教师）：咦，大家能帮我找找规律吗？它们有什么关系？怎么通过它们的关系来解决这个问题呢？启发学生找到两者的倍数关系，S，$2S$，这两个式子减一下会出现什么结果呢？

$$S=1+2+2^2+2^3+\cdots+2^{63} \qquad (1)$$

$$2S=2+2^2+2^3+\cdots+2^{63}+2^{64} \qquad (2)$$

$$(2)-(1):S=2^{64}-1$$

国王(教师):同学们,你们知道我要给出多少小麦吗?($2^{64}-1\approx1.8\times10^{19}$,以小麦千粒重为40克计算,麦子质量超过7000亿吨!2010年世界粮食总产量约为22.8亿吨,全世界人民不吃粮食也得300多年才能够生产7000亿吨。)完了,粮库的粮食不够了!

教师:感谢大家共同的智慧,为印度国王解决了一个大难题。其实现实中的我们也得到了等比数列求和的一种方法。对于任意一个等比数列,我们来看看,可以利用类似的方法来求和吗?

$$S_n=a_1+a_2+a_3+\cdots a_{n-1}+a_n \quad ①$$

提示:在刚才的过程中,和是怎么求出来的?

生:两边同乘以2。

师:2是这个等比数列的什么量?

生:公比。

师:我们仿造上面的方法,同乘以公比q,

$$qS_n=a_2+a_3+\cdots a_{n-1}+a_n+qa_n \quad ②$$

①-②:$(1-q)S_n=a_1-qa_n$,当$q\neq1$时:$S_n=\dfrac{a_1-qa_n}{1-q}=\dfrac{a_1-aq^n}{1-q}=\dfrac{a_1(1-q^n)}{1-q}$

说明:(1) 上面这个推导求和的方法生叫作:错位相减法。

(2) 当q=1,这是一个常数列,我们可以直接得到$S_n=na_1$。

探讨:还有别的推导方法吗?

师:通过学生回忆数列的性质以及等比定理、乘法公式,启发学生再次思考:

法2:$S_n=a_1+a_1q+a_2q+LL+a_{n-1}q=a_1+qS_{n-1}=a_1+q(S_n-a_n)$,

从而:$(1-q)S_n=a_1-a_nq\Rightarrow$当$q\neq1$时$S_n=\dfrac{a_1-a_nq}{1-q}$。

师:请大家再看这样的问题:$1\cdot2+2\cdot2+3\cdot2^2+4\cdot2^3+\cdots+64\cdot2^{63}$又该如何解决?

课后反思:本课的内容是对等比数列求前N项和公式的教学,要使学生掌握与理解公式的来龙去脉,掌握公式的推导方法,理解公式的成立条件。在教学中利用思路追踪呈现问题、探索规律、总结应用，使思维活动得到充分展开，优化教学过程，大大提高课堂效率。

语文课上利用思路追踪，带领学生跨越上千年的时空，真切地置身于古文意境之中，层层深入地探究诗句中蕴含的意义，让学生在一步步追问中趋向更为理性的思考；信息教师从生活情境入手，利用思路追踪让学生在问题导向中逐步了解声音数字化的基本原理，认识信息系统在人类生产生活中的重要价值，运用计算思维来识别与分析问题，形成问题的有效解决方案；数学学科则可利用思路追踪的手法，带着同学们走近历史故事，在趣味十足的一问一答之中，数学难题迎刃而解，数学方法顺势应用，更重要的是加强了数学与生活的联系，丰富了学生的学习体验。教师巧妙利用思路追踪的方法能启发学生多层次多角度深层思考，鼓励他们参与讨论、加入到课堂活动中去，培养学生提出问题并解决问题的能力，学会主动思考及自由表达观点，将无形的课堂在思与辨的过程中逐渐转化成一个充满生命和灵性的审美空间。

四、时空转换，深化角色意识

时空转换的重点在于现实世界的认识与过往的历史之间的同时空呈现。这一戏剧技巧的使用不仅使教师和学生能够理解知识本身，更能深化对相关知识的发生和发展的认识、深刻体验知识在历史与现在以及未来的发展。学生在当下也能理解相关知识出现的背景和当时的意义。同时也丰富了学生学习的体验，有助于系统的理解相关知识，把握内涵联系，关注知识与技能的本质思想。

教案一：“从葡萄干面包原子模型到原子结构行星模型”

设计者：尹东红

（一）教学情况分析

原子结构是重要的化学基础知识，是学生升入高中后学习的第一节新课内容。本节课并没有讲授更多化学专业知识，而是通过原子结构的发现史教学，对学生进行“证据推理与模型认知”“科学态度与社会责任”等化学学科核心素养的培养，引导学生认识科学技术发展和社会进步过程，也是人类不断获取直接经验和间接经验并进行进一步探索的过程。

本节教学内容提出了对学生科学精神的培养和科学方法训练的要求和重要意义，这对刚步入高中的学生来讲至关重要。

本节课通过运用“教师入戏”“角色扮演”等戏剧教育技巧，以“原子结构发现史”情景剧导入，让学生带着问题通读课文，能主动串联起人类对物质起源的思考过程，并就道尔顿的近代原子论、汤姆孙的葡萄干面包原子结构模型、放射性现象的发现与应用等进行讨论，运用戏剧教育中的“构建空间”技巧，演绎科学家们围绕原子结构发现而流传的趣闻轶事，感悟科学家在探索过程中表现出的科学精神。

（二）教学流程（见图6－14）

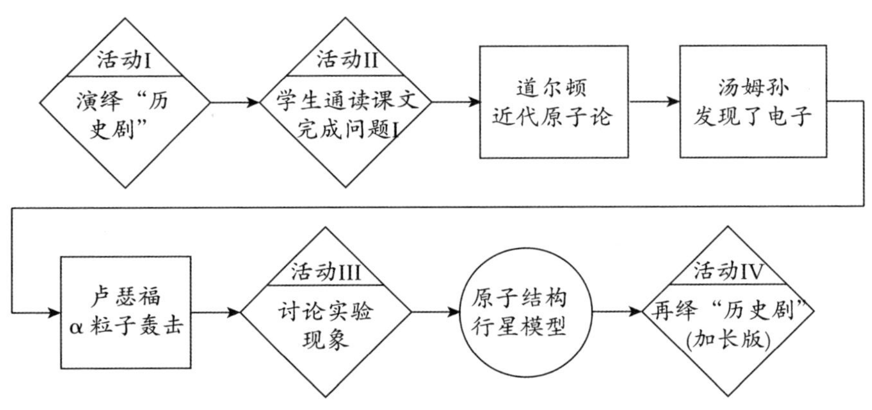

图6－14　教学流程

（三）教学片段（戏剧教育技巧运用）

活动Ⅰ师生演绎“历史剧”

按时间顺序，将先贤对物质的认识，编写成剧本的形式，由师生一起演绎。提出问题如下：

（1）汤姆孙提出的葡萄干面包模型，具体内容是什么？他提出该模型的依据是什么？

（2）面对伦琴X射线的发现，贝克勒尔的奇妙想法是什么？为什么说他的想法是奇妙的?

(3) 卢瑟福有什么“奇妙”的想法或做法吗?

(4) 为什么卢瑟福与他的同事用α粒子轰击金箔时,发现的是“一个奇怪的现象”?

(5) 卢瑟福是如何打开原子世界大门的?最终“打开”大门时,他“看”到了什么?他们是真的看到原子内部结构了吗?

活动Ⅲ运用教育戏剧“建构空间”“思路追踪”等技巧,利用图片与影像,重构卢瑟福实验空间与时间,培养学生“证据推理与模型认知”“科学态度与社会责任”等学科素养。

教案二:*What is Forestry*?

设计者:舒莉莉

(一) 教学情况分析

语篇 What is Forestry? 选自《英语(新世纪版)》高二上学期 Unit 6 Environment 中的补充阅读课文。本单元的各项活动和任务都围绕着环境保护这一主题而设计。该补充阅读课文主要分析美国的林业现状,介绍“Forestry”(林业学)及其重要性。通过学习,学生应当能够简要介绍林业管理的重要性,并通过对美国林业管理的学习来对我国在保护森林意识及举措方面的优势及劣势展开讨论,从而树立较强的环保意识。文章长度、语言难度适中,话题具有普遍性和深远的教育意义,非常适合学生阅读和学习。

高中生对于森林的重要性有一定的背景知识,但对于林业这门科学普遍知之甚少。我校为艺术类普通高中,学生有一定的口语表达能力,思路比较开阔,能够在教师的引导和启发下进行文本阅读和理解,并进行深层思考,开展讨论活动。通过本课的补充阅读教学,学生可以对林业有较系统的了解,引发对我国林业现状的思考。

本课时为阅读教学,在学生通过阅读把握文章结构,理解段落大意及相关细节,学习与该话题相关的词汇表达后,教师主要采用“时空转换”的戏剧教育技巧,引导学生对相关话题展开进一步的课堂讨论,培养学生反思性、创造性、批判性的思维品质,升华对话题的理解。

（二）教学流程(见图 6-15)

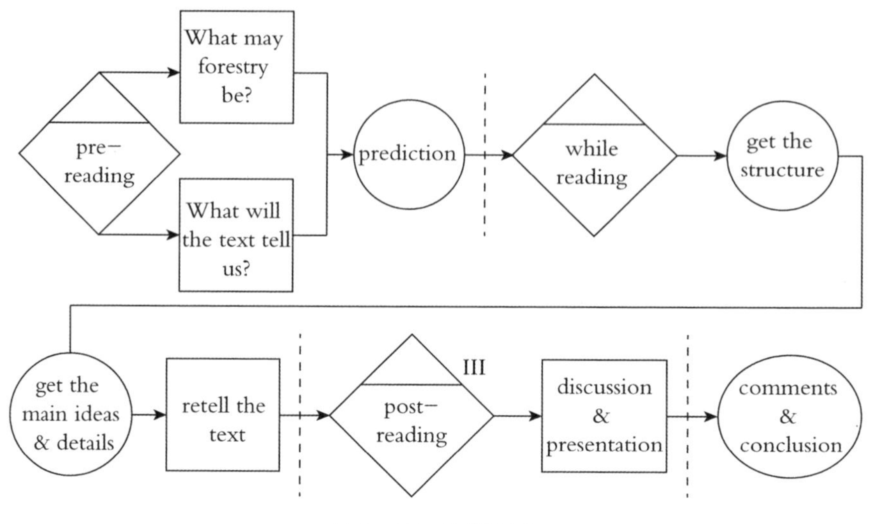

图 6-15 教学流程

（三）教学片段（戏剧技巧运用）

本课时为阅读教学，教师除了引导学生通过阅读理清文章结构、把握文章大意及相关细节以外，还应在阅读后运用阅读过程中获得的相关词汇对相关话题进行讨论、挖掘文章内涵，这是巩固运用课堂知识的重要环节，在本课时中占有重要地位。

因此在 post-reading 的教学过程中，教师首先让学生思考和讨论 3 个问题：①你对美国人对待森林的态度有什么看法？②中国林业的现状是什么？③针对该现状，你有何应对措施？然后教师设计了一个课堂活动，即让学生编一组对话，这个对话的前提是：假设你的两个组员一个来自 100 年前的中国，另一个来自 100 年后的中国。鼓励学生将以上 3 个问题的讨论呈现在这 3 个人对话的表演中。

该课堂活动的设计教师主要采用“时空转换”的戏剧教育技巧，为学生创造了一个新的空间，让学生从过去反思现在，由未来启发对现状的改善，引导中国学生在充分学习美国人保护森林的做法的基础上，反思我国森林保护的现状，提出如何保护森林的建议，发表对生态保护的看法，使其初步形成积极的生态保护意识。

教案三:“从‘战时共产主义’到新经济政策”

设计者:魏丽娟

(一) 教学情况分析

“从‘战时共产主义’到新经济政策”是华东师范大学版高二《历史》第四单元“1917年俄国革命于苏联的现代化道路”的第二节课,本单元前一节主要讲述俄国十月革命及苏维埃政权的建立,本节主要围绕在严峻、复杂的国内外局势下,俄(共)布在经济政策和国家体制问题上的探索,以巩固新生的苏维埃政权,后面的一课则是苏联高度集权的国家体制以及高度集中的计划经济体制的建立。本堂课体现了以列宁为代表的俄(共)布在“什么是社会主义,如何建设社会主义”问题上的积极探索,对当今中国的中国特色社会主义建设意义具有一定的借鉴意义。

高二学生已具备一定的史料解读能力,本课多处采用多类型、多视角的史料互证方式,直观呈现苏俄由战时共产主义到新经济政策的过渡,课堂上根据学生实际情况加以引导,帮学生搭建支架,使其真正学有所得。本课内容学生较为陌生,概念性、政策性较强,尤其是对“战时共产主义”和新经济政策两个政策的内容理解是本课难点突破的关键,因此,本堂课拟运用“时空转换”技巧,通过情境设置将学生引入20世纪20年代的苏俄,在此过程中运用“角色扮演”“教师入戏”等其他戏剧技巧辅助,学生得以深入历史,深切体验到战时共产主义政策下农民的怨恨情绪、工人的消极怠工、市场的萧条等,并对新经济政策的内容和实质有所领悟。

(二) 教学流程

环节1:设问、导入。

环节2:出示调查报告、地图、图表等资料,对战时共产主义政策实施的必要性进行解读。

环节3:出示图表、图片、文献等多重材料,引导学生从多视角理解苏俄经济政策转变的必要性。

环节4:以“时空转换”等戏剧教育法,分组展示课前对战时共产主义政策与新经济政策自主学习的成果,分析理解新经济政策的实质,并通过多重史料理解新经济政策的成效。

环节5:出示地图、文件,初步了解苏联的成立与发展的历史。

环节6:回顾本课重要内容,点明本课内容主旨。

(三) 教学片断(戏剧教育技巧运用)

课前将学生分成4个小组,从农业、工业、流通、分配4个方面展开探究,课堂运用教育戏剧的"时空转换"技巧,创设20世纪20年代前后苏俄(联)农田、工厂等的具体空间,赋予学生以农民夫妻、故事讲述者、母女、工人等角色,透过时空的改变,使学生进入角色所处的具体情境,深入探索角色在新经济政策下的心理、态度等,并运用"角色扮演"的方式,让学生在特定的历史情境中通过历史短剧、讲故事、内心独白等方式进行成果展示,从而深入浅出地呈现新经济政策内容。在此过程中,"教师入戏"发问,激发小组成员进一步探究的积极性,提升学习效果。

时空转换的技巧在完成从历史与现实之间的转换,使学生体验到不同背景知识的立体呈现。在"从葡萄干面包原子模型到原子结构行星模型"这节课中,学生不仅了解了原子的历史,更加真切地体味了卢瑟福发现原子的艰难历程,以及科学家身上的孜孜不倦的求实探索精神。What is Forestry? 这节课引导学生了解国外保护森林的做法,学生通过转换空间的戏剧技巧引申到我们自己国家保护森林的现状。"从'战时共产主义'到新经济政策"这节课,时空转换,赋予学生农民、母亲、工人等不同的角色,体会当时出现新经济政策的原因,使学生达到更好的学习效果。

五、论坛剧场,生成角色观点

改变教师"一言堂"的做法,引入生活中学生的不同观点,在有限课堂空间中进行碰撞,产生思维火花。教师通过"论坛剧场"的形式激发学生思考兴趣,培养与他人合作的能力,尊重学生表达不同思想,引导学生辩证思考,在交流互动中顺应学生的心理发展模式与认知规律,以顺利突破教学难点。

教案一："非细胞形态的生命——病毒"

设计者：毛云娇

（一）教学情况分析

本次教学内容选自高中《生命科学》基础型课程第三章第三节“非细胞形态的生物——病毒”和第五章第4节“动物体的细胞识别与免疫”之“细胞免疫”，免疫教学中事实性和概念性知识多，课时紧张，本节课将细胞免疫知识前移到“病毒”一节，符合认知循序渐进规律。

授课对象是我校高一年级播音主持与表演班同学，他们在初中已学过微生物传染病的传播途径，非常关心与自身健康直接相关的病毒。艺术班学生对动画、表演等趣味性呈现形式有强烈兴趣，具备较强的形象思维能力，在课堂上安排学生展示活动，符合学生个性特点。但是艺术班学生科学思维能力往往偏弱，所以本节课设计了“论坛剧场”环节，让学生基于作品，在讨论、再演和评价过程中，知道病毒结构特点，理解病毒代谢特征，发展科学思维并形成结构与功能相适应的生命观念。

（二）教学流程（见图6－16）

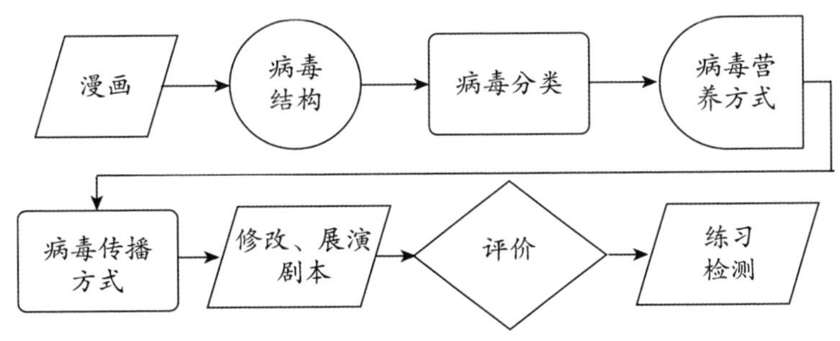

图6－16　教学流程

（三）教学片断（戏剧教育技巧运用）

在实践中，我们将“论坛剧场”实施模式分为6个步骤：学生分组、任务分工、一轮展演、互换角色、讨论再演和评价定稿。

1. 学生分组和任务分工

课前学生分组分工是课内实现身份互换的前置。课堂剧本演出任务分为稿件创作、舞台美术、表演导演和观摩评价4个类型。在“病毒”一节教学中，演出学生需承担漫画绘制、文本创作、表演导演、道具准备、PPT 制作任务。“观众”是指不承担一轮演出任务,参与角色互换和再演的人员。如在“病毒”一节教学前,观众需要预学课本知识,查阅资料,了解 HIV 相关知识。

学生意愿是参与合作的前提,可变的任务分工是小组创造力的保障。分组前,每位同学将自己擅长和希望承担的任务公开,自愿、按需组合。学生可以根据兴趣改变每次活动的任务,实现多维度成长。

2. 一轮展演

一轮展演是指课堂内学生第一次演出。在演出前,可以由教师筛选剧本或学生票选两种途径产生参加一轮展演的小组。课堂内剧本演出是为落实教学内容服务的,所以,剧本内容是演出的核心,可以承载更多教学内容的剧本才是课堂演出的优先选择。由此,教师筛选剧本是更好的方式。当然,学生票选的剧本可能更具特色,可以优先指定该小组人员在角色互换时演出。

由于演出的特殊性,一轮展演过程中,教师尽量不要打断,在演出后设问更佳。教师的设问内容可以是剧本的科学性、演员的表现方法等。

以下是《病毒》学生一轮展演剧本节选:

HIV:我呢,生活不能自理,最大的梦想是有朝一日钻进细胞里混吃混喝,生娃搞破坏!

HIV:兄弟,想不想进入看看?

菜鸟病毒:大哥,太想了!

免疫细胞 1:我们免疫系统也不是吃素的,我负责侦查和调动,就像塔上的哨兵。

免疫细胞 2:我专门负责杀病毒。

HIV:我这么厉害,是因为我有 4 个小弟。小弟 1 糖蛋白、小弟 2 反转录酶、小弟 3 整合酶和小弟 4 蛋白酶。

DNA:嘿你!哪个单位的,一看你就不是自己人!

小弟 2:老大,你也是个 DNA 了!

3. 互换角色和讨论再演

为了课堂教学更高效,要避免出现简单重复演出。我们实践发现,在一轮展演后直接由观众来替换演员演出往往收效甚微,由教师设问引发学生讨论,再由观众和演员互换角色再演绎更高效。

针对上述“病毒”一轮展演剧本，教师提出了以下问题：①HIV 病毒与宿主结构最大差异是什么？②为什么 HIV 只能在细胞内增殖？③HIV 衣壳外包裹磷脂分子，有什么意义？④宿主细胞如何抵挡 HIV 病毒入侵？⑤你作为流感病毒、诺如病毒、HIV 病毒和乙肝病毒宿主，你有哪些方法保护自己？引导学生进行思路追踪。

下面列举一些“观众”对剧本的修改，箭头前后分别是原稿和修改稿：

免疫细胞 1：我们免疫系统也不是吃素的，我负责侦查和调动，就像塔上的哨兵。

→免疫细胞 1：我是免疫系统中的“哨兵”，我有识别病毒的特种蛋白。

免疫细胞 2：我专门负责杀病毒。

→免疫细胞 2：我是免疫系统中的“杀手”，我是吞噬细胞。

HIV：菜鸟！看我来逃过哨兵！

→HIV：菜鸟，知道你为什么会被发现吗？因为你没穿对衣服！看我和对面细胞一样的膜结构，这是我躲避哨兵的撒手锏。

DNA：嘿！哪个单位的？一看你就不是自己人！

→细胞 DNA：嘿！怎么不是双螺旋结构！你是病毒吧！

小弟 2：大哥不怕，我来！

→反转录酶：大哥，我来帮你变身！你看，在我的帮助下，用细胞的核苷酸，你可以变成双链 DNA。你和对面 DNA 一个样子了，你可以拼接到敌方 DNA 上去了！

课内，学生讨论后进行再次演绎。观众自告奋勇说出可以改进的部分，参与演出。此时，鼓励观众打断，对同一段落进行反复修改。学生在修改剧本的过程中，内化知识，认同生命观念之结构与功能观。

4. 评价定稿

评价也是高阶思维形式之一，学生在评价中总结经验，发现规律，是提升学生思维品质的重要途径。课堂剧的评价标准是多样的，主要标准是剧本的科学性和演员的表现力，同时还要兼顾道具等因素，最终形成文稿作品。

教案二："反应堆　核电站"

设计者：徐嘉

（一）教学情况分析

"反应堆　核电站"这节课，是高二《物理》第十二章《物质的微观结构》的最后一节课。本单元前四节的内容是按照物质结构层次的不断深入展开的，在本节课中通过设置4段教学流程来完成教学目标。它们的物理逻辑关系是层层递进的，穿插整节课的主线是"人们如何利用反应堆（核能）为人类服务"。

本课学习之前，学生已具有一定的物理知识的基础和生活体验，也掌握了基本思考问题的技巧和能力。虽然本课对学生思辨能力提出了较高要求，具有一定的难度。但在之前的教学活动中学生体现出对该问题的学习兴趣较浓，讨论的积极性很高，愿意参与。

在本课教学中教师打算运用"论坛剧场"的戏剧技巧，由易到难巧妙设计教学环节，充分引导、激发学生的学习热情，让学生在思维的碰撞中学会主动探索。本课不只是让学生简单了解基本物理原理，更希望通过在教学中渗透戏剧元素的手段，让学生在学习中理解学习物理的意义，即不仅要了解物质的构成与运动规律，更应该将其应用到生活和科技的方方面面，为人类造福，建立正确的和平利用核能的观点，增强社会责任感。

（二）教学流程（见图6－17）

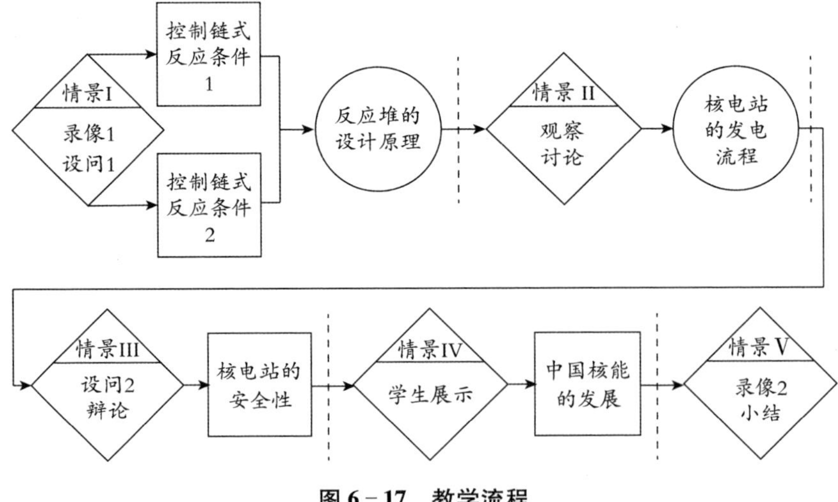

图6－17　教学流程

（三）教学片段(戏剧教育技巧运用)

录像1　设置论坛戏剧背景：在视频中模拟美国向广岛空投原子弹的全过程(原子弹爆炸的强烈光波，使成千上万人双目失明；10亿度的高温，把一切都化为灰烬；放射雨使一些人在以后20年中缓慢地走向死亡)。

情景3 教师设问：核电站将核能变成大量电能的实现变成可能，可是核电站的建设是安全的吗？可以将这种能源转化形式大力推广吗？学生们作为“人大代表”支持两个不同立场，交替阐述观点，列举不同的资料，以“脱口秀”的形式吸引未参与讨论的“观众”投入角色，在反复互动的环节之后产生戏剧冲突。教师辩论中/辩论小结时加以引导，对核电站的利弊进行分类梳理。最后在冲突和矛盾中找到共同点，即解决问题的办法：核电站安全保障的关键在于“人”。“汽车安全吗？汽车既是舒适快捷的交通工具，也可能是致命的杀人利器。”我们应该相信，通过科学家们的艰苦努力，技术的先进性与安全性之间的矛盾，最终会得到令人满意的解决。(通过论坛剧场的戏剧方式，让学生在冲突中，通过承担“人大代表”的社会责任来主动思考解决社会问题，达到教育和自我教育的目的)

教案三：“维护消费者的合法权益”

设计者：金鸽

（一）教学情况分析

本节课主要借助论坛剧场来进行戏剧元素渗透。在课上教师把构建空间的部分放进了论坛剧场中，作为构建剧场的一部分，将学生置身于维权的现场，让学生重演维权事件，把握被侵权者的心理，从而提升学生维权的意识和法治观念。通过借用论坛剧场逼真性、体验性、互动性的特点，来增强学生对维权必要性和如何做的理解，建构起学科知识与学生真实生活之间的关联。

（二）教学流程（见图 6－18）

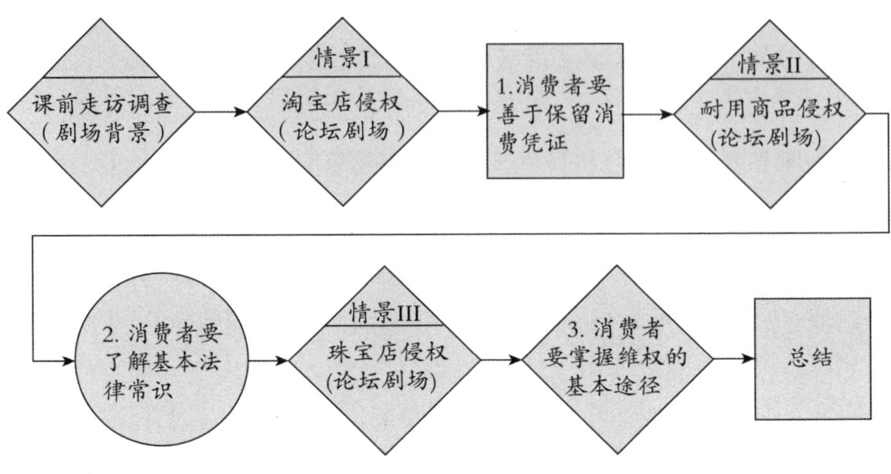

图 6－18 教学流程

（三）教学流程说明（使用论坛剧场的戏剧技巧）

教师利用问卷调查和走访的形式为学生建构真实的学习空间，引导学生在与消费者的对话交流中把握消费者维权现状。（论坛剧场的背景建构）剧场 1：对电视机耐用商品进行维权。本环节采用论坛剧场的形式，每个学生都是耐用品维权者，都在为苏宁易购让消费者提供商品有瑕疵的证据出谋划策，力争最后能够维权成功。剧场 2：为实体店维权设计维权方案。学法重在用法，在这一环节，教师借用论坛剧场的形式，请同学们分小组用《中华人民共和国消费者权益保护法》规定的几种途径设计维权方案，并说明选择该方案的理由。小组 1：选择向 12315 申请调解，方便快捷，成本低。小组 2：选择向工商管理部门申诉，该商品有质量问题，通过工商管理部门可以加强对经营者的监管，舅妈也可以获得 3 倍赔偿。小组 3：向人民法院提起诉讼，最具权威性……教师利用论坛剧场的形式让学生充分体验维权者的维权过程，在真实的情景中分析问题，解决问题，从而提升学生参与经济生活能力的教学效果。学生在开放、民主、和谐、轻松的氛围中，各抒己见，共同研究，达到巩固知识、训练能力、培养法治意识和社会参与的学科核心素养。

生物课堂上设计了论坛剧场环节，让学生基于作品，在讨论、再演和评价过程中了解病毒结构特点，理解病毒代谢特征，并形成与之相适应的生命观念。物理教师运用“论坛剧场”的戏剧技巧，由易到难巧妙设计教学环节，让学生在思维的碰撞中学会主动探索。不只是让学生简单了解基本物理原理，更希望通过在教学中渗透戏剧元素的手段，让学生在学习中理解学习物理的意义，建立正确物理观念，增强社会责任感。政治教师将“大社会”浓缩进“小戏场”，将学生置身于维权的现场，借用论坛剧场逼真性、体验性、互动性的特点，提升学生维权的意识和法治观念，构建起学科知识与学生真实生活之间的关联。在课堂中创建“论坛剧场”，让学生以不同的形式，流畅、生动、直接地表达自己想法与感受的机会，使他们的心灵在课堂里得到自由舒展。同时学生在团队中学习，通过合作的方式表达自己的观点，更能充分关注到其他成员的想法与感受，接受他人对同一事物的不同观点，逐步学会尊重“对手”。通过他人与自身的经历获得对生活的正面态度和价值观，帮助学生建构起知识、能力、品格等学科核心素养。

通过以上翔实的课程实践案例，我们不难发现将戏剧元素融入传统课堂的过程中，“角色扮演”与“教师入戏”两个戏剧教育技巧时刻贯穿在教育的全过程。学生在课堂中主动担任“戏剧角色”，参与课堂活动，教师在承担课程组织者的同时，作为“戏剧角色”之一深入到课堂探索中去，激发学生的共鸣，达到更好的教学效果。所以每一次的课堂实践都不是单一技巧的应用，而是多种手段共同配合，形成三向或者多向合力，共同促进课堂教学品质提升。

戏剧教育承载了丰富的社会人文内容，对学生进行戏剧教育能够对他们的人格、德、智、体、美、劳等各个方面产生积极的影响。因此我校积极探索符合自身特点的戏剧教育新思想、新观念、新实践。在推进戏剧教育在高中教学实践模式的探索中，我们发现渗透戏剧元素的基础教育课堂中，教师能更加充分发挥学生想象力，激发他们参与课堂热情，调动学生主动学习的积极性，帮助他们辩证地思考社会、理解世界，主动承担社会责任，这一切都以培养学生的核心素养为目的，为以后学生走向社会，利用戏剧的理念进行人生和社会的思考奠定了基础。

第七章　“高中艺术综合主题渗透课程”
——文化名人进校园

精粹品牌课程——“文化名人进校园”注重课程内容精选与学生的自主体悟，希望以文化名人的独特经历、人格魅力影响学生，帮助学生提高自身修养。让艺术专业的学生能够在艺术、文化品质方面臻于上品，让非艺术专业的学生能够入格。“文化名人进校园”以文化名人为核心，构建系列主题活动。系列主题活动的设计，遵循感知、体验、内化、实践的教育过程，保证教育过程的完整性和严谨性，实现文化资源开发的最大化，丰富学生的文化内涵，提升学校文化品质。于无声处润桃李，于春风化雨中影响师生的精神世界。

我们先后邀请袁岳、濮存昕等16位文化名家来校进行授课与讲座，与学生实时互动，从每一位到访名家身上汲取智慧的养料、高贵的品质、热爱的精神。帮助学生寻找心中的“自我”的角色定位与认同，定目标、立志向，同时树立自我的理想角色。这一系列文化名人走进附中校园的过程中，构建起一种强烈持久的文化熏陶和感染力。对上海戏剧学院附中的每一位个体来讲，“文化名人进校园”完成了对个体文化人格的唤醒；对于学校来说，这一活动实际上初步完成了对于附中集体人格的塑造。在活动进行的过程中，附中人明晰了自己的文化定位，达成了共识——致力于让上海戏剧学院附中的“戏剧艺术特色”教育在上海市产生卓有成效的影响力。

第一节　文化名家　携登艺术之巅

音乐、表演、绘画、舞蹈这四门艺术为我们的学生提供了一个多姿多彩、令人心驰神往的世界，能够充分开发学生的潜能，培养学生创新思维的能力，促进学生的个性的发展和人格心智的完善。音乐、表演、绘画、舞蹈滋润着我们的心灵,丰富着我们的经验。没有它们,我们的生活就缺少色彩和光泽。

一、用心倾听,人生的妙音

音乐是一种表现艺术,是听觉的艺术。音乐以其特有的节奏和音律陶冶着人的情操、净化着人的心灵,给人以美的享受。人们通过音乐可以感受到其所传达的思想感情,从而激发人的美感,潜移默化地改造人的道德情操。我校也请来了诸多音乐的大咖带领学生感受高雅的音乐,达到心灵的净化、精神的升华。

2015 年 5 月 22 日,上海戏剧学院附中“文化名人进校园”系列活动之“传唱红旗颂　传承中国梦”邀请到著名电影音乐作曲家吕其明先生。为纪念抗战胜利 70 周年,吕其明先生做客上海戏剧学院附中,为师生作专题报告。

吕老先生讲述了父亲把他带往革命道路以及文工团的战友在老乡帮助下躲避敌人的追捕的故事,以及军民一心的深厚情谊。同时,吕老先生跟附中师生分享了这一路走来他最深刻的艺术感悟——艺术要为人民服务、为社会主义服务;生活是创作的源泉,艺术是来自于生活。随后,吕老先生跟附中师生分享了他的作品——《弹起我心爱的土琵琶》《红日》插曲等,脍炙人口的歌曲被人们传唱到现在,同学们也真切地认识到:凡是扎根民众土壤的作品都有艺术生命力。各种场合、各个乐团的倾情演绎的不同版本的《红旗颂》,足见其艺术影响力。《红旗颂》的旋律在附中的艺术厅上久久回荡,其艺术感染力也深深震撼着在场的每一个人。从吕老先生讲述的《红旗颂》的创作背景和创作细节,足以看出老一辈革命家对党和国家深深的眷恋。

最后,吕老先生寄语附中学子:要热爱工作,执着梦想,把手中的红旗传承下去。

2016 年 1 月 8 日,上海戏剧学院附中“文化名人进校园”系列活动之“走近古典音乐”邀请到中央音乐学院教授,上海爱乐乐团长助理宗晓军先生。“你认为什么是音乐或乐音?”“音乐的构成元素有哪些?”“由这段音乐,你联想到了什么?”“什么是浪漫主义的音乐?”“什么是交响乐的起承转合?”古典音乐的全历史画卷随着宗晓军教授的一个个问题展开。

宗教授指出，音乐不仅可以触发情绪，还可以培养丰富的想象力，工作之余我们可以用音乐来丰富我们生活中的精神世界。宗教授不仅使教师们与音乐大师如肖邦、莫扎特的音乐有了更为亲密的接触，也增进了教师们对巴洛克、古典乐派、浪漫主义音乐风格和现代音乐的认知，使大家深度领悟了古典音乐的万千景象，受益良多。

2017 年 4 月 21 日，上海戏剧学院附中"文化名人进校园"系列活动之"林间雅乐，海上华音"邀请到著名主持人林海先生。林海老师的讲座主题为"上海与流行音乐"。"没有上海，可能就没有流行音乐。"他如是说道。从听音乐的方式到时代改变对音乐传播带来的改变，从心中的上海歌手到对于他们的了解，再从上海的流行音乐到中国流行音乐的根源，无不体现出林海老师在流行音乐上的专业性和他的理解的深度。在讲到由周璇演唱、严华谱曲的《花好月圆》时，林海老师还邀请了一位台下的同学稍许为大家唱一句，更是让我们感受到了这位"大人物"的亲和力。在点评同学们现场演绎的《浪费》时，他说："音乐不是用来被评论的，是用来享受的，但是到什么年龄唱什么歌，可以有瑕疵，但要有情感。"

二、把握机遇，触摸了不起的灵魂

戏剧影视表演是通过人的演唱、演奏或人体动作、表情来塑造形象，传达情绪和情感，从而表现生活的艺术。戏剧影视表演对于培养学生健康的审美观念和审美能力，陶冶道德情操，培养全面发展的人才，具有其他学科所不能替代的重要作用。我校设置了戏剧影视表演专业，同时其他专业的学生以及普通班的学生也在长期的熏陶和浸润之下，对表演充满了浓厚的兴趣。我们也会邀请一些优秀的表演艺术家来我校为同学们现身说法。

2017 年 8 月 31 日，上海戏剧学院附中"文化名人进校园"系列活动之"瑞耀附中　欣得我心"邀请到著名演员佟瑞欣先生。

佟瑞欣老师与附中师生分享了他与舞台、与哈姆雷特 30 年的缘分。在艺术厅的舞台上，佟瑞欣老师为孩子们深情演绎了哈姆雷特这个角色。浑厚的嗓音、抑扬顿挫的音调、充满激情的演绎，让人在佩服佟老师扎实的台词功底的同时，对他热爱戏剧的精神感到深深的敬佩。

高一的同学编排了一段《长征大会师》中的经典片段，尽管他们表演还很稚嫩，但仍得到了佟瑞欣老师的肯定。最后，佟瑞欣老师邀请高一和高三表演班的同学们一同诵读《七律·长征》。他的一首《致敬伟大的戏剧》更是表达了一位演员对戏剧最深刻的认识与最深沉的感情。这样一位卓越的演员，只希望能够在孩子们的心田播撒下热爱戏剧的种子。

最后佟瑞欣老师送给同学们两条忠告：“我们每个人不能决定自己的长度，但是我们可以决定自己的厚度。”“不要随意让时间流逝，因为生命也随之流逝。”我很庆幸，我是一名演员，这份职业让我触摸到了很多了不起的灵魂。

2018 年 5 月 7 日，上海戏剧学院附中“文化名人进校园”系列活动之“我的青春遇见你”邀请到著名演员马伊琍女士。

“30 岁遇见夏琳，40 岁遇见罗子君。”她说，遇到自己喜欢的角色很幸运。附中学子在青春年少的时候，遇见自己的青春偶像，更是幸运。因为想和学生们进行更充分的交流，马伊琍老师选择了和学生现场即兴互动的方式。她与学生们探讨了诸如“报考上海戏剧学院时的梦想”“作为上海戏剧学院考官的标准”“演戏时的趣事”“女性的力量源泉”等诸多问题。她的回答睿智、坦诚，给师生们留下了深刻的印象。师生们都折服于她的真诚与幽默、优雅与从容……热烈的互动稍瞬即逝，大家都意犹未尽。

三、心怀感动，做“水墨千金”

绘画是一门高雅的艺术，对培养学生的知识能力，提高观察能力，发挥创作能力，净化心灵有很好的帮助和启发。中国绘画文化是中国文化的重要组成部分，根植于民族文化土壤之中。它不单纯拘泥于外表形似，更强调神似。它以毛笔、水墨、宣纸为特殊材料，建构了独特的透视理论，大胆而自由地打破时空限制，具有高度的概括力与想象力，这种出色的技巧与手段，不仅使中国传统绘画独具艺术魄力，而且日益为世界现代艺术所借鉴吸收。

2018 年 1 月 8 日，上海戏剧学院附中“文化名人进校园”系列活动之“水墨千金”邀请到著名画家傅益瑶女士。

傅老师对上海戏剧学院附中的钟情，源自于她青春年少时对戏剧的热爱。她对舞台的向往，“比初恋还要激动、还要疯狂”。她从自己小时候在阳台上背剧本的故事讲起，通过对傅抱石先生以及自己作品的解读，跟附中的师生分享了她对中华文化的理解，对人生的理解。她认为，中国的音乐、诗词、文学、绘画都是有戏剧性的，人生、历史的一幕幕大戏都在一个个作品中展开。她告诫同学们：“心中要随时都有感动的人、感动的戏、感动的故事。”“要有自信，不放弃学习，不忘记谦虚”。

同学们认真聆听了傅益瑶老师的讲座，并积极与傅老师互动，从文学对艺术创作的影响、艺术创作的个性与传承方面与傅老师进行了深入探讨。肖英校长也热情地和大家分享了自己阅读《水墨千金》的感受。

附中学生的才气与热情深深地感染着傅老师，她热情地称赞上海戏剧学院附中“安静有序，学生脸上洋溢着谦恭、明理、安静、欢乐”，上海戏剧学院附中是一片“培养祖国未来艺术家的了不起的地方”，并为附中留下了墨宝——“秀外慧中、万紫千红”。

四、不忘初心，成“芭蕾皇后”

舞蹈是一种表演艺术，使用身体来完成各种优雅或高难度的动作，一般有音乐伴奏，以有节奏的动作为主要表现手段的艺术形式。舞蹈是体现文化的重要载体，也是素质教育的组成部分，对于青少年个人品格的塑造和个人素质的提升具有重要作用，可以在潜移默化中提升青少年个人修养，塑造完美人格。芭蕾舞是一种经过宫廷的职业舞蹈家提炼加工、高度程式化的剧场舞蹈。芭蕾的美从来就无须过多描述。作为一个高贵、优雅的舞种，它的美不仅体现在表面，曼妙的舞姿、轻盈的纱裙、旋转的脚尖，无一不散发着它由内而外的高雅气质。我校学生开设的形体课中也有芭蕾基础练习，但这与专业的芭蕾舞者还相去甚远。

2018 年 11 月 23 日，来自美国三大芭蕾舞团之一的旧金山芭蕾舞团中唯一的华人首席舞蹈演员谭元元，携团内来自 7 个不同国家的 10 位芭蕾演员来到我们的校园。我校的师生们得以走近“芭蕾皇后”，领略芭蕾艺术的独特魅力。

谭元元老师在芭蕾舞蹈界从业近30年，在芭蕾事业上奉献了自己的青春和汗水。在欣赏了一段来自上海戏剧学院附中高二表演班的舞蹈《国旗颂》片段后，谭元元老师的一段演讲视频——“我的芭蕾人生”，让学生们懂得了芭蕾舞演员成长之路的艰辛。“台上一分钟，台下十年功”，唯有热爱才能不忘初心，获得成功。接下来，上海市舞蹈学校副校长杨新华带领的学生献上了《天鹅湖》选段《四小天鹅》和男子独舞变奏，让我们再次惊叹于芭蕾舞艺术的魅力！

音乐家、表演艺术家、画家、舞蹈家都是帮助附中学子不断成长、攀登艺术高峰的引路人。在他们的悉心指点下，附中学子的“登山之途”会越走越踏实。

第二节　大师名流　启迪智慧之光

学校通过“文化名人进校园”系列活动，让余秋雨、袁岳、曹可凡、陈蓉、何婕、濮存昕、骆新等一批大师名流走到学生的身边，学生可以近距离地感受这些大师名流外在的文化风范，了解他们成长的特殊经历，这种由内而外散发的人格魅力能够影响学生感悟其内在的文化品质的塑造，而不是只追求当前明星偶像的光鲜靓丽的外表，有助于培养学生追求真、善、美的人生境界，提升自身的文化品位，以实现我校培养“知行并举、德艺兼修、人格完善、责任担当”的高中生的培养目标。

一、启迪学生找寻自我

“认识你自己！”这是刻写在希腊圣城德尔斐神殿上的一句箴言，“找寻自我，认识自我”也是我们每一个重大的人生课题。

2014年8月31日，上海教育电视台、《新民晚报》、上海教育杂志社等多家媒体共同见证并聆听了著名文化学者、公益慈善家、企业家袁岳在上海戏剧学院附中开学典礼现场的讲座。袁岳老师睿智而又饶有意趣地阐明了“发现自我、完善自我、超越自我”的成功人生的价值观和方法论，激发起同学们的热烈共鸣。袁岳老师的演讲自始至终在强调将“小我扩充为大我，为别人服务、为社会服务”的重要价值和思想，深深地震撼了在场教师和同学们的心灵。袁岳老师鼓励上海戏剧学院附中学子，无论是学习还是做公益、搞艺术，都需身体力行，亲自实践，以一颗坚忍不拔之心上下求索，方能有所收获，有所成就。

2017 年 2 月 17 日，上海戏剧学院附中“文化名人进校园”系列活动之“认识自己，认识世界”邀请到著名主持人何婕女士。

与袁岳老师不谋而合的是，何老师也认为“认识自己，认识世界”是一个深远意义的主题。“认识，是从出生到死去的功课，没有止境。”何老师用自己年少读书时、工作后的经历告诉我们，“认识自己、认识世界很美妙”。因此，不惑之年的她依然一刻不停地在学习、在认识：向小同事打听新鲜词汇、观看流行的网络节目、与他人交流、不停地读书……她说，越是认识越能发现自己不知、不会、不精通，而正是这种未知才会有趣味，才会激发你继续探索，会让你感到无比幸福。

基于对自我、对世界的热爱，何老师学习工作得认真、刻苦。作为“新上海人”，她学说了一口流利的上海话，为的是融入上海。为主持好晚间新闻，她拼尽全力、熬了三年夜。多年来，她不断挤出碎片时间阅读书籍，撰写书评，一周的阅读量达到 7 万至 8 万字。基于对自我、对世界的热爱，何老师生活得投入、负责。当劳累超出心灵负荷时，她选择转身——不管眼下多么荣耀，工作对职业女性再怎么重要，也不能妨碍家庭生活。在她看来，掌握生活与工作的平衡，就是掌握自己与世界的平衡，也是人认识自己、认识世界最重要的学问。

二、启迪学生领悟人生真谛

西塞罗曾说：“懂得生命真谛的人，可以使短促的生命延长。”生命的价值与意义可能并不在于能活多少天，而是在于你怎样选择自己的人生，这一辈子想做个怎样的人。

2014 年 10 月 14 日，上海戏剧学院附中“文化名人进校园”系列活动之“倾听可凡、探索非凡”邀请到著名节目主持人曹可凡先生，为上海戏剧学院附中学子做了题为“好奇、探索及其他——关于人生的十个关键词”的演讲。

可凡先生以他丰富的人生经历和独特的励志传奇提纲挈领地拈出十个关键词“艺术、好奇、探索、自我、友谊、正义、心态、坚持、阅读、实力”与附中学子共勉。围绕这十个关键词可凡先生展开了挥洒自如、鞭辟入里的解读和诠释。他的真诚、睿智、聪慧、幽默和博闻强记让现场师生交口称赞、掌声连连。

2015 年 8 月 31 日，上海戏剧学院附中“文化名人进校园”系列活动之“追梦灿星陈，青春绽芙蓉”邀请到东方卫视著名主持人陈蓉女士。

陈蓉老师认为，自己的成功是由许多偶然组成的，但在偶然的背后，也有许多必然。或许世界上没有事情是随随便便偶然发生的，一切都在必然的计划之中。这让在场的每一个人感悟到人生的脚步应该踏实前行。

2018 年 8 月 31 日，骄阳似火，上海戏剧学院附中学子迎来了一位重量级嘉宾——上海广播电视台东方卫视首席记者、主持人，上海戏剧学院播音与主持艺术系主任华东师范大学中文系特聘教授，上海市政协常委、市政协人口资源环境建设委员会副主任——骆新老师。

“再怎么学，也不可能成为别人，你只能成为你自己。”

谈到开学，骆新老师就忆起了学生时代的日常，他说学校里总是充满竞争，而实际上，合作比竞争更为重要，很多优秀的企业家，都明白合作的重要性，学习说到底就是学做人。他又谈到，教育常常追求平均分，却忽视了每个人生来不同，我们应当重视自己的长处，而不是只关注于平均值而碌碌无为，才能成长成一个对社会有贡献的人。

“掌握一个好的思维模型，能将这个世界看得最清楚。”

谈到教育，骆新老师有很多话要说，他说学习，不是学知识，不是学方法，而是去领会那种思维，就如同提问题比找答案更为重要。在小的时候常常为了讨父母欢心，拼命做到令他们满意，殊不知每个人心中对于“最好”的标准是不同的，这时往往违背了自己的本心，我们要学会去寻找自己心中真实的想法。他举了他在喜马拉雅平台朗读名著的例子，那时他时常连续 4 天都待在录音棚里录制，但仍有人对他表示质疑：“你的朗读还不如人工智能读得好。”可朗读的方法，便因此失去意义了吗？并不是，学习是为了掌握我们的思维。“人生是由自己的价值观走出来的。”“跟从心做出自己认为有价值的选择。”

“一个人克服所有的困难，不是因为坚持，而是因为爱。”

有学生提问：当您遇到困难时，是如何坚持下来的？

骆新老师回答说：其实我自己当记者时，总是尽量避免这个问题，因为坚持的背后是痛苦和忍耐，而热爱，才是你真正走得远的动力。作为一个人，要懂得听清自己的内心，再真正地去思考。尤其作为艺术生，不能让自己盲于竞争或只是享受，最终泯然众人矣。要通过反思，在今后的三年学到实在的东西，将时间、精力聚集于自己的内心，才能达到艺术的高峰，活出属于自己风格的人生。

“当你在思考是否人文主义的时候，就已经开始装了。”

有学生对一些社会现象产生了感到困惑：遇到乞讨的人，我们帮又怕被骗，不帮又觉得太没有人文情怀了，到底该怎么做？

骆新老师睿智地回答：人文关怀是一种发乎心的自然流露。一个人成名与否并不是最重要的，最重要的是成为一个好人，我们要学会关注人。这种关注，并不是救助，而是让他远离绝望。倾听，同样是最高级别的善良与智慧。

骆新老师一如既往的独到、犀利，让我们折服于他的才华、他的诚挚、他的情怀。

三、启迪学生追求真、善、美

爱因斯坦说过：照亮我的道路，并不断地给我新的勇气去愉快地正视生活的理想，是善、美和真。真、善、美是我们的人间理想，是我们每一个人共同追求的目标。

2015 年 3 月 25 日，上海戏剧学院附中“文化名人进校园”系列活动之“情系校友、亲炙大师”邀请到著名文化学者、散文家、戏剧理论家、文化史专家余秋雨大师。

余大师从在上海戏剧学院工作和文化苦旅的经历，为同学们现身说法地阐释了人生的真谛：“善良”“快乐”和“健康”。针对附中的同学，余大师又特别提到了“懂美”，“我们每个人都懂美了，中国就懂美了，那我们就会给世界带来正能量”。余大师还曾引用蔡元培先生“以美育代宗教”的学说，告诉学生艺术和美才是人生最终的搁置点。美，有人品之美、品质之美，大美一定包含大善（善良）。而他人生的最终目标便是“大善、大美”。他还特别提到了上海戏剧学院附中的学生，从小就要建立淡淡的专业信仰——大爱、大美。大师还对戏剧艺术为什么对人类如此重要划出了重点：对学生而言，能够从小建立美的信仰是件幸福而有意义的事！

有一位学生认真地聆听了余大师的讲座后发朋友圈说道：“这是一位多有智慧的老先生，我很庆幸，在我 17 岁的时候能听到这样一位老先生的经验之谈。”

2018 年 5 月 11 日，上海戏剧学院附中“文化名人进校园”系列活动之“归真返璞，永存初心”邀请到著名表演艺术家濮存昕先生。

此次，濮存昕老师现身上海戏剧学院附中，为附中学生现场授课，和大家分享他对表演的理解。濮存昕老师即兴带领学生练习毛主席的“我失骄杨君失柳，杨柳轻扬直上重霄九”“寂寞嫦娥舒广袖，万里长空却为忠魂舞”等台词片段，他时而化身悲痛的毛主席，时而又是舒广袖的嫦娥，学生的情绪被他充分地调动，能量也被极大地激发，在场的听课老师也完全沉浸在他们的教学中，不禁感叹诗词可以这么美！中国话可以这么深情！濮老师谈到，表演不是演员“演”、观众“看”，而是演员和观众的共同创作，演员要将艺术的美作为一种信仰，要始终保持虔诚的态度，但也不能在创作中丢失自己，正所谓“戏剧悟道，艺术修身”。

大家频频被濮老师谦逊的态度、忘我的精神、迷人的才情及对艺术的热忱所折服。同学们也纷纷表示，能在高中阶段聆听濮老师的教导是一种莫大的幸运，很感谢学校邀请这么多文化名人来学校，让自己更加真切地感受到艺术家的人格魅力！

“高山仰止，景行行止”，大师名流们睿智的话语点亮了学生的心灵，促进了学生对他们处世立身高尚品质的认同与追随，他们励志的人生经历也增强了学生追求内在精神的自信心与进取心。

第三节　以文为魂　濡养人格之境

“文化名人进校园”以文化名人为核心，构建系列主题活动。活动的系列性表现在，从横向来看，以袁岳先生参加我校新学期的开学典礼为例，我们邀约某一位文化名人走进附中，全校师生其实围绕该文化名人的文化品质展开了一系列的活动：前期的宣传、了解等“知人论世”式的文化预热；文化名人真正走进附中时，全校师生亲炙文化名人，并以之为榜样，由此思考和学习；文化名人离开校园后，同学们仍在对文化名人留下的文化印痕回味和发表感言。而从纵向来看，我们将不断地请文化名人来到附中，如我校继邀请袁岳先生之后，又邀请著名主持人曹可凡先生、著名散文家余秋雨和著名作曲家吕其明先生等16位名家，来到上海戏剧学院附中与同学们进行交流。在一系列文化名人走进附中校园的过程中，构建起一种强烈持久的文化熏陶和感染力。

《说苑·贵德》里说：“春风风人，夏雨雨人”，说的就是文化潜移默化的力量。持续四年的“文化名人进校园”系列活动是上海戏剧学院附中特色课程的重要组成部分。活动邀请了许多文化名家走进附中，与附中学子、教职工亲切交流，分享精神财富。它引导和鼓励着全校所有学生、教职工投入到这个主动的、开放的、多方交流的文化场域中，对附中的文化建设有着举足轻重的引领作用，对附中学生和教职工的文化人格塑造产生了重要影响。让师生的艺术修养、文化气质在潜移默化中得到浸润和提高。

“文化名人进校园”系列活动能取得良好的效果应该与附中人有容乃大的开放心态有关。附中人总是积极地去学习新事物、了解新情况，每一位文化名人的到来，附中师生总是抱着开放和学习的心态去拥抱新鲜的文化果实，以求取长补短，更新文化血液。附中人以开放的心态，充分认识和有效调动、运作上海戏剧学院附中最有效的资源，不仅吸引了来自社会各界的关心与关注，更积极地参与国际化的艺术文化交流。不仅有“请进来”，还有“走出去”，在“进”与“出”之间，架起了文化交融、联动发展、革故鼎新的杠杆，翘起了附中的精神气象，为附中人带来一场场文化艺术的饕餮盛宴。上海戏剧学院附中也在活动时间过程中大力推进教育生活艺术化、艺术交流国际化、文化自觉实践化。

“文化名人进校园”实践活动能够行之有效，除了其本身文化潜移默化的滋养力量和附中人开放的心态，还源于附中人的文化自觉和文化自信，学生和教职工的文化人格产生了或显或隐的提升和健全。突出表现在“大我”意识、终身学习意识不断增强，对学校的归属感和自身的文化活力、创造力都显著提高。对上海戏剧学院附中的每一个个体来讲，“文化名人进校园”完成了对个体文化人格的唤醒；对于学校来说，这一活动实际上初步完成了对于附中集体人格的塑造。

肖英校长在《文化魂 · 艺术韵》里谈道：“……让老师们各显神通，潜能被激发，彰显了个性。我理想状态中上海戏剧学院附中的‘精神气象’要像蔡元培先生时期的北大：这片沃土育人养人，育新青年，养众名家；有教育的理想，更要致力于理想的教育；春风化雨，兼收并蓄，人人都能在上海戏剧学院附中体验到愉快的工作环境并且获得很好的发展。无论是与对话名家还是建立健全的制度文化，目的都是为了让学校有文化之魂。”“文化名人进校园”系列活动为我们塑造文化魂提供了非常重要的契机和舞台，舞台的每一个位置往往舞有所长、台有所属，这对发现人才，彰显个性意义更加重大，它很可能唤醒的是“人无我有、人有我优”的优质资源，培育的是附中人“舍我其谁”的文化魄力：这两者统一在一起，形成了一种不仅在和谐中有竞争，而且生气活泼的文化场域，重塑了上海戏剧学院附中的集体人格：博大、精致、专业、优雅……

第八章 “高中艺术综合主题影响课程”
——幸福系列课程

曾被评为全国“学陶先进校”的上海戏剧学院附中，谨记陶行知曾说：“一切的学问，都要努力向着人民的幸福瞄准。”学校以幸福教育为办学理念，构建了幸福系列课程”——由“幸福讲坛课程”“幸福之旅课程”“幸福主题课程”等为主要内容构成了有机整体。在幸福办学理念的引领下，创设了多元平台，丰富了幸福多样体验，提升了幸福多维能力，培养了学生幸福品质。通过“幸福系列课程”的实施，激发了学生思考，深化了学生的体验，促进学生对幸福的深层次思考，从而能够站得更高、看得更远。理解幸福，不仅体验个人小幸福，更要创造家国大幸福，不仅具备自主发展的能力，而且具有社会责任担当的能力。

通过校内多样的幸福讲坛课程，激发了学生学习探究合作的兴趣与能力；践行“幸福之旅课程”，把学生从校园内带到校园外，通过多种真情实境的深入实践体验，促进学生全面发展；实施“幸福主题课程”，形成节日文化，聚焦主题，集中时空，充分发挥节日的仪式感，强化学生对主题文化的理解。“幸福系列课程”的实施，锤炼了学生幸福素养，在认知幸福、体验幸福、创造幸福的教育过程中，促进了学生全面、健康的个性化成长。

第一节 激发兴趣 创享“幸福讲坛”

作为戏剧艺术特色学校，上海戏剧学院附中无疑是教育改革先锋。而在课程创新改革中，“幸福讲坛课程”作为新生事物，无本可依，无物可借，自主创新，自力更生，上下求索，不断摸索，形成了一种全新的课程实践和课程范式。“幸福讲坛课程”着力以学生为主体，尊重学生个性，激发学生潜能，构建自主选择发展性课程，打造自觉自创生态性课程，从而提升学生认知幸福、体验幸福、创造幸福的幸福素养，促进学生幸福成长。基于这样的课程创设理念，造成了“幸福讲坛课程”的形式：以主讲人开设讲坛为主，在老师站稳讲台的同时，把讲坛还给学生，学生在基础课程学习时空之外，在幸福讲坛时空里，自主开发课程形式、自主延展课程内容、自主组织课程实施。与以已有内容为主要内容，并与基本固定的一般课程不同，“幸福讲坛课程”紧跟时代变化和学生成长，课程主题与内容不断更新，主讲人员不断变化。形式上看似是常见的主题讲座，但实质上是开放的、动态的，具有生生不息的课程发展力。其根本原因是把主体及时空还给了学生。学生成长是课程发展的源源不断的动力，作为主体的学生，首先要立足个人兴趣及思考，自选课程主题。选定主题后，基于基本管理流程，自行选择指导教师，并与学校进行沟通设计，确定具体时间地点。在个人意愿与学校统筹协调后，学生则要自主设计推进形式，或独自个体，或重组团队，而后进行课程的海报设计和宣传，从而促进课程顺利推进。在“幸福讲坛”过程中，学生则要考虑影响讲坛效果的包括信息技术运用、互动方式设计在内的一切事宜。“幸福讲坛”的集中展现一般在中午，但实际上，学习的体验过程更在讲坛之外，由此大大延展了学生成长时空。

一、幸福护照，创新“幸福讲坛”自主化课程形态

2015 年 9 月，我们加快教育改革步伐，做出一个大胆的决定，把更多的时间还给学生，把“圈养”变成“散养”，把“集体成长”变成“个性发展”。但是“散养”并不是不管，更不是懒散地任由学生任性妄为，而是自主开放，用无垠的草原让马儿们跑起来。

草原何处来？马儿怎么跑？原名为“幸福积分”微讲座课程顺势而生。每一位同学都有一本“幸福护照”。“幸福护照”，顾名思义，借用了“护照”的形式和部分功能。我们特意设计并印制了外形高似护照的“幸福护照”，“幸福护照”有持照人的基本信息录入，包含了“幸福积分”基本记录，还包含“幸福随想”过程记录。“幸福护照”中基本的“出入境记录”由幸福讲坛负责教师盖章确认。由此，在“幸福讲坛”时间，学生可以带着护照参加各类“幸福讲坛”课

程，每参加一次，就有相应的印章“积分”，每学期集齐25个印章是顺利毕业的底线。学生参加一次“幸福讲坛”微讲座，就能获得1个印章积分；如果是“幸福讲坛”的主讲者或者组织者，则至少获得2个印章。

肖英校长是这一课程第一位“吃螃蟹”的人，随后教师们陆续登上“幸福讲坛”来与学生分享基础学科之外的话题。一石激起千层浪，校园的中午渐渐沸腾，学科之外的知识引人入胜，引人思考。学科基础知识属于国家必修课程，而“幸福护照”则让大家能在基础之外，“云游”知识美景，让人乐而忘返。不过，大家发现，仅仅教师登上讲坛，还是有限。于是，以学生为主体的“幸福讲坛”课程应运而生。学生自主到学生发展中心申请时间、地点，学校进行组织安排，学生开始开设讲坛。第一位吃螃蟹的学生是2016届戏文专业学生陆星任。陆星任同学对历史很感兴趣，历史基础考试常常是年级第一。他不仅对历史基础知识感兴趣，而且还有一套学历史的方法，对基础知识之外的诸多历史事件有自己的研究和看法。于是，他诚邀他欣赏的历史老师王琨一起举行了以学生为主体的第一场讲座“运用哲学常识来透视历史学科”。作为第一场学生为主体的微讲座，学生济济一堂。王琨老师悉心指导，并全场都在旁听。陆星任内心对历史的喜爱喷涌而出，渊博的历史知识引发学生连连赞叹。在实施这次“幸福讲坛”之前，陆星任不仅亲自制作了引人驻足的海报，还潜心准备讲稿；不仅充分准备了史料，还制作了精美PPT，在PPT最后还设计了彩蛋——爆料了同学们期待的王琨老师私照。事后，学校也还特别就此推出相关微信。为了相关微信，陆星任同学又再次对讲稿进行修订，对相关话题深入研究，丰富了主题内容。在整个过程中，教师们都欣喜地发现，学生主动研究与组织的兴趣极大激发，更让大家惊喜的是，学生在自己创设的舞台上，竟然能如此热情高涨，能如此精心布局，学生自觉自主地进行自我提升，成长迅速。

一本“幸福护照”，创新了一种全新的课程形态。通过“幸福护照”，拓展了学生自主时空，更让学生成为课程的设计师。学生兴趣是课程设计的原点，学生成长是课程生长力，学生是课程设计到课程实施及课程组织和评价的主人，“幸福讲坛”课程突破了传统，成为一种全新的开放式衍生的课程。

二、品牌创建，构建“幸福讲坛”课程系列

陆星任引爆第一场学生为主体的“幸福讲坛”微讲座后，本课程一路高开高走。学生们跃跃欲试，纷纷登上“幸福讲坛”，每个学期大约有50场，一个中午至少一场，有时候三四场同开。一时间，可以说百花齐放，万紫千红。在这个发展过程中，教师们在做什么呢？教师们或是指导教师，或是组织者，或是倾听者，或是服务者。“幸福讲坛”课程在创设平台的同时，也极大尊重了学生个性，激发了学生潜能，挖掘了在校师生资源案，并且“内需”拉动之下，毕业生资源、家长资源也得到开发利用。

不久，很多班主任敏锐地发现，“幸福讲坛”课程可以作为班级特色建设载体，所以就开始有计划、有组织地实施。2018届的戏文专业五班便是佼佼者。五班创设了“五班说”课程系列，班主任陈赛茅老师带着学生充分准备，有序推进，形成“五班说”微讲座课程团队，所涉猎范围从旅游到文学作品，从学生感兴趣的内容到与本专业息息相关的影视评论。“五班说”还作为上海市承办全国中小学生影视周活动时的展示项目，现场进行展示，学生以《寻梦环球记》影片为案例，进行观影探讨。学生深刻的思考、专业的点评，以及同学之间的交互式论坛，深受与会者好评，更让前来参观学习的佳木斯考察团队叹为观止。“五班说”作为戏文专业班级“幸福讲坛”系列，在推进过程中，凸显戏文专业特色。作为班级特色建设载体，慢慢形成了约定俗成的制作流程、独有特色的宣传方法、良性循环的运作机制，形成了成熟的“五班说”品牌。其中，影评是“五班说”最有特色的内容，这也是戏文专业班级学生专业必备的技能，在研究、分享过程中，相关文字开始在微信平台推出，深得肯定。而后学校微信专栏《青春放映室》随之开辟，并传承至今，成为学生看电影、赏电影、评电影的重要文化阵地。同时，各班级尤其是艺术专业班级，慢慢形成了自己的班级系列，构建了凸显特色的班级品牌“幸福讲坛”。

在第一个循环的三年时间里，大家作为第一批创新践行者，形成品牌。其中艺术专业班级立足专业特色，发展迅速，成熟地构建了“幸福讲坛”系列（见表8-1）。

表 8－1　“幸福讲坛”系列

	戏剧影视文学	戏剧影视表演	舞台美术设计	播音与主持
高一年级	琅嬛漫语	附中魅影	艺客	微新闻
高二年级	戏·言	剧中聚	青春与文化	金话筒
高三年级	五班说	光影人生	画中有话	播香种文

另一方面，学校也发现，仅仅是在校老师和学生，仍然不能满足学生多元发展需要。我们进一步发现，回母校看望老师的学长，偶尔与学弟、学妹进行交流的效果非常好。所以，特别设计了“学长归来”系列，2015 届考入上海音乐学院的王一力学长成为“学长归来”第一人，她以“假如我回到高中”为题，与学弟、学妹交流高中生活得失，和人生心得，引人深思。随后，越来越多学长自发成为“学长归来”幸福讲坛的演讲者，“学长归来”也已成为我们的经典系列，很多毕业学子把能够回来进行“学长归来”作为一种荣誉，而在校学弟、学妹又对归来的学长翘首以盼。在毕业学长中，有在工作领域颇有成就的江予菲、龚稼轩、高嘉璐、许魏洲等知名校友，也有目前还在努力奋斗但是对人生酸甜苦辣深有体会和感触的在读大学生校友，比如现就读于中国传媒大学的周子奇、杨豪，现就读于中央戏剧学院的刘一谷、王天择、邵奕磊等校友……现就读于上海戏剧学院的施敏学、董庭豪以及葛帅飞，作为 2015 届同一个班的 3 位男生被特别邀约一起回母校进行“学长归来”，同一所高中同一个班级不同的人生之路，现身说法，引发在场学弟、学妹比对式深思，也让曾经任教的教师们赞叹不已。

不仅如此，在积极开发了在校师生资源、毕业学生资源之后，而今学校为满足学生多元需求，主动开发，促成了“百家讲坛”系列。“百家讲坛”最初取“家长”之意，很多家长积极主动发挥自己特长，来校与学生交流。比如 2019 届学生刘是隆家长作为中英词典的编写者，特地来学校和同学们进行学习英语的交流。专业的学者，对处于基础学习的学生进行高位引领，让学生们有醍醐灌顶之感，不仅提升了英语学习兴趣，更是对英语学科有了更深刻的认知。学生发现英语学习不仅仅是为了考试，也不仅仅是为了语言学习，而是有兴邦立国的担当，有文化传承的责任。不仅如此，很多家长还特别邀请各领域专家来校。

所以“家”从最初的“家长”这一特指群体，扩展到各领域“行家”这一范围。“百家讲坛”的外延急剧扩大，行家们纷纷登台。《兰陵王》等热播影视剧作品的知名编剧饶俊曾登上“百家讲坛”，与学生聊编剧、聊过往，互动氛围热烈，不仅带学生走进了编剧领域，更让学生走出了上海。学生在成功人士的成功故事分享中，倍感励志。上海戏剧学院教授高城与学生谈作文写作，让学生流连忘返。怕写作文的学生竟然在本次“百家讲坛”结束后留下来围住高城老师，久久不肯离场……每一次“百家讲坛”都让学生受益匪浅，一石激起千层浪，一次讲坛影响学生整个人生。

三、形成机制，提升学生幸福素养

幸福现在是一个极度热词，那么到底什么是幸福呢？上海戏剧学院附中的幸福教育以生为本，立足校情，同时积极借鉴美国心理学家塞利格曼的幸福学理念，倡导在认知幸福、体验幸福、创造幸福的教育过程中，培养学生“仁爱与责任”“审美与智慧”“灵性与信仰”“节制与好奇”的幸福品质。“幸福讲坛”又如何让学生感知幸福、体验幸福、创造幸福的呢？

“幸福讲坛”激发了学生强烈的求知欲好奇心。要成为“幸福讲坛”的主讲者，自身应该在某一方面有深入的研究和丰富的共享成果。为了讲校友程乃珊，程乃珊作品研读小组通读了程乃珊作品，并且对作品中所描述的上海吃穿住行等进行深入的比对研究。为了聊电影《寻梦环游记》，不仅要看电影，还要去研究相关的电影学。在“幸福讲坛”课程的引领激发下，学生求知欲、好奇心空前高涨。

“幸福讲坛”在激发好奇心之时，还能启发思维。青春年少，有所爱好。最妙的是，你所爱好，还有人同行。当你把自己的分享搬上讲坛时，竟发现校园里原来有志同道合者。如贺柘鈜同学，非常热衷于已经渐渐流逝的上海弄堂游戏，当她有些忐忑地把这些游戏重新拾起，并且在“幸福讲坛”进行分享时，吸引了大批同学前来，一起追忆童年时光，一起感受旧上海风情。

当然，“幸福讲坛”也会很考验学生的宣传组织能力，所以，海报也成为“幸福讲坛”的一大亮点。学校特别开辟了宣传栏，用于学生张贴海报。海报的设计彰显特色和智慧，而课程现场的组织，也激发了学生潜能。如何进行分享、如何推进、如何互动……每一处都需要学生思前想后。另外，学生前期会到各班进行“吆喝”。看似简单的“吆喝”，却是豁出去的胆量。

“幸福讲坛”，从教师到学生，从个体学生到专业学生，从个体行为到集体约定，从个性化主题到系列化专题，从一张海报到班级品牌……“幸福讲坛”课程的实施过程正是学生幸福成长的过程。

第二节　游履青春　启航“幸福之旅”

“幸福之旅”课程采用体验式课程实施策略，注重操作、实践，并指向体验中的生成。开启“幸福之旅”，丰富体验幸福，多元理解幸福，积极拥抱幸福，无限创造幸福，成长为拥有幸福素养的附中人。上海戏剧学院附中构建“幸福之旅”课程，包括国防之旅、红色之旅、采风之旅、人文之旅、公益之旅、环球之旅……在“幸福之旅”的课程中，我们从菁菁校园到校外平台，从艺术传承到社会责任，从国际视野到民族发展，从主动适应而进入角色，到琢磨历练而塑造角色，到传承发展而成角色，让青春更加绚丽多彩，让生命更加优雅高贵，让人生更加美好幸福。

一、采风之旅，丰富审美体验

为了更好地锻炼美术专业学生的绘画观察能力，提升学生的风景速写、色彩绘画专业创作与艺术修养水平，我校自 2014 年起，在每年的 11 月份，组织高二美术班学生到西塘开展为期一周的采风之旅，以写生实践的方式将社会实践与专业学习相结合，让学生接触社会、接触生活、接触文化。同时，通过对自然生态的观察、对文化渊源的了解，丰富自己的审美体验，提高自己的审美情趣与能力，以期能将生活素材进行概括、组合、提炼后，发挥想象力与创造力，促成自身专业水平的实践乃至飞跃。

学校选择西塘作为采风之旅的基地，源于这里是充满灵性的江南水乡，一桥、一径、一树、一井，无限的美感体验都可以化作学生写生创作的源泉。静心于此，细绘于此，那线条、色彩、意趣无不洋溢着同学们的眷恋感动，凝聚着指导教师的心血，记录着同学们专业成长的点点滴滴。

2018 届美术专业学生侯雯允曾在旅行感言中写道：“时间虽短，但在这 4 天的时间里我们学习到了身坐在画室中所不能学习和了解到的东西，也明白了写生独具的意义。西塘古镇有着江南水乡青瓦、白墙、绿水的古雅景致，令人沉醉。每天一早 8 点钟，我们就整队来到西塘，三两选好自己想画的场景，然后开始作画。写生是十分独具意义的，对透视的理解，对细节刻画方法的掌握，对光感的理解……我们身处其境，亲身感受这氛围，亲眼去观察景色，加上多张习作的练习，自然而然能从其中学习许多。”

经过短暂快乐而充实、紧张的一周写生学习，诞生了一批鲜活的风景写生作品。这些作品体现了他们各自独特的视角和观察力，这是一种带有鲜明个人印迹的客观自然的体验。

本来源于自然景观的切身感悟对同学们观察力、表现力的提升将产生不可替代的推动作用。“采风之旅”课程，能启发学生进一步在生活与学习中发现美好、表现美好、传承美好，以丰富的审美体验来成就精彩的艺术创作。

二、人文之旅，传承先贤古风

为了促进学生感知社会的人文知识、感受中国的传统文化，为了提升学生的艺术素养和人文精神，也为高三的艺术专业考试提前做准备，经报教育行政部门同意，2018 年暑假，我校组织高一、高二戏文班开展了第一次“人文之旅”社会实践考察活动。高一赴山东开展为期 4 天的“循孔论语”人文之旅，探寻儒家文化、深思现代文明，以求从中国传统文化中找回自己生活的本位。高二赴北京开展为期 6 天“寻根闻道”人文之旅，深入皇城去追寻历史的印迹，品读帝都的厚重与威严，以求在时空的交汇中激发自己的创造欲望。2019 年暑假，学校开展了第二次“人文之旅”社会实践考察活动，组织高一学生赴西安开展为期 5 天的“民俗人文之旅”、高二学生赴北京开展为期 5 天的“戏剧人文之旅”。这次的“人文之旅”不仅仅只有两个年级的戏文班同学参与，经学生报名、年级组选拔，不少非戏文班的同学也参加了此次活动。

旅行让学生感受我国的深厚文化，让学生领会文化的精粹，更让学生传承先贤古风之道。行以知“道”，要对传统文化进行更深入的了解和更直观的体验；知“道”要成“道”，要将传统思想精髓转化为自己的内在品性；成“道”更要行“道”，要将内化的品质呈现于具体的生活实践中。旅行的意义由心而定。在短暂的人文之旅中，学生们用文学的笔触绘制了一幅文化中国的心情画卷。旅行并不仅仅是去看风景，更难得的是旅行之前的期待、旅行进行时的感动和旅行归来后的回味无穷。

学生在旅行中遥望历史。触摸历史，为的是能走得更远。2018 届戏文班学生王子惠在游学感言《能走多远就走多远》中写道：“当我翻看着这 6 天里记录着我们点点滴滴的照片时，所有的感觉一下子涌上心头。北京的美丽不是用照片可以记录的。它给人的感觉一定要亲自踏上它的土地静静地去感受一下：当我站在圆明园的西洋园遗址前，眼前的残垣断壁真的让人触目惊心。纵然我们早已熟知这些历史，可是当它真实地呈现在我的眼前，耳边的讲解机里描绘着当年盛时的辉煌，看着一片狼藉的废墟，想象着八国联军的暴行，我觉得很心痛。当我站在八达岭长城北长城段的顶峰，回望一眼一路所走过的足迹，不得不感叹长城的壮美和奇迹啊。一路的艰辛对于我们已经很吃力，真的难以想象当年多少百姓的生命才换来今天的长城啊，在为百姓的生命叹息时也不得不为宏伟长城的修筑所叹服。古往今来，有太多的文人以他们对生命的理解，注释着旅行的意义。因为，它不但是生活中不该丢失的一块片段，更是生命中不该缺失的一种态度。而文人之于这个时代，或许不再应该束缚于文墨的表达。比如，上海戏剧学院附中戏文班也用它的方式，给出自己的见解。”

学生在旅行中品味文化。游学的过程不仅仅感受和聆听，更是思考和沉淀。2019 届戏文班学生张涵在游学感言“山东——一场心灵的旅程”中写道：“世祖行台列俊贤，掾郎家世本儒先。儒家的温文儒雅、仁爱民本、仁而有序，在这里同样以儒雅的方式，被这里的建筑、色调、气氛所含蓄地表现。在这里，我们体验了笄礼，穿上了处处尽显端庄的曲裾，作的是古时的揖，走的是古时的步，行的是古时的礼，戴的是古时的冠。并不显娴熟的我们也是懵懵懂懂地走完了一套礼，也在朦朦胧胧中为两年后将要到来的真正的成人礼增添了一丝实感与无法推脱的使命感、责任感。”

蒋勋说:“旅行是很大的反省,是用异文化来检查自身文化很多应该反省的东西。在比较里面,才能了解文化的不同——只是不同,并没有优劣。”旅行让学生看到世界,更看到自己在其中的位置。以行促知,以知践行,知行合一,止于至善。

三、环球之旅,拓宽国际视野

“世界那么大,我想去看看”,身体和灵魂必须有一个在路上。为开拓学生视野与思维,开阔学生胸怀,我们与美国 ECA、澳洲科林伍德学校、以色列海法艺术学校、丹麦 Koge Handelsskole 商学院等学校之间建立友好姐妹学校关系,开启“环球之旅”。丰富的“环球之旅”之行,让学生置身异国环境,深入体验差异性文化,在交流与碰撞中活跃思考,丰富内涵,把学生培养为有内涵、有眼界、有责任、有担当的戏剧人。

作为戏剧艺术特色学校,艺术为媒介,国际学校慕名而来,进行艺术交流。美国 ECA 作为我校近几年交流最为频繁的姐妹学校,是美国康涅狄格州知名艺术学习学校。他们有自己丰富的艺术课程和专业的艺术老师,更有在艺术教育方面独特理念和实践经验。在两校交流过程中,大家在艺术教育方面的理念高度吻合,在艺术教育方法方面互通有无。我校师生多次赴美国 ECA 进行学习交流,美方也多次来校。两校曾进行艺术教学课堂的探讨,美方教师亲自在我校为我校学生授课,我校教师一起听课,听课后进行探讨交流。与美国 ECA 的交流,不仅仅是师生之间简单的国际交流,更落实到课堂。美国教师到我校亲授学生,我校师生到美国亲进课堂。异地时空的课堂置换,以艺术为媒介,实现异国思想的碰撞,碰撞的火花点燃彼此的艺术智慧、课堂智慧。

“环球之旅”不仅走出去看世界,更重要的是还吸引国际学校走进我校校园,走进校园相识,走出校园交流。澳洲科林伍德学校是我校新增的国际交流伙伴,两校交流采用 homestay 的方式进行。双方学生不仅进入校园学习,还会入驻家庭。这种深入交流的方式,不仅提高了语言学习能力,更增进了情感,深化了情感交流。2019 年,我校第一次到澳大利亚进行环球之旅,学生们到澳大利亚学生家庭，成为澳大利亚学生的兄弟姐妹，成为澳大利亚家庭的一员，一起生活、学习。学生们感受着澳大利亚学习生活的节奏，欣赏着澳大利亚的风土风景，更体验着澳大利亚的文化人情。随后，澳大利亚学生也来到中国，成为中国家庭一分子。Homestay 的“环球之旅”突破了校园交流的界限，让每一位学生都变成了行走的文化使者，深化了感情，加深了理解。在“幸福讲坛”时间，澳大利亚“环球之旅”团队精心制作视频，分组、分角度、全方位地与在校学生进行交流。在“环球之旅”过程中，学生们入眼更入心，不仅仅用眼睛在看，还在学校特别的日志设计的引导下，通过每天用笔记录，每天学习，每天成长。“环球之旅”用脚丈量的也许是出行学生团队，但是在多种形式的交流下，更多的师生都跟着他们的笔触与分享，一起分享着“环球之旅”的红利。

正如陈伟杰老师在带领学生赴美国进行“美国之约　文化之行”的环球之旅后，在教职工大会上与教师们交流汇报时，这样感慨道：“走进美国，但美国不是目的地，真正的目的地是更广阔的眼界，更深远的思维。我们不禁感慨：绝不要因为我们的目光短浅而耽误了学生！我们更要用实际行动来延伸我们的思想！世界很大，路很长，但需要双脚来丈量，需要双手来创造！”

环球之旅已然成为现代教育常态内容，而我们的环球之旅不仅仅停留于走出去游学，我们更希望在走出去的过程中提升学生综合素养，其最终不是出走，而是“回归”。把自己所看、所学、所想回归到自身进行理解，内化为自己的能力素养。

第三节　聚焦主题　传承幸福文化

在“幸福教育”理念引领下，上海戏剧学院附中被誉为“幸福校园”，每一位上海戏剧学院附中人都浸润在幸福文化之中。正如人们对“幸福”所理解的那样，幸福的外在是一种感觉，是指一个人得到满足而产生的喜悦，并希望一直保持现状的心理情绪。而幸福的内在则包含了满足、快乐、投入、意义 4 个维度，也是上海戏剧学院附中幸福文化的 4 个维度。“幸福主题”课程是学校幸福文化的彰显，更是幸福文化营建的载体。

"幸福主题"课程内容主要由读书节、科技节、体育节、戏剧节、艺术节构成，以节日为载体，聚焦主题，构建丰富的节日内容，自下而上汲取智慧，自上而下进行组织，让活动实施的时间和空间更加充分，全员全过程参加，凝聚力量，营建氛围，形成促进学生成长的强大推力。"幸福主题"课程从德、智、体、美、劳多个角度设计平台，让每一个个体个性发展得到满足，并在有设计的引导下，有方向地投入，在个体成长、文化建设中激发个体价值，感受集体意义，不仅是快乐享受的个体，更是幸福创造的集体。

"书香校园　雅言润泽"读书节每年三四月份进行，人间最美阳春天，倡导师生一起读书，发动各组教师立足学科特点，发动学生进行创意项目设计。每年读书节，学校群策群力，注重宣传策划，营造读书氛围，并根据学校特色，设计读书节活动，模仿热门节目，提升读书节内涵，传承经典项目，深化读书节主题。"共读一本书"让师生成为"悦读者"，手绘书签悬挂在紫藤上，成为校园最美风景，"好书推荐"让更多的好书走出个人私橱，学科类的阅读竞赛更是发掘了平时默默的读书人。在读书节期间，与书为伴的各种活动给学生以交流学习平台，让更多的好书走进学生的生活。读书节是上海戏剧学院附中的节日，借此节日，让附中成为书香校园。而今，附中图书馆已然成为最受欢迎的地方，"约伴悦读"也成为最受欢迎的微信专栏之一。读书，是一种精神的跋涉。一个人的心灵若能得到知识的浸润，就会生出许多灵气和色彩。读书节的组织与展开，让学生更加亲近文字。爱上阅读，才从而推动书香校园建设。

"科技邂逅艺术　梦想点亮未来"为主题的科技节每年四五月份进行。作为戏剧艺术特色学校，学生平时更多彰显的是艺术素养，为了提升学生理性思考能力，促进学生研究能力发展，我们倡导学生艺术与科技齐飞，以科技节为契机，深入理解艺术与科技紧密不可分的关系。在科技节上，学生在教师的鼓励下走进仿真实验室，进行实验比赛，进行科技游园。热爱舞台的同学，在科技节的引领下，不仅渴望舞台，也愿意走进实验室，渴望在实验室里动手研究，发现科技之美。越来越多的学生让科技插上了艺术的翅膀，用科技来缔造艺术之美。

体育节是学校师生最为期待的节日之一，我们不仅进行常规的体育基础项目比赛，还特别期待别开生面的入场式。每一个班级的入场式都凸显了班级特色，而艺术专业的学生更是展现班级的艺术特色，每一届的舞台美术设计专业班同学总是让人眼前一亮，他们在短短几分钟，用画笔和造型表现创意，更表达对于体育精神的理解、对上海戏剧学院附中的热爱。在体育节上，师生还非常热衷于体育游戏类小比赛。充满智慧的小比赛，在开放的环境下灵活进行，师生同乐，不仅强健体魄，还增添了趣味，凝聚了人心。

艺术节对于我校来说，不仅是师生的共同期待，更是让校外各界翘首以盼的盛宴。我校已成功举办了十三届艺术节，每一次都有鲜明的主题。历经层层选拔，艺术节上的节目精彩纷呈，是学校各类课程的结晶。高品位、高质量的节目，是全校师生共同努力的展现，也是上海戏剧学院附中发展的集中展现。所以，上海戏剧学院附中的艺术节被誉为“小春晚”，甚至一票难求，常常成为媒体聚焦热点。上海戏剧学院附中艺术节不仅仅是上海戏剧学院附中师生的舞台，在这方舞台上，著名滑稽戏演员毛猛达和儿子上演《父与子》，上海戏剧学院舞蹈团特别奉献《红旗颂》，高品质的专业节目，体现了上海戏剧学院附中的高凝聚力。已毕业校友愿意回母校献歌一曲，家长愿意为学校上演节目……由此，上海戏剧学院附中的艺术节更是艺术的盛会，是文化的饕餮大餐。

戏剧节最能凸显我校特色。我校戏剧节最初由学校师生自编、自导、自演完成，最珍贵的便是大量原创作品。原创作品剧本编辑成册为《戏启人生　剧透生活》。很多原创作品备受青睐，在中话节等比赛及大型演出场合，都深受好评。而今作为徐汇区戏剧联盟盟主，我校戏剧节还成为全区的戏剧交流节日，戏剧联盟学校跨学段进行演出交流，大家共同探讨戏剧教育，促进戏剧教育发展。

“幸福主题”课程已经成为我校高中“艺术综合主题课程”的重要组成部分，成为师生校园生活的重要内容，对学校发展产生了深远影响。

第九章 “艺术综合主题课程”的实施保障

我校“艺术综合主题课程”在实施之初,统筹思考和安排了在课程设计、硬件打造、师资培育和多元评价 4 个方面的工作机制,旨在为课程的实施全方位保障,促进课程的顶层设计引领性、完善硬件和软件全面性、凸显评价机制发展性(见图 9－1)。

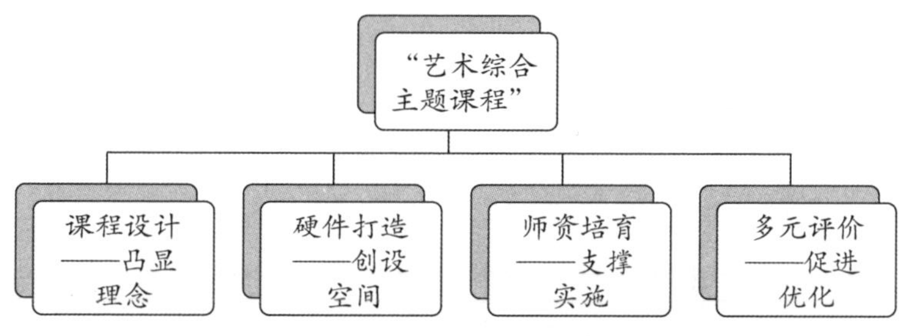

图 9－1 “艺术综合主题课程”4 个工作机制

第一节 课程设计:凸显“艺术综合主题课程”理念

在对戏剧理论的深入学习与教学应用的充分实践的基础上,我校以彰显“戏剧特色”、提升学生“艺术素养”为核心,在“个性化 3D 课程”体系的基础上,进一步深化,通过学科融合、经历体验与资源拓展,打造出上海戏剧学院附中“艺术综合主题课程”。

“艺术综合主题课程”通过创设学习情境、开发实践环节和拓宽学习渠道,帮助学生在学习过程中体验和感悟,构建和丰富学习经验,实现艺术知识传承、艺术能力发展,以及艺术价值观的统一;通过搭建多样学习空间,让接受、体验、探究、实践、展示等不同的学习方式在学校发生,从而促进了学生艺术素养的落实。

我校的“艺术综合主题课程”正是基于学生的需要和兴趣而进行设计开发的，通过建立教学信息管理系统，来保障学校的课程设计能够顺利实施和推进的。

一、围绕“学生中心”，学习者的需要和兴趣决定课程设计

课程是开展学校教育的核心载体，离不开真实的教育情境。在多年的办学过程中，我校不断积淀着自己特有的教育传统和课程特色，显示出教师长期以来对基础教育的理解和探索。新一轮高考改革在教育的目标、内容、方法、评价等层面进行了系统变革，必然引发学校对培养目标、办学理念、课程教学的全新理解和主动调整，我校意在通过“艺术综合主题课程”的实践，凸显教育的自觉性和主动性。

戏剧是离人最近的一种艺术形式，注重将人置于具体的情境中，激发人的潜能和创造力，我校“艺术综合主题课程”将学生的发展放在中心位置，教师在课程中是一个促进者的角色，为学生提供开放的学习资源、动态的评价机制、多样的课程选择，帮助学生在各种课程的经历体验中发现自己的优势和生长点，从而帮助学生发现自己，成就自己。

面对多种多样的基础课程与特色课程，学校利用“数字化管理信息系统”合理统筹每周 38 课时，使每个学生都有一张个性化定制课表。每周有 10 节 1 小时的课程，主要是提供给语文、数学、英语和体育模块课等渗透课程，做到每节课都能运用戏剧教育手段提升学生学习兴趣，促进学生学以致用。利用午休时间，做好学生兴趣激发和专业发展的指导工作，安排社团活动、“幸福讲坛”课程、“幸福主题”课程等特色课程。以 2018 学年为例，每学期下发给学生 467 张课表，做到了每张都按照学生的个性化选择进行制作。同时，学校关注每一位教师的专业发展，确保所有教研、培训、各类活动都正常参与，做好协调整合的工作。

二、完善“选课平台”，教学信息管理系统支撑课程设计

随着教育现代化、课程改革和新高考模式改革的深入推进，学校全方位推

进校园信息化建设工作,学校的校务工作、教务工作等都实现了网络化管理,以更好地借助网络和办公自动化软件为家长、学生以及教师提供更加优质的服务。尤其是教育教学信息化管理系统的选课管理平台建设,解决了传统人工管理的不便,使学校的管理人员能便捷地针对学生和教师的基本信息进行全面的管理,也能使每一位学生的个性化课表更加科学、合理。学校与网络公司合作开发的选课平台,有效地支撑了数学和英语的分层走班、六选三科目的分科走班、研究课和拓展课的学生与教师双向选择课程实施等,同时配套形成了一系列的选课操作办法,保障了学校各类课程的有序开展。

第二节　硬件打造:创设“艺术综合主题课程”空间

学校的硬件设施不断更新和完善,服务于艺术综合主题课程实施,以营造高品位的文化氛围为突破口,实践“处处是教育之地”“处处为学生所用”的校园建设原则,力求让校园自然环境和人文环境体现出学校特有的文化底蕴。

一、健全基础设施,为课程开发提供物理场域

目前已有艺术专业教室18间(形体教室、美术教室、音乐教室、播音主持教室、戏剧文学讨论教室、多媒体舞台仿真实验室、演播室、音乐排练厅、多功能排练厅、社会实验室、艺术厅等)。图书馆内馆藏图书达4万多册,已新建成电子阅览室1间。建立了现代化的物理、化学、生物实验室,创设了史地专用教室等设施。学校的公共教室、专业教室设有专人管理,班级包干,使用登记,既鼓励师生积极使用,提高公共设备的使用率,又做好了维护、保洁等工作。另外,这些设施不仅仅是专业课的授课场所,还是各学科教师突破传统课堂组织形式的实验阵地,更是全校师生浸浴艺术,心驰神往的乐园。

二、重构育人环境,为课程实施营造情景氛围

学校精心创设教育情境,希望走在校园中的每一个人都能感触到戏剧场、艺术韵,以境教人,以景启人,耳濡目染,努力达成育人的功效。当行走在精致

幽雅的校园中,你会感受到这里一步一景,处处都弥漫着浓郁的戏剧气息。你会看到“明人沚”的寓意与戏剧“以演员和观众为核心”的理念相一致,凸显了以人为核心的理念。戏剧墙、文化墙以及校园中随处可见的戏剧格言插片等,潜移默化地传递着戏剧的基础知识,熏陶着学生的人文涵养,影响着他们的价值选择。我们在培进楼一至四楼建立了学生画廊,展示着戏剧舞台美术专业学生的习作;同时也悬挂了各种演出的留影,再现戏剧点亮青春的瞬间。“梦想墙”自成一格,当学生们专注于绘制“梦想墙”时,他们不仅在呈现个体的戏剧素养,也在历练着自己吃苦耐劳、合作互助的精神品质。只要有创意,哪里都是舞台。一系列艺术环境的打造,充分发挥了艺术的凝聚功能、导向功能和激励功能。

三、涵育空间文化,为课程实施构建艺术生态

学校为校内每一幢建筑命名,通过一系列校园空间氛围的营造,使学校的每一个空间、每一个转角都成为教育和文化的宣传场所,成为学生追求人生幸福精彩的剧场。

培成楼得名于我校第一任校长安娜·培成女士。楼上镌刻有“1925”字样意在纪念我校建校时间。培成楼在附中的楼宇群中起着承载文化底蕴的重要作用,常思先辈之懿范,嘉惠后世之师生。

将主教学楼定名为“培进楼”,是为了纪念我校历史最长的“培进中学”的办学阶段,珍惜我校悠久的办学传统和成果,为附中的校友们珍藏住一份永远的母校情结。同时,也寄寓一代代年轻的附中学子不负学校栽培,奋发前进。

我们称图书馆为“行知楼”,勉励师生共同学习陶行知、思念陶行知,且行且知;我们称艺术教室汇集的小楼为“紫藤阁”,铭记校内的那棵百年老树,也希望从这里走出去的学生能如紫藤花(校花)那样攀缘着艺术之枝蔓延成长、凌空绽放。

“骥德楼”现是我校德育工作团队的主要阵地,“骥德”典出《论语·宪问第十四》篇。子曰:“骥不称其力,称其德也。”郑玄注曰:“德者,调良之谓。谓有五御之威仪。”寄寓附中学子如千里良马,有德有行,有仪有表。

“润艺楼”是我校艺术生艺术实践的主要场所,取名“润艺”意在彰显我校艺术办学特色。“校不在大,有魂则名;廊不在深,有韵则灵”,坚持我校文化为魂、艺术为韵的校园氛围建设,以艺润校、以艺润人,让附中学子在艺术氛围中耳濡目染。

第三节 师资培育:支撑“艺术综合主题课程”实施

学生们热爱艺术,并将艺术作为信仰不断为之努力和付出,而对于我们的教师来说,在学科教学之余,戏剧艺术特色也开启了他们对于戏剧艺术的再回首与新感悟。学校引进戏剧艺术教育方面的专家培训和一对一指导,教师也积极适应学校戏剧艺术特色发展定位,努力提升戏剧艺术教育专业水平,通过一系列的学习、培训和实践体验,丰富戏剧艺术教育专业知识和提升教学技能。

一、高端引领激发教师思维革新

一直以来,上海市教委、静安区人民政府、静安区教育局非常注重艺术教育,对上海戏剧学院附中的发展给予行政、资金、政策等多方面的大力支持,并多次莅临学校指导工作。上海戏剧学院还每年委派专职干部来兼任附中的艺术副校长一职,指导和协助我校开展艺术教学和艺术活动,搭建上海戏剧学院与上海戏剧学院附中之间的沟通桥梁。我校始终坚持“开门办学”。我们以最大的热忱欢迎各界朋友来上海戏剧学院附中交流学习,我们以最大的诚意走出去向同行学习。

“请进来”的有专家指导、名家讲座。

“学校发展顾问团”是加速学校发展的“强心针”,我们得到了余利惠、尹后庆、徐承博、顾志跃、杨国顺、顾正卿、郅庭瑾、胡兴宏、徐士强等许多专家的指导和支持。每一次专家到校,会议室总是济济一堂,没有课的教师自发前来旁听、记录和反思,及时更新自身的教学理念,了解学校的发展动态。在对于学校整体戏剧特色推进,包括艺术综合主题课程的创设中,杨国顺督学就说过:“坚持艺术特色高中品牌的新定向坚信激励教师专业潜能的新思路,坚守学生艺术专业发展的新突破……”是这群专家的高屋建瓴坚定了我们教师团队不怕苦、不怕累，利用业余时间提升艺术综合能力，用艺术的方式进行课堂教学的翻转与创新。这对于我们学校的教师来说，每一次的专家提点，都是对自己的思维革新。

“艺术专家顾问团”由一大批上海戏剧学院的教授组成，有范益松、吴洪林、傅建翎、李莉、王苏、高城、王学明等教授，他们在附中每学期都有示范课，着力于对“大中衔接”进行教学研究，由专业师资引领学校教师思维革新，为学生提供适合高中学生身心特点的艺术综合主题课程，旨在让专业学生走向“上品”、普通学生走向“人格”。全校教师都对示范课听课及研讨，学习教育戏剧、编剧写作、形体表演等新教学方法，通过专家们的点拨与互动，打破了我校教师与艺术教学的壁垒，开阔眼界，反思与创新自身的教学方法。比如艺术特聘专家示范课后，我校黄耀佳老师说：“范老师的课由点到面，一环扣一环，注重细节，层层推进，引导学生思考和反思，全面培养了学生作为演员的综合素质，充满了国际范儿。”陆婷老师说：“专家们的课活泼，善于调动学生气氛，学生乐在其中，体验、创想、感染并提升着！”学校关注教师的戏剧素养提升，人尽其才，不少非专业教师经过培训后已经在艺术拓展课、戏剧体验课中独当一面。

“学科专家顾问团”为我校提升教学品质保驾护航。何亚男、张颂方、王祖峥、叶伟良、周靖、裘腋成、袁芳、杨卫国、王生清、徐阿根、钱熹瑗、沈之菲等专家到我校指导教学，不仅是听课、评课，还磨课、研讨，精准地提升我校学科教师的专业能力，为我们戏剧特色融入课堂献计献策。

此外，由余秋雨、吕其明、袁岳、骆新等组成的“名家讲师团”的艺术人生无时不刻不让附中师生激奋，我们无数次被大师们的才华和对教育的爱而感动！学校名家讲师团阵容强大，相信还会有越来越多的社会精英到附中，引领精神，发光发热。学校通过高端引领，对人文艺术教育的理念、架构、实施都有了提炼和创新。

“走出去”的有大批高端培训。

两期上海市德育实训基地，我们先后有 14 名教师参加培训，第四期上海市普教系统名校长名师培养工程“种子计划”有 4 位教师入围，学校还举办了三期管理培训班，参加了青年后备管理人才训练营，等等。管理培训班从第一期的27人到第二期的36人，再到第三期的63人；青年后备管理人才训练营则汇聚了学校35岁以下17名优秀的青年教师，涵盖了学校所有的管理和科研人员。班主任和年轻教师一起读书、交流，听取专家讲座，外出参观学习，通过观察和思考不同学校、不同发展模式、不同行业的精英，取其精华，借助这些平台学习、成长。

二、主题研修深耕教师学研文化

我们通过多途径、多载体来加强学研的氛围，提高教师的专业素养和专业境界。学校开展各种类别的教学研讨活动，每学期除人人参与家常课外，还有专项展示研讨课，而且覆盖面广。我们通过在基础型课程中渗透戏剧元素，强调戏剧的四大核心元素贯穿在日常教学中，实现在课堂预设中生成，激发更多思维火花，培养学生的创造力。

我校在2018年内进行了6次主题为“共研深思，智慧共享，建构学习共同体——戏剧渗透主题公开课及研讨”的教学研讨专项活动，通过研讨，深入学习“角色、体验、合作、生成”的戏剧四大元素，融会贯通于日常教学实践，研究基础学科中渗透戏剧元素的方法与路径。此次研讨共有275人次的听课记录，5名市级专家出席，开课教师人数达22人，涉及12门学科，课后共收到教学反思426份，达21万字。

2019年上半年学校组织了主题为“深耕戏剧 增值教学”的教学案例征集活动，旨在基于掌握戏剧四大核心元素后，融合七大戏剧教育手段，全学科、全员加强专业戏剧方法，在每节基础课程中运用丰富的戏剧教育方法，使戏剧元素与课程目标与内容更加融合与贴切。

通过这一系列的研讨和征集活动锻造教师的人文底蕴，从而更好地培养学生的核心素养。与此同时，推进戏剧特色渗透在教学中的合理应用，提高课程人文艺术水平，推动课程改革的深化。像这样的主题研修还有很多，都在大大提高教师的专业素养和专业境界，深耕教学才能建设属于上海戏剧学院附中的学研文化。

在教师们能够接受和主动尝试戏剧元素渗透课程后，学校大力开展戏剧教育全校培训，旨在通过学习戏剧教育教学方法和手段提升课堂的专业性。比如我校邀请了上海市特级教师周飞进行“美剧思维与教学设计”的培训；体育教师姚垚老师积极参加上海市啦啦操教学培训；邬吉亮老师参加了由上海教委教研室主办、上海温哥华电影学院承办的“上海市校园电影院线建设项目——影视艺术专题课程教师工作坊”的培训；陆经纬、徐越蕾、朱星月、陈赛茅、姚垚老师参加了“上海市中小学骨干教师戏剧专项培训”。我校充分利用上海戏剧学院优秀艺术资源，邀请了上海戏剧学院编导专业的陈新煌博士为全体青年教师做关于“戏剧教育如何在学科教学中渗透”的培训。王婷婷等 9 位教师参加上海戏剧学院艺术学理论研究生进修班，其中骆雁琳的“论文学艺术作品中的蝴蝶意象”获得了上海戏剧学院研究生答辩专家组的高度评价。这些培训的目的在于通过戏剧教育的手段的学习帮助教师提升课堂教学的效率，通过实践操作和体验，在轻松愉悦的游戏讨论过程中，让青年教师理解戏剧游戏在课堂中的运用，引发青年教师对戏剧艺术在学科教学中渗透的积极思考。

三、打造平台促进教师能力突破

学校创设各种机会和平台为教师的专业发展与能力突破铺路。

（一）校长掌舵方向

肖英校长在学习方面一直以一位领航人在前进着，只要有最新、最热的学习内容和学习机会，校长就能在第一时间与全体教师进行毫无藏私地分享。在圆满完成第六十一期全国骨干校长高级研修班的培训后，校长召开了全校中心组学习会议，做了题为“做一名新时代的好教师”的精彩讲座。行政、教研组长、年级组长、全体党员、训练营成员、教工团支部成员、全体班主任与上海市级课题书稿撰写组成员等参加了此次学习活动。青年后备管理训练营的各位教师在聆听讲座后记录了自己的所思所得。华夏老师说：“新时代的教师要回答的三个问题：为谁培养人？培养怎样的人？如何培养人？校长深入浅出地提醒我们在教育教学中应该时刻警醒的部分。”

作为掌舵者，面临学校后特色时代的发展方向，肖英校长一直努力打造各种平台为全体教师提供跨界思维能力，面对自己的专业发展和教学突破。

一篇《理解小米组织调整的8个关键词》文章在学校引发大讨论，学校大批教师都通过小米故事思考学校未来的方向。这就是肖英校长作为领航人的魔力，能够让每一位附中教师都以主人翁的态度献计献策，提升主观能动性。就像魏丽娟老师说的："经过艰难的创建工作，我校已实现弯道超车，正式命名'上海市特色普通高中'。在后特色时代，我们一方面必须大力提升教学质量，形成上海戏剧学院附中独有的课堂教学模式；另一方面，必须深挖戏剧艺术教育的内涵，尤其加强对戏剧育人的研究。这两手都要抓，两手都要硬。这样的现实客观上要求各部门加强协调和工作的整合，防止工作的冲突和重复建设，这又促使我校必须进一步思考组织架构的调整。"每位教师都被周边积极的学习心态鼓舞着，时刻提醒着在教学精进方面要下大功夫，要紧跟大部队。

一条曲线——"汉迪曲线"在学校校领导及中层干部的脑海里又谱出怎样的华章？肖英校长在对"逻辑思维第二曲线"的学习中，悟到学校未来发展的关键时间就是现在。如何能够让教师们也清晰了解全局，并且为之奋斗，学校领导着实下足了功夫。学校中层干部各抒己见，给全体教师讲解他们眼里的"第二曲线"，表达对学校发展的理性分析，同时需要同仁们的信念、想象力和直觉，在付诸行动中更需要踏足未知领域的勇气等。肖校长这位领航人，带着大家跨出既定思维，从"汉迪曲线"讲到麦肯锡的研究结果，又到主动打破舒适区的案例与实施策略，真正带领干部团队、教师团队读书明理，听言明智。

（二）骨干带头实干

学校的发展，离不开骨干的带头引领作用。俗话说："火车跑得快，全靠车头带。"学校的骨干为什么可以如此尽心尽力地工作，这和管理培训班的学习有一定作用。从2014年9月，我校开展了上海戏剧学院附中首届管理培训班，2015年9月又第二期开班。坚持每月一活动，有参观企业、学习企业文化，有学习先进理念的讲座，有参观新技术运用的学校，有参观、学习先进课程改革的学校经验……内容丰富，教师们觉得很有意义，打破了以往学习培训枯燥乏味的固有模式，界内学习，也在跨界学习。在打开思路的同时，教师们开始改变了，学习已经慢慢成为这些骨干们生活的一部分。青年教师金鸽在参加管理培训班学习后说:“这气氛比我们大学时的读书交流会还认真啊,大家都好有想法啊!”大家一致决定把发言稿汇编成册,于是我们又出了一期《幸福教苑》增刊。“把学习当成一种工作态度和生活方式。”“腹有诗书气自华,上海戏剧学院附中的愿景值得期待。”我校方绪山老师如是说。

学校搭建的各种平台,让教师们在能力发展上不断突破自我。

在2017年6月和2018年的2月,上海戏剧学院附中教师进行了两次本体知识的考试,既是为了提高学科的专业能力,也是为了研究命题,寻找本教研组命题中的问题,探索新高考背景下的命题方向。由此得到了全校教师的支持,也起到了良好的效果。教研组、年级组在每学期末要面向全体教职工汇报、交流本组一学期工作,并接受全校教职工的考评,这又是一个互相学习与互相竞争的过程,从而形成了“你追我赶”的良好态势。

学校实施的“项目制”,激发了教师的创新活力。所谓“项目制”,就是将学校的重点工作分解为几个项目,通过公开招聘和专家答辩的方式产生项目工作室的负责人和成员。这种方式体现了双向选择性。“艺术综合主题课程推进项目”就是经过公开招聘和专家答辩,产生项目总负责人,负责人又通过公开招聘和组内答辩的方式确定项目工作室成员。在这过程中,项目工作制的管理方式激发了学校教职工积极性和创造性的发挥。从全校教职工踊跃报名的盛况来看,教师的积极性空前高涨;从实施的效果来看,如戏剧体验课的自主性、创造性探索和幸福积分课程的层次性、多元性开发等,都证明了新的工作方式能促进教师的专业提升和高效率工作。

学校在全体师生中开展了两届“上海戏剧学院附中与我”的主题征文比赛,获奖文章编辑成书供大家阅读,部分获奖文章以演讲的方式与大家分享,分享的过程是文化凝聚的过程,分享的过程是感动人心的过程,这一带着上海戏剧学院附中LOGO的文化活动起到了意想不到的效果。我们创办了学校校刊——“幸福教苑”,以此来激励教职员工勤思勤写。自2014年创刊以来,已出版10期和1期增刊,共发表了295篇文章。当大家看到自己的文字或作品被印刷在精致的刊物中时,当自己的成果被更多人传阅时,当优秀的文章被推荐到更高的平台发表时,激励的作用被无限延伸。

学校创造条件促进教师个性的自主发展，教师专业发展符合课程发展的需求和教师自身发展的需要。教师们多了一些学术之争、百家争鸣；多了一些教育视角、多维空间；多了一些合作、共赢，互帮互助，在各种评选活动中，促进了教师的专业和育人能力的突破与发展。

在艺术综合主题课程中，因为有了全体教师的实验、专家教师的引领，这才推动了师资团队的互相切磋与学习研究。每一次磨课、听课、说课、上课的过程就是研究的过程，课后的评课过程就是反思的过程。这也是教师们对自身的专业技能和素养进一步积累和沉淀的过程，最终每位教师都有不同层面的收获。

第四节 多维评价：促进“艺术综合主题课程”优化

肖英校长曾说过：“这里没有差生，有的是暂时没有被发现闪光点的‘好苗子’。”我们的学生是艺术的优等生，是综合能力的佼佼者。我校师生也为有这样一群学生而深感自豪和骄傲，并给予他们充分肯定和广阔的发展空间，这样的教育评价氛围在上海戏剧学院附中生成已久，并形成了多维度的教育评价生态。

一、分层化评价标准

我们倡导多元发展，全面发展，但并不是要求学生在每一个方面都出类拔萃，在每一个领域都胜人一筹，而是鼓励和指导每一个学生在促进其基本素质全面发展的基础上发展特长，彰显个性，实现差异性发展。“让非艺术班的学生能入格，让专业的学生臻于上品”，是我校在艺术素养方面对学生的培养目标。我校对于普通班学生的艺术素养提升，更多的是艺术和普通教育相结合的艺术综合主题课程，为其提供展现自我艺术造诣的平台，促使普通班学生多元潜能开发。艺术综合主题课程中的数学、英语、“六选三科目”、戏剧体验课、拓展课、研究课、体育课，皆采用分层走班的形式进行授课，因此在备课中凸显分层走班后教学内容、活动设计等的多样性，同时在评价时更强调分层化评价。每学期为学生提供学科成绩曲线图和雷达图的解读，更加侧重于在分层班级内的水平变化和自我变化的区间，帮助他们更客观、更细致地分析自己，给出合理评价。而针对艺术班学生的专业发展，戏文、表演、播音、美术四个专业均由特聘专家领衔负责该专业的课程设置、师资安排和期末考核。

二、多样化评价内容

艺术综合主题课程是国家三类课程的有益补充，是彰显学校办学理念和办学特色的重要载体。学校本着提升学生综合素质、创造适合学生发展的教育的原则，开好、管理好学校的校本课程。为了促进学生参与艺术综合主题课程的学习，评价其学习效果，特制定了“过程性评价+任务性评价”相结合的原则来评价学生的成绩。过程性评价贯穿于艺术综合主题课程的每节课，任课教师根据学生的表现予以量化打分。因此，考核成绩对于上海戏剧学院附中的学生来说，只是重要指标之一。首先，我校将过程性评价和情境性评价也作为重要的评价方法，如学生的日常行规、作业完成情况、在小组活动中担任了什么角色、课堂表现等都计入评价内容。其次，实践能力是重要加分项。人文之旅、青春禁忌游戏的演出等活动便是学生进行社会实践的重要平台，形式多样，适合不同学生参与。著名教育家叶澜教授认为：“在一定意义上，教育就是直面人的生命，通过人的生命，为了人的生命质量的提高而进行的社会活动。”我们认为，教育的评价内容也应服务于学生生命质量的提升。在学生中，我们每学期除了评选“三好学生”“优秀干部”“三好积极分子”“先进班级”外，还结合各种课程和各项活动评选出“幸福积分小达人”“博览之星”“艺术之星”“公益之星”“幸福班级”“书香班级”等。

三、动态化评价过程

基于学生的个性化发展，我校艺术综合主题课程建立了动态评价机制，即教师悉心追踪每一位学生学习的历程，及时发现学生学习兴趣，并给予相应的考核和评价，为其进一步发展提供参照，具体可细分为三类动态评价。一是普通班学生流向艺术班。我校充分利用上海戏剧学院的教育资源，开设高端精品课程，让学生与艺术经典对话，还充分利用校外课程资源，如博物馆、美术馆等公共艺术展馆，为学生搭建零距离感受艺术魅力的平台，让学生在体验中发现自己的兴趣所在。如果普通班的学生在学校艺术氛围的熏陶下，想进入艺术班，我校会邀请上海戏剧学院的特聘专家对其进行个性化的考核，如果通过即可再次选择班级。同时，授课教师也会在拓展课的教学和个人辅导的过程中，兼顾所有学生，对学生多鼓励，重视“罗森塔尔效应”的作用，有目的、有意识地发现学生的艺术潜质，及时了解学生的需求，从而实现普通班与艺术班之间的横向流动。二是艺术班学生流向普通班。艺术班的学生如果发现自己对艺术没有兴趣，也可以再次转向普通班进行文化课的学习。三是艺术班之间的相互流动。在这里，每学期都有为一个学生想转班而专门组织一场考试的案例，有些同学成功转入，有些同学没有转入。无论结果如何，他们都深刻意识到自己的长项和短处。如此三类动态流动机制让学生和教师在评价中共同起作用，从而服务学生个性化发展。在流动的时间上，我校也实行定期和不定期相结合的方式，近 4 年来，已有 26 位学生通过此机制实现流动，找到适切自己的发展的途径。我们认为，教育评价最重要的意图是为了改进，而非证明什么，是为学生的发展而服务，应强调反馈和矫正功能，及时发现问题，促使教学工作不断改进，不断完善。而我校动态化评价过程的出发点，正是为了给学生更多选择的机会与可能性，创造适合学生的教育。

聚焦学生发展，评价学生的动态发展过程，多维评价学生综合素质发展，尊重并评价学生发展的差异性，并为学生进一步的发展提供参考和导向，取代原有评价体系单一甄别的功能是未来教育评价的必然发展趋势。

在实施“艺术综合主题课程”中，我们不断摸索适合上海戏剧学院附中戏剧特色的发展方式，以学生为中心的课程设置，以人文艺术为底蕴的硬件保障，以跨界发展为抓手的师资培育，以综合素养为主线的评价机制，真正为课程的实施提供了最适切的保障，不断促进了课程对学生学习的功能性和发展性。

第十章　“艺术综合主题课程”的实施成效

第一节　助力学生个性化全面发展

艺术综合主题课程注重课程实施分层分类、课程内容自主选择、课程资源熏陶体验，这些改变了原来课程内容固定、时空固定、集体统一的学习方式，而是关注学生的个性，让学生享有充分的自主选择权利和个性化的体验。每位学生都有私人定制的课表，都有个性选择的课程，每一位学生都是学习独立的个体，有充分的自主空间。在艺术特色课程的浸润下，学生的综合素养也得到了全面提升。

一、享有自主发展空间，提升专业素养

我校以艺术综合主题课程为载体全面提升了学生的专业素养，成为优秀艺术专业人才孵化的摇篮。在 2017 届毕业生中，有 3 位同学考入中央戏剧学院（当年中戏在上海只招收了 4 名学生）；在 2018 届表演班毕业生中，参加高考 19 人，其中有 8 位同学进入了中国传媒大学、上海戏剧学院、中央戏剧学院、北京电影学院等艺术类高校中的表演类专业，占总人数的 42.10%。有 10 位同学进入了上海师范大学谢晋影视学院、四川传媒学院等艺术类高校的重点专业，占总人数 52.63%。在 2019 届的毕业生中，有 2 位表演班的学生（一位考入了上海戏剧学院，一位考入了上海音乐学院）在毕业典礼上为自己的班主任创作了一首《五班那些年》感恩班主任和学校的 3 年栽培。

2018 届考入中央戏剧学院表演系的刘一谷同学说道：“上海戏剧学院附中给予我们专业技巧上的提升，初入附中的我们就像是几块璞玉，要想成才必须经历雕琢，而附中请来的优秀上海戏剧学院资源就是我们的领路人了。初进附

中的我是一个声乐略有优势，说台词还有待改进，形体表演几乎一窍不通……但是在老师们的专业指导下，我成为声台形表都不错的考生……学校提供的那些社团汇报演出、艺术节、戏剧节，远远多于在普通高中的上台机会，由此让我们的心理素质高于一般考生，心理素质很大程度上决定了考场上的发挥……而在附中锻炼的良好心理素质，就能很大程度上减少失误的概率……感谢附中让我从懵懂到明理，从幼稚到成熟，从徘徊迷茫到豪情万丈！”

我校独有的“双向流动机制”同时保障了普通班、艺术班学生个性化发展需求，专业学生能够有好的升学去向。通过普通班和艺术班之间的流动，不仅满足了艺术班学生探索专业道路之后的决定变更，更是满足了普通班学生的艺术逐梦。2018届毕业生于飞阳、孔令泽作为普通班学生以高分成绩考入了上海戏剧学院舞台美术专业。

二、浸润艺术特色课程，提升综合素养

“艺术综合主题课程”是学校戏剧艺术特色发展的课程支撑，戏剧艺术元素的融入，戏剧艺术教育手段（戏剧教学法）在基础课程中的运用，戏剧教育内化于心，外化于形，不仅提升了学生外形气质，促进学生沟通表现能力提高，而且提升了学生核心素养，尤其是人文素养、创新素养、实践素养、审美素养等综合素养。

学校曾经就人文素养测评进行分析发现，91.22%的学生认为人文素养的培养非常有意义，有利于增强社会责任感和使命感，顺应社会发展。88.55%的学生认为校园文化能丰富素养提升。

“艺术综合主题课程”对学生创新素养和审美素养的提升更为凸显。学生在“幸福主题课程”“戏剧体验课程”等课程中，拥有了广阔的体验空间，激发了学生想象力，为创新力插上了翅膀。同时，学校戏剧艺术特色本身独有的审美内涵，成为学生审美素养提升得天独厚的条件。在角色体验过程中，学生深刻体会了真善美、假恶丑，进行黑白争论、是非判断，在认识美、发现美、体验美、创造美的过程中强化学生对真善美的坚定追求。我校学生作为上海市“中话节”常客，连续三年获一等奖、最佳女主角、最佳男主角等多项大奖。不仅如此，

2017 年至今，我校获得上海市一等奖以上各类奖项高达 26 项。学校每周一期的微信“约伴悦读”栏目就是学生交流读书心得的地方，他们不仅渴望艺术，也热爱阅读，“以书为马，不负韶华”。

在艺术综合主题课程的浸润中，我校学生的生长力量不断蓬勃，毕业生的社会影响力与日俱增。艺绘画展览上，更有附中精神的传承与发展。我校还有一对传奇的姐弟，他们是姐姐高嘉璐（米咪）和弟弟高海朕。高嘉璐是我校 2015 届毕业生，美术作品就已经在世界各地多次受邀展出，广受好评。2014 年，她在上海戏剧学院举办首次个人书画展——“从校园出发”。2016 年，她的个人画作被厦门保利开设秋拍专场。2017 年，她在纽约曼哈顿切尔西画廊举办个人画展。高海朕是我校 2016 级表演专业学生。在第四届“追逐梵高（凡·高）”国际美术大赛中，他成为高中组的特等奖“金向日葵奖”的获得者，也是 2014 年大赛开赛以来首位获得高中组特等奖的选手。2018 年 8 月，他在海上文化中心举办了首个个人画展。2019 年他成立了“奇异恩典——VDAC 海朕艺术基金”，用自己的绘画成就回馈社会、感恩社会。

毕业生在追寻自己的幸福人生时，他们学会了善良，懂得了感恩，希望用自己的努力来回馈社会。在“艺术综合主题课程”的浸润下，我们的学生外在表现为自信与美丽。

第二节　引领教师专业化多元发展

在学校“艺术综合主题课程”的推进和深化的过程中，学校组织骨干教师团队走访名校，交流观摩、深入学习，有计划、分阶段地邀请了课程专家教授来校点拨指导，精心筹备组织了市区级的教育教学展示活动。由此为教师提供了多渠道的学习与交流的机会，搭建了展示与发展的平台，引领了教师专业化多元发展。

一、提升了教师的课程领导力

在戏剧艺术特色学校创建的过程中，我校教师积极学习“戏剧教育”“教育戏剧”等理论，并在课堂教学中予以实践，课堂教学中渗透戏剧元素成为我校基础型课程教学的一大特点。教师运用戏剧表达手段进行了课堂设计，由此丰富了课堂内容，活跃了课堂形式，提高了教师课堂主导能力。

任教戏剧表演体验课的陆经纬老师带领戏剧体验课的其他教师汇总 3 年来研究成果，形成了“戏剧表演体验课程标准”。这是我校艺术综合主题课程实施的重大成果。在课程领导力项目的扎实推进中，部分教师已经实现了由课程的组织者和实施者逐渐向开发者和设计者转变。

“上海市高中名校慕课”网的课程资源建设上有上海戏剧学院附中的身影。我校汪洁、朱星月两位艺术教师开设的“经典动画赏析与实践”和“电影音乐赏析”两门课程，共计有 324 人次参与学习。陆经纬老师面向静安区教师以及上海市 17 所戏剧特色学校推出了“戏剧教学原理与实践”的师资培训课程，邬吉亮老师开设了“仿真舞台演艺课程”的区级共享课程。在线课程的推出，是我校戏剧艺术特色办学的实践经验总结，也是线上与线下教学资源优化的有效途径，满足了个性化学习的需求，也是我校戏剧艺术特色教育辐射输出的重要平台。我们的年轻教师在此平台上收获了更多专业技能领域的前沿动态，并将其运用于日常教学中。

二、锻炼了教师的行动研究力

近年来，我校教师的教学科研能力迅速提升。一是越来越多的教师得以在区级以上平台学习。2017 年，继 5 位教师从上海市第四届学科德育实训基地结业后，又有 9 位教师成为上海市第五届德育实训基地的学员。二是市区级教学科研获奖攀升。多位教师在区级教学展示中获得一、二等奖，更有若干教师在市级教学展示中崭露头角。我校朱星月老师的课程被评为“2018 年度一师一优课”活动教育部优课，汪洁教师荣获 2018 年度上海市中小学中青年教师教学评选活动——中学艺术学科一等奖，且被收入上海市艺术学科教学指南。从 2016 年到 2018 年，我校共有 41 项区级以上课题获得立项，26 项课题结题，目前有 15 项课题在研。仅在 2018 年公布的静安区青年课题立项工作中，我校便有 9 位青年教师申报，7 位成功立项，通过率 78%，是高中组立项数最多的学校。课题研究提升了教师的教科研能力,助推了教师个人的专业发展。

以我校荣获2018年静安区“青年精英”称号的年轻教师金鸽为例,自2014年工作以来,坚持科研引领教学,先后独立承担市、区级课题三项,在《思想政治课研究》《教育参考》《上海教育》《现代教学》《静安教育探索》等刊物公开发表论文多篇;曾获上海市中学政治教学论文评选一等奖、上海市法治教育优秀教案一等奖、上海市中青年教师教学比赛二等奖、上海市情报综述征文二等奖、上海市青年教师课题成果鉴定三等奖、静安区教师教学能力展示一等奖、静安区个别化征文三等奖;2017年9月被评为上海戏剧学院附中“优秀党员”,2014年担任副班主任被评为上海戏剧学院附中“平安校园行”暨2017届新生军训优秀指导教师,并指导学生研究课课题多次获校优秀课题。她说:“教师的发展与学校的发展具有很强的同步性,学校是教师发展的重要推手,尤其是学校艺术综合主题课程的推进,为教师的教科研提供了很好的机遇和平台。”

三、激发了教师的学习创造力

磨课的过程就是研究的过程,课后的评课过程就是反思的过程,这也是教师对自身的专业技能和素养进一步积累和沉淀的过程,每位教师都有不同层面的收获。2018年人人参与“我的教学反思行动”撰写与演讲,让教师们再一次静心思考教学,学习借鉴同行。本次反思活动涉及所有学科、所有教师(包括校长、书记),学校职工既是听众,也是工作人员。撰写的教学反思文章达15万字,共有12名专家作为评审嘉宾,评出一、二、三等奖,共计24人。华东师范大学博士生导师郅庭瑾教授参加后说:“这样人人参与、个个反思的活动应该经常性开展,特别有意义。”此外,人人参与校本培训,有师德提升方面,有戏剧教育方面,有新课程理念方面等。人人加入项目、课题、论文等研究之中。比如学校的课程领导力项目涵盖课程、教学等方方面面,每个教研组根据自己组的实际情况做相关的课题研究,每个教师们根据自己的课堂教学认领一些课题,以研促教。

我校戏剧表演体验课的李晓霞本来只是一名语文教师,在教授戏剧表演体验课时发现自己的艺术素养的欠缺,于是她利用假期参加上海市百千万字戏剧工作坊学习，并利用所学知识指导教学。她的作品《借钱》于 2016 年 12 月在上海戏剧学院新空间剧场演出，她的作品《分手》于 2017 年 12 月在上海戏剧学院新空间剧场演出，她的剧本《诺》获得第五届中话节最佳编剧，《诺》还获 2018 静安区中学生艺术节戏剧一等奖。她说：“艺术综合主题课程为我推开了戏剧的大门，里面一片神奇！”

第三节 推进学校特色化内涵发展

以上海新高考改革为契机，我们以课程统整的思路系统梳理了学校课程，并切实地围绕学校的戏剧艺术特色推进课程的个性化、多样化建设，形成了颇具特色的“艺术综合主题课程”图谱。这一课程体系凝聚了上海戏剧学院附中人多年的研究实践成果，充分体现了校长的课程领导力，教师的课程驾驭力以及学生的课程理解力，并从最核心的课程建设领域推动了我校创建上海市特色普通高中的实践，推动了学校的特色化内涵发展。

一、熔铸了戏剧艺术品牌

（一）确立了学校发展定位

在以戏剧艺术特色为核心的“艺术综合主题课程”体系构建的过程中，我们不仅着眼于戏剧艺术“技”的学习，而且深入至戏剧艺术内涵，从“道”层面进一步感染、影响全校师生。短短几年内，我校取得了极好的社会声誉。2016 年 11 月，“高中艺术综合主题课程开发与实施研究”成功立项为市级一般课题和区级重点课题；2017 年 11 月，成为上海市学生戏剧活动中心；2018 年 3 月，“构建戏剧艺术特色课程体系的实践研究”荣获上海市基础教育成果奖二等奖；2018 年 5 月，我校成为静安区“戏剧教育联盟”盟主学校。我校尽力推进静安校园戏剧教育研究与普及，促进静安校园戏剧之发展，提升校园戏剧整体水平，引领学生树立正确的审美观念，培育深厚的民族情感；2019 年 4 月，我校成功挂牌“上海市特色普通高中”。

一系列办学成果的涌现，使家长对学校的认可度也大大提高。近几年，我校每年均进行学生、家长与教职工的满意度调查，其中针对“学校特色”“艺术育人氛围”“学校文化”三个维度调查的各项指标均连年攀升，各方面满意度均超过93%。一系列数据充分体现出师生、包括家长对我校戏剧艺术特色的认同和众志成城的决心。

（二）获得了社会广泛关注

学校办学成果也引起了广泛社会关注，看看新闻、文汇教育、今日头条、上海教研在线和东方网等新闻媒体大力报道了我校戏剧艺术特色教育，澎湃新闻的名校长访谈独家专访了肖英校长的治校理念。上海教委普教所的汤沐春所长激动地写下一首诗赠予上海戏剧学院附中：“校园小巧巧安排，戏剧教育育全人，课程特色色缤纷，师生幸福福满怀。”2019 年上海市教委主任陆靖在做客《民生访谈》节目时，特别提到了我校的戏剧艺术教育。

每年的学校艺术节和戏剧节上，四大专业的艺术生各展所长——戏剧、歌舞的表演细致入微，舞台光电的设计绚丽绝伦，诗歌、剧本的创作真情流露，朗诵字正腔圆，主持大气、谦和。既有艺术生的精彩演绎，又有非艺术生的全情参与；既有舞台上的倾情投入，又有后台的一丝不苟；既有在校生的风采展示，又有校友鼎力加盟。如第十三届艺术节“同谱青春曲 共筑艺术梦”，既是一场 90 分钟的艺术盛宴，又是上海戏剧学院附中 13 年来戏剧艺术特色办学的成果展现。此次艺术节的规模空前，节目精彩纷呈，莅临的外请专家、领导、媒体共达 1000 人以上，产生了极大的社会反响。此次艺术节既是上海戏剧学院附中戏剧艺术教育专业水准的体现，也是几代附中人精神面貌的集中展现；既是上海戏剧学院附中戏剧艺术文化浸润的风采展示，也是附中戏剧艺术教育的精神传承。上海戏剧学院附中正在用实力展示着风采，用成果证明着优势。

（三）促进了国内外交流合作

我校的戏剧艺术特色也吸引了国内教育同行的关注。先后有来自山东、云南、四川等全国 30 多个省市兄弟学校接踵而来，进行参观、交流与学习。几乎每周学校都有来访外宾接待工作，这也是社会对我校戏剧艺术特色办学成果的肯定和赞赏。2019 年 5 月 8 日，华东师范大学校长培训中心的第六一届全国骨干校长高级研修班的 47 位校长们一行来到我校，展开了为期一天的交流学习。

从听课、座谈，再到研讨，全方位参与附中生活的点点滴滴。

这些名校长们最直接的感受就是：“上海戏剧学院附中是一所向美而生的学校，校长是一个‘大写的女人’，带领团队们办着幸福教育，生生不息。”也有校长这样评价：“上海戏剧学院附中为所有的高中提供了一个素质教育的新范式。”

我们的“戏剧艺术”特色教育也在走向国际化。在“环球之旅”课程的开发过程中，我们先后与日本、德国，以及美国的康涅狄格州的ECA学校、以色列海法市、澳大利亚科林伍德学校、丹麦的Koge Handelsskole学校等建立了交流机制，大大促进了中外教育的交流与合作。

二、创新了特色发展路径

在构建“艺术综合主题课程”体系的过程中，我校将核心议题拆解成3个不同层面，在漫长的实践中，对我校的特色之路做出了有意义的探索。

其一，专注普通学生与艺术专业学生共同发展，探索戏剧艺术特色课程全面育人新路径。戏剧教育最终指向人格教育，是实施人文素养教育的重要载体，开展戏剧教育活动，对于培养德、智、体、美全面发展的创新型人才大有裨益。我校的生源由两部分组成，有三分之二的学生是面向上海市招生的艺术生，还有三分之一的学生是面向静安本区招生的非艺术生。作为一所特色普通高中，我们依托课程使戏剧艺术教育惠及全体学生，促进全体学生共同成长。

其二，聚焦艺术专业教师与基础学科教师相互融通，探索戏剧艺术特色课程，促进教师创新思维、跨界发展新模式。新课程理念下，“教师即课程”已成为一种共识，这意味着教师不仅是课程实施的主体，也是课程开发的主体，教师在实施课程的过程中开发课程、创生课程。在此背景下，如何促进教师发展显得更为重要。我校除了在职在编的基础学科教师，还有近30位来自上海戏剧学院等高校的艺术专业教师。我们以戏剧艺术特色课程的开发和实施为载体，促进了两类师资相互融通，促进了基础学科教师戏剧艺术素养的全面提升。

其三，构建戏剧艺术特色课程体系，探索国家课程“校本化”和校本课程“特色化”新思路。《国家中长期教育改革和发展规划纲要（2010—2020年）》提出

“要推进培养模式、办学体制多样化，扩大优质资源，满足不同潜质学生的发展需要，普通高中应沿着特色化、多样化的方向发展”，而特色学校的建设必须依托富有特色的课程。结合我校多年的历史积淀及戏剧艺术教育经验，在国家课程整体框架下，我们构建了戏剧艺术特色课程体系，使我校从“学校特色”走向了“特色学校”的发展道路。

三、打造了戏剧文化场域

文化是一个学校的灵魂和根基。学校努力形成了戏剧特色的文化场域，提升了师生的专业素养，优化了人文学习环境，培育了师生幸福感。通过文化引领保障了“艺术综合主题课程”的开发和实施，调动了全校师生的内驱力和创造力，发挥了最大的主观能动性。

（一）精致典雅的校园环境

在“艺术综合主题课程”开发和实施过程中，我们精心创设教育情境，希望走在校园中的每一个人都能感触到戏剧场、艺术韵。在校园这个大剧场里，剧场设备丰富、齐全，剧场景观精致、典雅，全息空间明智、悦心。

当漫步于“行知道”上或静立于“陶行知像”前时，“知行统一”“爱满天下”的思想便会时刻引领教师去追求教育的本质，启示学生去感恩教育的温暖。当我们给校内的每一幢楼命名时，“培成楼”是为了追忆1925年首创的培成女中，“培进楼”是为了纪念历史最长的“培进中学”的办学阶段；我们称图书馆为“行知楼”，来勉励师生共同学陶思陶，且行且知；我们称艺术教室汇集的小楼为“紫藤阁”，来铭记校内的那棵百年老树，也希望从这里走出去的学生能如紫藤花（校花）那般攀缘着艺术之枝蔓延成长、凌空绽放。

（二）自主开放的办学文化

上海戏剧学院附中一直以来坚持“开门办学”。开放是一种包容、学习的态度。我们以最大的热忱欢迎各界朋友来上海戏剧学院附中交流学习，我们以最大的诚意走出去向同行学习。仅2017学年度至今来访交流就有24批589人次。“请进来”的有来学习新高考背景下的走班制教学的，但更多的是来学习交流特色学校建设与发展，“请进来”的多是专家指导、名家讲座、学长归来；“走出去”是跨界交流，由专家引领，同行学习，艺术观摩。这些年，邀请上海戏剧学院附中的领导做公益讲座、传播特色学校经验的也越来越多：2018 年 7 月肖英校长受“爱飞翔”公益组织的邀请，为全国 16 各省市的乡村教师做题为“打造全息剧场，培育核心素养”的专题讲座，深受好评；2018 年 9 月受《首席 ELITE》摄制组诚邀，免费拍摄上海戏剧学院附中，国庆期间，在东方航空、上海航空等国际国内航线上电视播出，并以图书的方式结集出版，目的是想从美育教育的方向探讨现代教育中人文艺术的意义。

信息化时代开放的平台与路径很多。微信公众号作为上海戏剧学院附中一张醒目的名片，截至 2018 年 9 月，共推文 1 390 篇，总关注人数达 8 355 人，让越来越多的人走近上海戏剧学院附中，了解上海戏剧学院附中。自 2014 年，上海戏剧学院附中微信公众平台创建以来，我们已拥有“骥德知行”“科研天地”“约伴悦读”“课改之窗”“艺术特色”“家家有戏”“生涯专栏”“青春放映室”“学生园地”“人文素养”“教工之家”等十几个微信宣传板块，内容覆盖面大，参与人员从板块负责人、参与学生到分管领导，我们建立了一套属于上海戏剧学院附中清晰而完整的戏剧特色的教育文化输出的程序。

结语　“艺”犹未尽

这里是成长的剧场、梦开始的地方，这里倾注着老师们的辛勤汗水，满载着莘莘学子对理想的憧憬和希望。

艺术属于每一个有梦的孩子，上海戏剧学院附中也永远是热爱艺术的同学展翅的地方。

一、雏凤清声　鸣于朝阳——往届优秀毕业生感言

梦开始的地方

王林，上海戏剧学院附属高级中学2007届戏文班学生，2012年毕业于上海戏剧学院戏文系。2010年至2011年由上海戏剧学院选送至美国纽约电影学院，获得全额奖学金。她的编剧、导演作品主要有：公益广告《地震来临时》、故事短片《如子如父》《魁北克，冬》，实验短片《浮生一日》等。其中，实验短片《浮生一日》荣获第十七届圣地亚哥亚洲电影节最佳短片，第十二届欧洲卢卡（Lucca）电影节最佳短片，第六届意大利Movievalley Bazzacinema电影节费里尼导演奖等12个奖项。现从业于洛杉矶Alpha Pictures、电影、IP开发。

附中给我的第一印象是一封在门房搁置了半个月的迟到的信。

那是初三最浑浑噩噩的时候，冬天还未完全退去，出门的时候天还灰着，回家的时候已经全黑，阳光明媚的时候，我们却躲在教室里做考卷——那个时候，连食堂都遗忘了，更别提门房了。中考临近，天也渐渐暖和起来，放学的时候走出还是阴凉凉的大楼，四周都弥漫着一种暖烘烘的气息，还有春天香味儿，大家对鲜活的春天的记忆似乎被唤醒，心情也似乎有些明朗了起来。就是那样的一天，走出校门，经过门房的时候，有人提醒我，橱窗里摆着一封信，已经放了很

久，上面写着：王林同学收。那天是个周五，4 月 23 日。

附中给我的第二印象是一张粉红色的信纸。

4 月 23 日，我在同学们好奇的目光下拆开这封信。白色的信封里面是一张粉色的信纸，上面写着：“王林同学，欢迎你来报考我校。上海戏剧学院附中是一所艺术类……”突然觉得一阵不可思议的脸红，一股热气从脚底出发，一直窜到了我的脑门儿。当时根本不明白怎么回事，这张粉色的信纸仿佛一瞬间改变了我平淡无奇、一成不变的备考生活，好像我的生活里除了念书，又重新冒出来了什么东西，据我日后理解，也许就是我对“艺术”二字的本能的感动。

参加完附中考试之后的日子仿佛就过得特别快，原先好好念书是为了考好学校，可是到底考哪个好学校呢？好学校难道就和这里不一样吗？好学校和好学校之间又有什么不一样呢？好学校是一个概念，我们仍然是盲目的。但是，我却有了目标，好好学习是为了进上海戏剧学院附中，尽管有很多人说，不用好好学照样能进上海戏剧学院附中，但是那种有了目标后的冲劲儿是停不下来的——好好学习是为了进上海戏剧学院附中，进上海戏剧学院附中是为了学艺术，学艺术是为了过不平凡的生活。

于是，我进了上海戏剧学院附中。

附中给我的第三印象是一张张和我一样自信的笑脸。

在附中到底学到了什么？氢氧化钠学到了，国际关系学到了，上下五千年、等差数列、牛顿定律……一个高中生应该要学得东西在附中都学到了，虽然比不上重点高中的学生学得好，学得深，但是我们却学到了他们学不到的东西——一种能力，一种自信。说起来虽然都是很抽象的东西，但当时的我们只要一走出校园，区别我们和其他学校学生的恰恰是一种由内而外的自信，“附中的孩子，走出去就是不一样！”这是老师的自信，也是我们的自信。大家都是热爱艺术的孩子，因上海戏剧学院附中而聚在了一起，聊着聊着，笑声一片。从来没有接触过的上海戏剧学院老师教授的专业课，也是上着、上着，笑声一片。高中三年，要真正学会表演的技术、写作的技巧其实很难，但是无论是表演还是写作、美术，真正靠谱、一辈子受用的不是技巧，而是一种“气”，可以说是灵气、才气，也可以说是气质。打一个不恰当的比喻，这里就像个“桃花源”，一个很纯的地方，老师没有杂念，仅仅是为了打磨我们这一块块璞玉，去掉杂质，放出与众不同的光彩；我们没有杂念，只是想要学好艺术，拥有一种与众不同的气质，拥有一种与众不同的生活。

星辰大海　上下求索

何雨婷，上海戏剧学院附属高级中学2011届学生（表演转戏文），后考入上海戏剧学院戏文专业，获文学学士学位，又获得华东师范大学教育技术学理学学位。上海戏剧学院2015级编剧学理论MA，美国哥伦比亚大学戏剧系国家公派留学生。主要作品有：首部外百老汇英文原创中国古装话剧《枫梓乡》（*Where Is My Maple Town*），话剧《第八号当铺》《福康里3号》（获国家艺术基金），儿童剧《新葫芦兄弟》，电视剧《青春二月当艳阳》，音乐剧《摇啊摇》等。曾获田汉戏剧文学奖一等奖、国家奖学金、上海市奖学金、上海市优秀毕业生、本科期间全部校一等奖学金、全国新概念作文大赛二等奖、全国校园戏剧征稿比赛一等奖、全国广播电视微视频大赛最佳剧本大奖、上海文化发展基金会资助青年编剧项目等。

今年是我邂逅戏剧的第二十二年，也是正式学习戏剧的第11年。今年是我要从上海戏剧学院硕士毕业的一年，也是我在附中教艺术课的第三年。收到了附中老师给我的一篇文章，那是8年前的我写下的“那些属于成长的日子”。她说希望我再写一点什么，把这些年的心路历程都写进去。读着多年前的文字，像是又看到了那个18岁的、憧憬着未来的自己。

许多年过去，戏剧在我心中究竟是什么呢？

22年前，我第一次在艺校邂逅了戏剧，那时候不懂何为戏剧，只觉得演戏好玩。第一次演话剧的时候，披星戴月地排练了一个月。剧组每天提供两根法棍儿，还有3瓶矿泉水。演出的时候，我们几个小朋友在后台等待着，后台很黑，有一股特别的味道。那时候我觉得，戏剧就是这股味道吧。

第一次站在舞台上，面光照过来，全世界好像只剩下了自己。我喊出了我的第一句台词：“看星星咯！看星星咯！”等到场灯亮起，才发现观众席上是乌泱泱的人群。演出结束后，其他小朋友都说“再也不想来了”，我却抬头对母亲说：“妈妈，我还想去剧场。”

11年前,我在世界外国语中学读书,常年保持年级前二十名,语文能考全区第三名。在各种劝阻的声音里,母亲鼓励我交上一纸空白的中考志愿,去了上海戏剧学院附中。很多年后她告诉我:“我一直都记得你的那句,我还想去剧场。”那也是一个春天,紫藤花开。我费了好大的功夫才交成志愿表,心里像是一块石头落了地,砸出的回响却是柔软而温暖的:我要学戏剧了。我可以学戏剧了。那时候我觉得,戏剧就是义无反顾吧。

这一学就是11年,我11年最美好的青春芳华。

从那时候开始,就有上海戏剧学院的老师来到课堂,教我以声、台、形、表,故事、散文、影评,再一点一点教我们怎么写剧本……直到今天。

我人生中最快乐的一天是在2011年,回到家打开信箱,发现里面有一张新概念作文大赛的获奖通知。我把它拿起来,下面竟然还有一张上海戏剧学院的文考通知!它安安静静地躺在那儿,可我却听到了我的心跳声。那时候我觉得,戏剧就是这扑通扑通的声音吧。

我真的来到了上海戏剧学院,这一待就是8年。

人为什么会对一个地方有感情呢?还不是因为在这里留下了有痕迹的自己。我们看着紫藤花开了又谢,多少人的梦醒了或是圆。又是一年毕业季,结束了毕业演出的人们三三两两地擦肩而过,端均剧场的前厅还在办毕业展,远处的灯火像是归途,迎面扑来的风这么暖,突然就明白了“春风沉醉”是什么意思。这个时候要是有酒就好了。

在学习戏剧的年华里,我们都留下了值得回味的记忆和受益一生的东西。

在上海戏剧学院附中学习3年,教学3年,附中和我见证了彼此的成长。都说附中是艺术家的摇篮,锦瑟无端,似水流年,这摇篮将我和万千附中学子一起,摇到了梦开始的地方,将我们的梦想,摇成了故乡。

还记得初入附中的第一年,戴着眼镜,梳着麻花辫,穿着天蓝色的校服,背着双肩书包坐在人群里。当时的班主任,如今成了好朋友,那时候的她站在讲台上说:“我不知道你们以后有多少人会一直在艺术的道路上走下去,但是我能知道的是,无论你未来做什么、在哪里,在附中学习三年,可以让以后的你们站在人群中,一眼看过去就和别人与众不同。”时隔多年,蓦然回首,她说得没错,站在人群中的那一份自信与从容，那一份从不怯场的淡定，是附中赠予学子一生的礼物。这份礼物，来自于课堂上畅谈古今，品读艺术与美的人生体验；来自于练功房里“声、台、形、表”，留下汗水与泪的专业训练；更来自于舞台上放飞自我，一次又一次呈现演出的历练。

如今回到附中教学，我总记着我的老师们是如何真心实意地爱着我们，多年来把我们当自己的孩子一样对待，真诚、热忱、平易、谦和，教会我们专业，培养我们做人。投之“木桃”，无以为报，多想尽己所能地将这“木桃”继续传递，为戏剧薪火相传献上一份绵薄之力。当然，有时候也会希望能一觉睡醒，还在一个春天的课堂，樱花正在飘零，紫藤刚刚开放。我还穿着我最爱的天蓝色校服，那是十一年前的盛夏，一个叫吴斌的体育老师，走到教室里让我们选的。

回到最初的问题，什么是戏剧呢？

如今对我来说，戏剧是星辰大海，前路漫漫，上下求索。

愿每一个人都不忘初心。

米咪的世界

高嘉璐，艺名米咪，上海戏剧学院附属高级中学2012级学生，现就读于美国纽约视觉艺术学院。2014年在上海戏剧学院举办“从校园出发”大型书画展。2016年，书画作品在保利厦门拍卖行拍卖。2017年于纽约曼哈顿切尔西画廊举办个人画展。同年获得美国史密斯基督学校“杰出校友奖”，成为近20年来第一位获得此荣誉的亚裔学生。

米咪是书画界的一个奇迹。当然准确地说，她并不属于书画界。尽管书画界的大牌们都对她的艺术交口称赞，但她却从未对书画界的艺术表现出太大的兴趣。王羲之也好，颜真卿也好，张大千也好，黄宾虹也好，都称得上是书画界的“神”，可在米咪的眼中，我们却看不出有什么感动。这不是她对大师们“初生牛犊”的不敬，而是因为她根本不属于这个世界，至少她的艺术之心不属于这个既定的世界。

从幼童到少年，从中学到大学，从国内到海外，米咪生活在我们的世界里，但她的内心却一直生活在自己的世界。这是一个“童话”的世界，一个纯真的世界。在这个世界里,有她自己的文字和图像、秩序和规则。她最早的笔墨诡谲、天真,烂漫、无邪,我们认为是儿童的“涂鸦”,会伴随着年岁的增长慢慢成熟起来,脱离幼稚。然而,她至今没有“长大”,依然遵循着童蒙的秩序和规则,使用着童蒙的文字和图像,继续着她烂漫、无邪的艺术创作。

看来,我们需要纠正对米咪成长的思维。也许,她一开始的笔墨就不是“涂鸦”,而是有着秩序和规范的创作,只是这个秩序和规范被我们认作是没有秩序,不懂规范。也许她从来就没有幼稚,从来到这个世界便已成熟,只是这个成熟被我们认作是幼稚。至少在艺术上,她不需要我们的开蒙,也不接受我们的开蒙,而要永葆她的童真。也许,她的世界并不是“童话”的世界,而本来就是一个成人的世界,只是这个成人并不是我们地球上的成人,而是类似于外星上的成人。

(徐建融　著名美术史论家、书画家)

二、蓄势待发 欲上九霄——在校学生感言

上海戏剧学院附中与18岁的紫藤

2020届戏文　李忆婷

2019年春天,上海戏剧学院附中操场的围栏上,紫藤花盖了一层又一层,她们像是一夜间扑扑簌簌冒芽开花。一如两年前,那个考场里盯着紫藤花一样的监考老师发呆的我,没想过洋洋洒洒1500字,一笔一画全写在了我和上海戏剧学院附中的缘分簿上。

后来那个漂亮的老师成了我的班主任,我在戏文班靠窗的位置,一坐就是两年。

我是不会用溢美之词给上海戏剧学院附中抛光的,陈词滥调显得特别不真诚。既然要说我与上海戏剧学院附中,就得说大实话——我的实话就是,上海戏剧学院附中值得全部的赞美与期待。

在上海戏剧学院附中的这两年,在课业之外,我更多学会的是对性格的“纠偏”,对自身的反思与重构。如果要形容一下刚进学校的自己,用“李某年少时,

凶强侠气”着实恰当。逞一时之嘴快让别人下不来台，或者为了分数把自己逼近牛角尖，这都是常有的事情。那段时间我疲惫、茫然，甚至有时无目的地心怀怨恨。紫藤花一样的云云老师就会说：“我们聊聊？”然后带我绕着教学楼走一圈又一圈。

聊的内容我记不太清了，以前我是羞于把眼泪暴露出来的，后来那个木愣愣的我学会当众哭鼻子，有一次还抱着 Angela 哭得像个小孩。很久以后的某节专业课，姚琨老师讲到“纠偏”是需要学会感情的表达，你哭、你笑，你说喜欢、讨厌，都是艺术的开始，我才意识到自己的变化是件不可多得的好事。对性格的再塑，是上海戏剧学院附中独有的魔力。

课堂上也有很多说出来有些好笑又独特的收获。我头一次直白地对老师说：“宋老师你别放弃我，我数学能考好的。”老师给我的回答是：“我从来没想过放弃你呀！你可以的！”虽然后来我的数学成绩依然走曲折的前进道路，但是没由来地很有安全感。不再为了分数熬夜，而是开始享受学习的过程。还有，因为语文作业本选了李煜的“砌下落梅如雪乱”，或者考试的散文特别美，会跑去写一大段文字夸老师题目出得好。这行为看上去有些人来疯，实际上是我真心觉得，上海戏剧学院附中不一般。

如果可以的话，我是想和倒豆子一样，一件一件去数上海戏剧学院附中带给我的感动，甚至想把课堂上同学之间的争论也一句句列上来。人文情怀与文人情操，是最难能可贵的收获。

紫藤还是一簇簇地挂在那里。我从一个看完电影只会晒票根的艺术爱好者，成长为一个有烟火气的艺术学子，上一秒还在思考“迪伦马特《老妇还乡》的存在主义思想”，下一秒就跳到“今天中午吃什么”这样的问题。上海戏剧学院附中在“人间”与“艺术”之间，是实与虚中一个安稳的平衡点。

我们常常说“以上海戏剧学院附中为荣”，因为它越来越好，因为它被越来越多的人看到，因为它让我们在追求艺术的道路上，有家可归。

2020 年春天，18 岁的紫藤花依然会在上海戏剧学院附中操场的围栏上，开了一朵又一朵。

上海戏剧学院附中的日子

2020 届表演　高艺轩

在进上海戏剧学院附中之前，我对于艺术、戏剧以及表演的认知还很浅薄，但随着这两年的学习，我发现越是了解、接触到它的魅力，我就陷得越深，艺术的魅力对于我来说绝对是无穷的，尽管我才见识到了它的冰山一角，我已经能感受到那个世界的能量。

还记得表演老师在第一节课说过的话，不管以后无论是否从事与表演相关的工作，都不用后悔，因为表演这门学问中你学习到的事物将会作用于你生活当中的点点滴滴，这两年来，我对于这句话更是有了许许多多的心得。解放天性是一个演员的第一课，但我不敢说我这一课学得很好，实际上我是一个偏内向的人，在一个陌生的环境里我会容易紧张，没有安全感，并且有防备心理。这在我学习表演之前我自己都没有发现，但在学习过后，我会开始琢磨、批判自己，挖掘很多深层次的东西，甚至会开始有一些很新奇古怪的想法以及行为。例如：在每周六激动地跑到街道上去观察过往的行人，形形色色的走姿、模样和声音等等；在跟朋友聊天时，专注地看着对方的眼睛，总之就感觉自己开始专注于当下，切身地体验生活。在这个过程中，我发现了许多我之前从未察觉过的事物以及这个人的状态。在学习与对手交流的过程中，我发现自己的情商方面有了很大提升，我会更加有意识地去思考和理解每个人的内心想法以及动机，这就好比拿到剧本分析一个人物一样，我能很好地识别出别人的情绪，从而更好地处理人际关系。

而在这两年的学习中，特别是高二在上海戏剧学院端均剧场成功演出一部完整话剧《青春禁忌游戏》的经验过后，我认为自己收获到了很宝贵的一件事物，就是自信心。自信心对于一个年轻人来说太重要了，不论做任何事情，都是需要信念感去支撑的。在初中阶段中，我曾经非常缺乏自信心，尽管我属于具有自信心天赋的狮子座，但在成长过程中，总会有非常挫败，感觉自己被全世界所抛弃，注定是个失败者，什么都做不好的那种心态。这个状态我敢打赌每个青少年都有过，但当人接触了剧场与观众之后，就是老师所讲的自尊的破裂与重构那种状态后，在每场演出和专注于戏剧和舞台的过程中，我获取了极大的自信心与信念感。洛夫克拉夫特在他的一本书中提到过：“人类的恐惧来源于未知。”我是在这个剧组已经排练了一个多月后加入的，一开始度过了非常困难的时光，我还做好了随时被踢出剧组的准备，但在最后一场演出结束过后，回想起这个想法，简直觉得好笑。我一个高二年级学生居然完整演下来了一部话剧，扮演的还是一个年龄跟我差 30 岁的女教师，现在不论我做什么事情，我都能感到从未有过的活力和信心。

三、以艺化育 涓涓始流——教师感言

青春该有的模样

刘云云

青春不只有眼前的分数，还有对真、善、美的追求和创造。上海戏剧学院附中的学生是幸运的，学校的艺术节、读书节、科技节等各类节日丰富多彩，每个人都能找到绽放青春的舞台。上海戏剧学院附中的老师也是幸运的，打破“唯分数论”的禁锢，老师们在学生身上看到了青春该有的模样。

作为一名语文老师，我曾同学生一起阅读中华文化原典《诗经》，当古老的《诗经》遇上附中年轻的“00 后”，竟碰撞出异样夺目的光彩。

完成《诗经》专题阅读后，学生分小组进行阅读展示，5 个小组自选形式介绍一首《诗经》名篇。《出其东门》《谷风》和《氓》3 个小组展示了各具特色的改编短剧。《月出》小组别出心裁，将诗歌内容加以改编，填入《白石溪》曲调，一起把《月出》唱了出来。改编歌词古朴、典雅，与原诗浑然一体。《月出》这首改编歌曲也成了我们班级升旗仪式上最富诗意的一个节目。

《月出》改编歌词

17 级戏文班 李忆婷

月出皎兮，佼人僚兮。
舒窈纠兮，劳心悄兮。
参辰无影，望舒稍息。
黛眉犹记，步如燕嬉。
逢夜，吟风咏月，恰似你。
相思绵绵，几时停。

月出皓兮，佼人懰兮，美人兮。
怎提，舒忧受兮，不如意。
劳心慅兮，不知疲。
月出照兮，佼人僚兮，流水若有情。
舒夭绍兮，劳心惨兮。
遇兮盼兮，念兮愁兮。
月出皎兮，佼人僚兮，
舒窈纠兮，劳心悄兮！
月出皓兮，佼人懰兮，
舒忧受兮，劳心慅兮！
月出照兮，佼人燎兮，
舒夭绍兮，劳心惨兮！

《蜉蝣》小组做了一个古风视频，音乐一开始就在悠扬中透着点悲伤，伴随着水墨蝶翼缓缓展开，字幕也逐渐呈现在眼前："蜉蝣朝生夕死……"大家的目光被视频牢牢地吸引着，我也感到了一种震撼，语文不枯燥，青春不苍白，在名句默写之外还有文学之魅，在古文语法之外还有创造之美，给学生一方舞台，她们就能各放异彩，创造出令人叹为观止的作品。视频过后，《蜉蝣》小组又以朗诵加表演的形式为大家呈现了这首诗的改编故事。故事沿两条线索展开，一条线索是女子约会心上人，另一条是蜉蝣朝生夕死的一天生命历程。虽然学生的表演还有些粗糙，但通过鲜明的对比，她们已将蜉蝣生命之短暂淋漓尽致地展现了出来，全班同学在玩笑之余也都有所触动，与千年前的《诗经》作者产生了情感上的共鸣。

上海戏剧学院附中是一个给青春无限可能的地方，分数不再是评价学生的唯一尺度。他们自信地歌唱，轻盈地舞蹈，跳出题海的束缚，自如地游走在学习与课外活动之间。微讲座上，他们自信从容，娓娓道来。社团课上，他们俨然一副老师的模样，把热爱分享给每一位社员。戏剧节更是一场盛大的晚会，台上绽放的是青春舍我其谁的张扬，台下积蓄的是青春默默地坚持与奋斗。台上台下、台前台后，还有彼此的碰撞，磨合中的成长。我觉得，这才是青春该有的模样。

图书在版编目（CIP）数据

戏入课程　艺就人生：特色普通高中的课程构建 / 肖英主编.
— 上海:上海教育出版社, 2019.9（2019.11重印）
ISBN 978-7-5444-9296-6

Ⅰ. ①戏… Ⅱ. ①肖… Ⅲ. ①戏剧教育 - 教学研究 - 高中
Ⅳ. ①G633.951.2

中国版本图书馆CIP数据核字(2019)第206569号

责任编辑　李　玮
封面设计　毛结平

Xiru Kecheng Yijiu Rensheng
Tese Putong Gaozhong De Kecheng Goujian
戏入课程　艺就人生
——特色普通高中的课程构建
肖　英　主编

出版发行　上海教育出版社有限公司
官　　网　www.seph.com.cn
地　　址　上海市永福路123号
邮　　编　200031
印　　刷　上海展强印刷有限公司
开　　本　700 × 1000　1/16　印张 15.75　插页 3
字　　数　230 千字
版　　次　2019年9月第1版
印　　次　2019年11月第2次印刷
书　　号　ISBN 978-7-5444-9296-6/G·7658
定　　价　56.90 元

如发现质量问题，读者可向本社调换　电话：021-64377165